土木工程结构鲁棒控制理论及应用

李志军　王社良　顾致平　著

科学出版社

北　京

内 容 简 介

本书系统地介绍了土木工程结构鲁棒控制的基本理论、基本方法和应用技术，是作者多年来从事结构振动控制科研工作的成果总结。全书共10章：第1章是绪论；第2～6章是结构弱抖振滑模控制理论及应用方法；第7～10章是结构鲁棒 H_∞ 控制理论及应用方法。

本书可供土木工程、力学研究、计算机应用、机械设计制造与自动化等领域的技术人员参考，也可作为上述专业研究生和高年级本科生的学习参考书。

图书在版编目（CIP）数据

土木工程结构鲁棒控制理论及应用／李志军，王社良，顾致平著．—北京：科学出版社，2018.1

ISBN 978-7-03-055226-6

Ⅰ．土… Ⅱ．①李… ②王… ③顾… Ⅲ．土木工程-工程结构-鲁棒控制-研究 Ⅳ．TU311.3

中国版本图书馆 CIP 数据核字（2017）第 274196 号

责任编辑：亢列梅 杨 丹 乔丽维／责任校对：郭瑞芝
责任印制：张 伟／封面设计：陈 敬

科学出版社 出版
北京东黄城根北街 16 号
邮政编码：100717
http://www.sciencep.com

北京凌奇印刷有限责任公司 印刷

科学出版社发行 各地新华书店经销

*

2018 年 1 月第 一 版 开本：720×1000 B5
2018 年 1 月第一次印刷 印张：10 3/4
字数：217 000

POD定价： 80.00元
（如有印装质量问题，我社负责调换）

前　言

作为一种新的结构防灾方法，土木工程结构控制技术能够有效地增强结构安全性和功能性，是结构抗振减振和防灾减灾积极有效的方法和技术。根据控制系统实施过程中是否需要提供外加能源及所需能源功率大小，结构振动控制理论和应用大体可以分为被动控制、主动控制、半主动控制和混合控制。被动控制一般不需要外加能源，设计相对简单，工程中易于实现，但是控制效果有限且控制方式不灵活，难以保证结构在强震和强风等荷载作用下的性能要求。与之相比，主动控制具有控制效果好、精度高、能够有效处理外部干扰等诸多优点，且是半主动和混合控制方法的基础。半主动控制和混合控制方法在仅需较小能源需求的前提下，可以达到与主动控制接近一致的控制效果，因此具有更广阔的市场前景。

在实际结构振动控制工程中，由于计算误差、外部激励的不确定性等因素影响，结构的计算模型不可避免地存在不确定性。传统 LQR 等结构主动控制算法对这种不确定性反应较为敏感，不能保证控制系统具有一定的稳定鲁棒性和性能鲁棒性。因此，研究对结构参数和外部激励具有较好鲁棒性、调节简单的主动控制算法及对应的半主动和混合控制策略是土木工程结构体系振动控制研究的一个重要方面。

滑模变结构控制和 H_∞控制方法是近 20 多年来发展起来的适合土木工程结构振动控制问题的主动鲁棒控制算法。本书系统地介绍一系列适合土木工程结构振动控制工程的弱抖振滑模控制和鲁棒 H_∞控制算法及其应用，是作者多年来在该领域取得的科研成果的总结。作者自 2005 年起，一直从事结构振动控制和健康监测领域的科研工作。在西北工业大学攻读博士学位期间，在恩师邓子辰教授的引领下，对结构振动控制的主动控制算法产生了浓厚的兴趣；在西安建筑科技大学土木工程博士后流动站工作期间，受到了合作导师王社良教授的悉心指导，对于结构鲁棒控制算法的应用进行了较为深入的研究；受国家留学基金管理委员会资助，在美国俄亥俄州立大学哥伦布分校以访问学者身份从事合作研究期间，在合作导师美国土木工程学会杰出会员、国际顶级期刊 *Computer-Aided Civil and Infrastructure Engineering* 主编、俄亥俄州立大学 Hojjat Adeli 教授的悉心指导下，取得了一定的研究成果，对该领域的国际研究动态有了更为全面的了解。在此向三位导师致以最崇高的敬意和最衷心的感谢。

全书共 10 章：第 1 章是绪论；第 2 章是结构弱抖振模糊滑模控制；第 3 章是

混合控震系统的弱抖振模糊滑模控制；第 4 章是结构基于 RBF 神经网络的变结构控制；第 5 章是 ATMD-结构基于补偿器的滑模控制；第 6 章是结构基于 Kalman 滤波器的离散变结构控制；第 7 章是建筑结构的鲁棒 H_∞最优控制；第 8 章是建筑结构基于 LMI 的鲁棒非脆弱 H_∞控制；第 9 章是 ATMD-偏心结构基于 LMI 的鲁棒 H_∞ 控制；第 10 章是建筑结构基于 LMI 的离散鲁棒 H_2/H_∞ 控制。

虽然本书主要是以土木工程结构为对象和背景展开的，但是其中大部分理论、方法及应用也适用于其他学科领域的结构振动控制问题。

本书主要内容的研究工作得到了国家自然科学基金项目(51678480)、陕西省工业攻关项目(2013K07-07)、陕西省教育厅专项科研计划项目(2013JK0612)、西部地区人才培养特别项目(201208615016)、西安工业大学校长基金重点项目(XAGDXJJ0919)及“后备拔尖人才”项目的资助，在此表示衷心感谢。

在本书的写作过程中，参考了国内外同行发表的研究成果，在此向这些学者表示诚挚的谢意。

由于作者学识有限，书中难免存在不足之处，敬请读者批评指正。

作　者

2017 年 7 月

目　　录

第 1 章　绪　论

结构振动控制理论改变了传统的采用承重结构体系直接抵御灾害作用的思路。采用非承重的结构控制装置或构件来减小主体承重结构的灾害响应，提高工程结构抵御灾害作用的能力，使工程结构在灾害作用下少损失或不损坏并完全满足设计要求成为可能[1-3]。自 1972 年 Yao 提出结构控制的概念以来，相关理论和方法在工程实践中得到广泛关注和迅速发展，成为改善结构性态、增强结构安全性和增强结构功能性的重要手段之一[2]。根据控制系统实施过程中是否需要提供外加能源及所需能源功率大小，结构控制一般可以分为被动控制、主动控制、半主动控制与混合控制等类型[3]。被动控制是指在结构上附加隔震或耗能减震装置以增加结构阻尼、刚度和强度特性，一般不需要外部能量输入[4,5]。被动控制设计相对简单、在工程中易于实现，利用被动控制技术来减小结构的动力反应，可以取得一定的控制效果[6]。但实践表明，在地震或强风等荷载作用下，被动控制对于复杂条件下结构体系性态的改善存在明显的不足[2]。主动控制相对于被动控制具有控制效果好、精度高、能够有效处理外部干扰等诸多优点，而且主动控制是半主动控制和混合控制的基础，存在巨大的工程应用价值[3]。传统线性二次型最优控制(linear quadratic regulator，LQR)算法和基于 LQR 算法的半主动控制方法在结构振动控制工程中应用非常广泛[7,8]，但由于传统线性主动控制算法(如 LQR 算法、极点配置法、独立模态控制法等)的共同问题是需要系统精确的数学模型，包括精确的模型结构及所含的参数，而在实际的结构控制中，结构的模型参数(如结构的阻尼和刚度)难以用数学模型来精确描述，结构的不确定性会导致系统控制的不稳定和控制性能恶化。由于土木工程结构体系具有结构模型和结构参数不精确等特点，因此研究对结构参数和外部激励具有较好鲁棒性、调节简单的控制算法与控制策略是土木工程结构体系振动控制研究的一个重要方面[9,10]。

随着国民经济的发展和城市化进程的加快，出现了大量的复杂结构体系：①为了满足建筑功能的复杂性和多样性要求，体型和结构布置复杂的高层建筑不断出现，形成了大量的偏心结构。由于地震动的本质是多维的，对于偏心结构，地震时作用在质量中心的惯性力将对刚度中心产生扭转力矩，迫使结构产生扭转耦联空间振动，忽略地震动的空间变化会低估偏心结构的反应，使结构偏于不安全[11]。对于偏心结构，扭转反应是造成建筑物震害的主要因素之一，在满足建筑功能的前提下现行规范主要通过增加结构抗扭刚度来减弱其扭转效应，这必然会导致构件截面大、节点复杂、成本较高，且难以保证建筑物在罕遇地震下具有足够的安全性[6,12]。②大跨空间结构，如大跨度斜拉桥、空间网架结构等，具有低刚度、高柔性、弱阻尼和体型庞大等显著特点，在地震等动力荷载作用下很容易产生振动，并且引起动力失稳事故发生。理论研究表明，忽略地震动的空间变化会严重低估大跨度空间结构的反应[13]。现行抗震设计方法主要利用大跨结构自身的“硬抗”能力，即结构完全依靠自身的承载力、刚度和延性等抵抗地震作用，但这种抗震设计技术仍不能保证大跨结构在罕遇地震下具有足够的安全性[12]。

考虑复杂条件下土木工程结构体系的鲁棒最优控制是一项极具挑战性的课题。本书试图在充分了解多维地震动下结构体系动态特性的基础上，以抖振的削弱作为滑模控制研究的重点，以计算简单、性能指标易于衡量作为鲁棒 H_∞控制研究的重点，考虑结构参数变化、地震动的空间特性、结构体型不规则等因素影响，研究复杂条件下线性和非线性结构体系的鲁棒控制算法。本书致力于发展鲁棒、稳健的复杂结构体系最优控制策略，其主要内容可为复杂条件下结构体系性态的精细化控制提供理论基础和技术支持。

近 20 多年来应用和发展起来的、适用于土木工程结构的鲁棒控制算法主要有滑模变结构控制、H_2 和 H_∞ 控制、智能控制等。本书主要以鲁棒控制中的滑模控制和 H_∞ 控制算法作为研究的重点，因此主要介绍这两种算法的国内外研究进展。

1.1 滑模控制

滑模控制本质上是一类特殊的非线性控制，其非线性表现为控制的不连续性。这种控制策略与其他控制的不同之处在于系统的“结构”并不固定，而是可以在动态过程中，根据当前的状态有目的地不断变化，迫使系统按照预定“滑动模态”的状态轨迹运动。由于滑动模态可以进行设计且与对象参数及扰动无关，这就使得滑模控制具有快速响应、对参数变化及扰动不灵敏、无需系统在线辨识、物理实现简单等优点，故被广泛应用于运动控制中[14-23]。该方法的缺点在于，当状态轨迹到达滑模面后，难以严格地沿着滑模面向平衡点滑动，而是在滑模面两侧来回穿越，从而产生抖振。滑模控制对系统的参数摄动和外部干扰的不变性是以控制量的高频抖振换取的，由于在实际应用中，这种高频抖振在理论上是无限快的，没有任何执行机构能够实现；同时，这样的高频输入很容易激发系统的未建模特性，从而影响系统的控制性能[24]。要将滑模控制方法应用到复杂结构体系的振动控制工程中，必须将控制系统过大的抖振减小到一定程度，并且又要保证滑模控制具有较好的鲁棒性。

进入 20 世纪 90 年代后，美国学者 Yang 等率先将滑模变结构控制方法引入土木工程结构的振动控制问题中，分别研究了桥梁的滑模变结构控制[25]、一般建筑结构(框架结构、剪力墙结构等)的滑模变结构控制[26-29]、基础隔震结构的滑模变结构控制[30,31]及含有补偿器的建筑结构的滑模变结构控制等[32]。文献[25]～[33]主要针对连续时间系统模型，利用文献[34]提出的李雅普诺夫(Lyapunov)直接方法设计了非连续控制器，并引入边界层来减小系统过大的抖振。数值分析和试验结果表明，他们提出的变结构控制方法显著地减小了结构在地震作用下的地震峰值响应，对结构模型参数的不确定性具有较好的鲁棒性，但他们并未对控制律参数对系统抖振的影响作进一步的研究，而且由于结构参数不确定性的影响，为了确保滑动模态的存在，必须选取一个较大的边界层，这势必会增大系统的抖振。Moon 等[35]针对连续时间系统模型，利用 Yang 等[25]的方法对斜拉桥进行了数值仿真分析，取得了较好的控制效果。Luo 等[36]和 Adhikari 等[37]针对连续时间系统模型，利用等效控制的方法设计了控制器，并在控制律中引入饱和函数来降低控制系统的抖振，取得了较好的控制效果，但这种方法对系统的鲁棒性降低较多。

模糊控制以 20 世纪 60 年代 Zadeh[38]的模糊数学为基本理论基础，从 70 年代起进入实际工程应用阶段[39-46]。在近十多年中，模糊控制作为一种有别于传统控制理论的控制方法，充分发挥其不需要对象数学模型、并能充分运用专家的信息及具有鲁棒性的优点，在土木工程领域表现出其优势[47-53]。Alli 等[54]针对连续时间系统模型，基于等效控制和模糊控制的相关理论设计了相应的变结构控制律，数值分析结果表明他们提出的方法在不降低系统鲁棒性的前提下，显著地减小了结构的地震峰值响应，且达到了削弱控制系统抖振的目的。

国内对于土木工程结构的滑模变结构的研究稍晚一些。2000 年左右，同济大学的赵斌等[55-59]和上海交通大学的蔡国平等[60,61]率先将滑模变结构控制方法引入土木工程的振动控制问题中。他们首先针对连续时间系统模型，基于高为炳[10]提出的指数趋近律方法设计了控制律，经过数值仿真计算发现其控制效果好于 Yang 等[30]所采用的方法，但并未很好地解决变结构控制系统过大的抖振问题。指数趋近律中符号函数的增益参数 ε 的作用非常大，ε 值减小，可减小系统的抖振，但 ε 值太小，将影响系统到达切换面的趋近速度。当系统参数变化比较大或系统存在比较大的不确定性时，为了确保滑动模态的存在，必须选取较大的 ε 值，这样必然会使系统的抖振增加，从而影响系统的性能。孙清等[62]针对连续时间系统模型，采用高为炳[10]提出的幂次趋近律设计了变结构控制律，取得了较好的控制效果，但并未很好地解决系统过大的抖振问题。盛严等[63,64]也针对连续时间系统模型，采用一种改进指数趋近律方法设计变结构控制律，数值分析表明其控制效果较好，且较好地控制了系统过大的抖振。

在实际工程中，计算机实时控制均为离散时间系统，离散时间系统滑模变结构的研究与设计成为滑模变结构控制理论与应用的一个重要组成部分[65]。在20世纪80年代后期，离散滑模变结构控制迅速发展起来，并在工程领域得到了一系列的应用[10,66,67]。同济大学的赵斌等[68]和上海交通大学的蔡国平等[69]针对离散时间系统模型，基于离散指数趋近律方法设计了变结构控制律，数值仿真分析表明，他们提出的变结构控制方法显著地减小了结构在地震作用下的地震峰值响应，但由于指数趋近律离散形式有它自身的缺点，即切换带为带状，当系统在切换带中运行时，最后不能趋近于原点，而是趋近于原点附近的一个抖振。这种抖振将可能激励系统中存在的未建模高频成分，并可能增加控制器的负担，所以这种方法并未很好地解决系统过大的抖振问题。

利用离散指数趋近律设计离散时间系统的滑模变结构控制律，具有诸多优越性，但受到离散指数趋近律的参数和离散时间系统的采样周期的影响，系统会出现很大的抖振。针对应用离散指数趋近律存在的问题，大连理工大学的金峤等[70]利用BP神经网络来在线调整离散指数趋近律中的符号函数增益系数，以达到削弱控制系统抖振的目的，但BP神经网络具有学习时间过长和容易陷入局部极值等缺陷[71-75]。李志军等[76]基于李文林[77]提出的组合趋近律方法设计了变结构控制律，取得了较好的控制效果，且达到了削弱控制系统抖振的目的。

建筑结构振动控制的方案大体可以分为三类，即被动控制、主动控制、半主动和混合控制。半主动和混合控制由于兼有被动控制和主动控制的优点，因而被认为是一种非常有前途的方法，已经越来越多地引起人们的关注[3]。橡胶垫支座基础隔震[78,79]和滑移隔震[80-88]是目前研究较多的两种结构被动控制方法，由于大部分隔震系统在地震作用下都表现出很强的非线性性能，因而混合控震系统也是一样。许多学者针对这种情况，研究了各种处理非线性结构问题的控制算法，如滑移模态控制、模糊控制等[3]。同济大学的赵斌等[89,90]针对橡胶垫支座基础隔震结构，引入基于指数趋近律的变结构控制器形成混合控震结构，建立了连续时间系统混合控震结构模型，数值分析结果表明，他们所提的方法具有较好的控震效果，能够有效地减小隔震层中橡胶垫支座的水平位移，但并未很好地解决控制系统过大的抖振问题。

目前土木工程结构的滑模控制方法，主要是针对一维地震动作用下的对称结构体系，且主要以线性结构体系和简单非线性结构体系(基础隔震结构模型，上部结构按线性结构体系处理)为研究对象，要将滑模控制方法应用于实际的结构体系振动控制工程中，尚需解决如下问题：①考虑地震动的空间变化和结构体型的复杂性特点；②研究到达滑模面快且抖振较小的滑模控制算法；③考虑输入时滞、部分传感器和作动器失效等因素影响。

1.2 鲁棒 H_∞控制

从理论的系统完整性和工程应用的成功事例来看，H_∞方法在鲁棒控制中占有主流地位[91-93]。虽然鲁棒 H_∞控制理论已日臻完善，但其在结构振动控制工程中的应用相对较少，主要原因是系统综合的复杂性，以及无穷范数形式与常用工程评价指标间的差异性等[91]。

鲁棒控制理论结合系统模型参数不确定性和外部扰动不确定性的考虑，研究系统的鲁棒性能分析和综合问题，弥补了现代控制理论需要对象精确数学模型的缺陷，使系统的分析和综合方法更加有效、实用。Doyle 等[94]在 1989 年发表的著名文章是 H_∞控制发展中的一个里程碑，他们将 H_∞问题的求解归结为解两个 Raccati 方程，从而建立了二次型最优控制与 H_∞控制的本质联系。众多学者的研究表明，很多关于控制系统的鲁棒性分析和综合问题，均可以归纳为标准的 H_∞优化设计问题，如鲁棒镇定问题、跟踪问题、灵敏度极小化问题和模型匹配问题等，Zhou 等[95]、Glover 等[96]的研究成果标志该方法已基本成熟。尽管 Raccati 方程处理方法可以给出控制器的结构形式，便于进行一些理论分析，但是需要设计者事先确定一些待定参数，这些参数的选择不仅影响到结论的好坏，而且会影响到问题的可解性。但在现有的 Raccati 方程处理方法中，还缺乏寻找这些参数最佳值的方法，参数的这种人为确定方法给分析和综合结果带来了很大的保守性。另一方面，求解 Raccati 方程的方法多为迭代法，这些方法的收敛性并不能得到保证。

1994 年，Boyd 等[97]有关线性矩阵不等式(linear matrix inequality，LMI)的专著，Iwasaki 等[98]的成果以及 Gahinet 等[99]与美国 The Math Works 公司合作推出的 Matlab LMI Toolbox 使 H_∞控制理论真正成为一个实用的系统分析与设计方法。人们在享受 LMI 带来的方便实用中很快又发现这种将 H_∞控制方法转换为求解一组 LMI 的方法不仅能克服求解两个联立的 Raccati 方程时第二个 Raccati 方程的求解过程不易收敛的困难，还能充分地利用矩阵理论的现有成果解一类特殊的无穷维系统，即时滞系统的控制问题。时滞现象大量存在于各种工程中，时滞常常是导致系统不稳定或性能恶化的一个重要原因，而基于 LMI 的 H_∞控制方法能够与预测控制相结合获得更高的控制性能，具有广泛的应用前景。

H_∞控制算法是近 20 多年来应用和发展起来的适用于土木工程结构的一种主动鲁棒控制算法[3]。20 世纪 90 年代初期，Suhardjo 等[100]、Jabbari 等[101]率先将 H_∞控制方法引入土木工程的振动控制问题中，但相应的控制器参数不易确定，且相应的 Raccati 方程不易求解。Li 等[102]和 Wu 等[103]针对连续时间系统，利用 Iwasaki 等[98]提出的方法，建立了结构基于全状态和有限状态反馈的 H_∞ 控制方法，并通过试验验证了该理论算法的可行性。Anthony 等[104]基于界实定理，即 Doyle 等[94]提出的方法，针对连续时间系统，研究了结构全状态和有限状态反馈的 H_∞控制方法。Wang 等[105,106]考虑结构参数和外部激励等诸多不确定性因素，针对连续时间系统，提出了一种新的鲁棒 H_∞控制方法，数值仿真结果表明了算法的有效性，但在建模过程中系数矩阵不确定性是以逆质量矩阵包含的形式出现的，从而导致不确定性描述的不自然、不直接，并使控制器设计方法较为烦琐，且待定参数不易确定。Wu 等[107]基于界实定理的改进形式[108]，针对连续时间系统，提出基于 LMI 的鲁棒 H_∞控制方法，并通过试验进行了验证。Stavroulakis 等[109]基于 Zhou[110]介绍的方法，针对连续时间系统，提出一种基于 LMI 的鲁棒 H_∞控制方法，仿真结果表明该方法具有较好的控制效果。

国内关于 H_∞控制算法的研究稍晚一些，1998 年，谢石林等[111]研究了振动系统频域不确定和参数不确定两种情形的 H_∞控制器设计问题，其控制器待定参数不易选择，且相应的 Raccati 方程不易求解。张浩等[112]基于频域定型理论设计相应的 H_∞控制算法，将其用于主动调谐质量阻尼器(active tuned mass damper，ATMD)结构，但是该方法也具有上述不足。刘晖等[113]利用 Doyle 等[114]提出的方法，设计了与连续时间系统相应的 H_∞鲁棒控制器，将其用于结构风振控制中，仿真结果表明该方法具有较好的控制效果。沙成满[115]将 H_∞控制算法应用于土-结构相互作用的结构控制，取得了较好的控制效果。颜桂云等[116]基于 Doyle 等提出的方法设计了相应的全状态反馈和有限状态反馈 H_∞控制算法，并用于磁流变阻尼器中，取得了较好的控制效果,但鉴于控制算法的不足,其控制效果有待作进一步的优化。徐洋等[117]基于 Doyle 等[94]提出的方法设计了相应的 H_∞控制算法，并用于 ATMD 结构，利用试验验证了方法的有效性。Du 等[118]基于界实定理，提出了一种基于 LMI 的鲁棒 H_∞控制方法，该方法避开质量矩阵直接考察质量、刚度和阻尼矩阵的不确定性，但推导主要结果时引入的许多复杂变换导致较大的保守性。李文章等[119]针对含有非线性环节与外部激励干扰的结构系统，针对连续时间系统，提出了一种新型的基于 LMI 的非脆弱鲁棒 H_∞振动主动控制算法，引入不确定控制器输入矩阵以解决控制器的脆弱性问题，并通过调节参考输出权值矩阵以避免控制器增益饱和，但相应待定参数不易确定，仿真结果表明该方法在保证控制效果的前提下具有较强的鲁棒性。

为了使鲁棒 H_∞方法能尽快应用于实际结构振动控制工程中，许多学者以一维地震动作用下的对称结构体系为研究对象，进行了相应的理论研究工作。Calise 等[120]提出的方法需求解两个 Raccati 方程，求解不易收敛。Du 等[121]考虑控制输入的时间延迟和控制器饱和性能的影响，基于 LMI 方法，设计了一种鲁棒 H_∞控制方法，数值仿真结果表明了其方法的有效性。李志军等[122]引入二次型性能指标，并利用 LMI 简化计算，设计了一种计算简单、便于工程应用的鲁棒 H_∞控制器，仿真结果表明了其控制方法的有效性。Lin 等[123]针对一含有主动拉索控制装置的单层不规则结构体系，设计了相应的 H_2/H_∞控制方法，但该方法未考虑结构参数的不确定性影响。

目前结构体系的鲁棒 H_∞方法理论研究尚不完善，亟待解决的主要问题有：①大部分算法待定控制器参数较多，计算过程烦琐，不便于工程实际应用；②对于地震动的空间变化和结构体系的复杂性特点考虑不足；③鲁棒 H_∞控制算法中对于输入时滞、部分控制器和传感器失效等因素考虑不足；④基于鲁棒 H_∞控制算法的半主动和混合控制方法研究较少。

1.3　本书的主要内容

随着现代科学技术的发展，结构振动控制不仅正在形成对学科交叉的新型分支学科，还将形成振动控制装备的新兴产业，显示出智能结构系统的美好前景。为了发展鲁棒、稳健的复杂结构体系最优控制策略，保障土木工程结构体系在复杂条件下具有足够的安全性。本书以已有工作为基础，以弱抖振滑模控制和鲁棒 H_∞控制作为主要的鲁棒控制方法，详细介绍复杂条件下土木工程结构体系的鲁棒控制方法，并对这些鲁棒控制方法在主动、半主动和混合控制系统中的应用作一些相应的研究，主要内容如下。

(1) 复杂条件下结构的智能滑模变结构控制方法。基于模糊、神经网络等一些智能算法的优点，将智能算法与滑模变结构控制算法相结合，以期在保证较好控制效果和鲁棒性的前提下，削弱控制系统的抖振。

(2) 带有补偿器的结构弱抖振滑模控制方法。土木工程结构，如高层建筑或大跨桥梁，包含大量的自由度，要在每一个自由度上安装传感器来测全状态向量，显然是不现实的。采用状态观测器又会由于大量的在线计算而导致控制时间的延迟(较大的时间延迟可能会导致系统的失稳)。所以往往只在结构较为重要的部位安装传感器，进行有限状态输出反馈控制，不过有时有限状态输出反馈控制律会由于结构的大量自由度而不易设计。通常的滑模控制在均衡控制力和控制效果时，要么改变切换面，要么指定最大控制力(也就是饱和控制)，这两种方法有时均不能进行很好的均衡。而采用带有补偿器的高层建筑结构的弱抖振滑模控制方法可以较好地解决上述问题，该方法具有以下优点：一是可以方便地均衡控制力与控制效果；二是更易于设计有限状态的反馈控制律；三是可以在保证控制效果的前提下，使控制系统具有很小的抖振，从而保证其具有稳定的性能。

(3) 复杂条件下结构基于 Kalman 滤波器的有限状态反馈滑模控制方法。考虑在实际的大型建筑结构中安装过多的传感器进行主动控制是不切实际的，基于 Kalman 滤波器的特点设计相应的滤波器对结构的部分状态进行估计，研究基于 Kalman 滤波器的滑模变结构控制方法，对复杂条件下建筑结构的振动控制问题进行研究。并考虑地震动的空间特性、结构体型的复杂性特点等因素，对所提方法在规则结构和 ATMD-偏心结构体系的应用方面进行相应的研究。

(4) 复杂条件下结构的鲁棒 H_∞最优控制。针对传统线性二次型最优控制等主动控制方法存在鲁棒性较差的不足，考虑结构参数的不确定性、地震动的空间特性、结构体型的复杂性等因素影响，研究控制算法简单、便于工程应用的鲁棒 H_∞最优控制方法。将工程中常用的二次型最优指标结合于鲁棒 H_∞控制系统的分析中，使控制器的性能指标容易衡量；通过引入线性矩阵不等式减小求解的复杂度。通过与 LQR 方法和传统 H_∞控制方法进行对比，显示所提方法的优越性，同时，对于所提方法在 ATMD-偏心结构中的应用做了相应的研究。

(5) 复杂条件下结构的离散鲁棒 H_2/H_∞控制。基于 H_2 控制和 H_∞ 的优点，考虑到实际工程中计算机实时控制均为离散系统，设计便于工程应用的基于复杂条件的结构离散鲁棒 H_2/H_∞控制方法。

参 考 文 献

[1] SOONG T T, CONSTANTINOU M C. Passive and Active Structure Vibration Control in Civil Engineering[M]. New York: Spring-Verlag, 1994.

[2] HOUSNER C W, BERGMAN L A, CAUGHEY T K, et al. Structural control: Past, present, and future[J]. Journal of engineering mechanics, 1997, 123 (9): 897-971.

[3] 欧进萍. 结构振动控制: 主动、半主动和智能控制[M]. 北京: 科学出版社, 2003.

[4] LIN C C, WANG J F, LIEN C H, et al. Optimum design and experimental study of multiple tuned mass dampers with limited stroke[J]. Earthquake engineering and structural dynamics, 2010, 39(14): 1631-1651.

[5] CHOU C C, CHEN S Y. Subassemblage tests and finite element analyses of sandwiched buckling-restrained braces[J]. Engineering structures, 2010, 32(8): 2108-2121.

[6] 程光煜，叶列平，朱兴刚. 偏心结构消能减震技术的分析研究[J]. 工程抗震与加固改造, 2006, 28(2): 78-83.

[7] 全伟，李宏男. 大跨斜拉桥多维多点地震激励减震控制方法分析[J]. 大连理工大学学报, 2010, 50(4): 540-546.

[8] 瞿伟廉，吴斌，李爱群. 工程结构的振动控制理论及其应用[R]//国家自然科学基金委员会工程与材料科学部. 建筑、环境与土木工程学科发展战略研究报告(土木工程卷). 北京: 科学出版社, 2006.

[9] 孟光，孟庆国，詹世革，等. 关于加强针对国家重大装备的动力学与控制研究的建议[J]. 力

学进展, 2007, 37(1): 135-141.
[10] 高为炳. 变结构控制的理论及设计方法[M]. 北京: 科学出版社, 1996.
[11] 霍林生, 李宏男. 调液阻尼器对偏心结构扭转耦联振动控制的研究[J]. 工程力学, 2010, 27(1): 84-90.
[12] 中华人民共和国住房和城乡建设部. 建筑抗震设计规范(GB 50011—2010)[S]. 北京: 建筑工业出版社, 2010.
[13] 白凤龙, 李宏男. 地震动多点激励下大跨空间网架结构的反应分析[J]. 工程力学, 2010, 27(7): 67-73.
[14] UTKIN V I. Sliding Modes and Their Application in Variable Structure System[M]. Moscow: MIR Publishers, 1974.
[15] UTKIN V I, GULDNER J, SHI J. Sliding Mode Control in Electromechanical Systems[M]. Philadelphia: Taylor & Francis, 1999.
[16] HUNG J Y, GAO W B, HUNG J C. Variable structure control: A survey[J]. IEEE transactions on industrial electronics, 1993, 40(1): 2-22.
[17] 刘金琨. 滑模变结构控制 MATLAB 仿真[M]. 北京: 清华大学出版社, 2005.
[18] GAO W B, WANG Y F, HOMAIFA A. Discrete-time variable structure control systems[J]. IEEE transactions on industrial electronics, 1995, 42(2): 117-122.
[19] 胡跃明. 非线性控制系统理论与应用[M]. 北京: 国防工业出版社, 2002.
[20] 胡跃明. 变结构控制理论与应用[M]. 北京: 科学出版社, 2003.
[21] 姚琼荟, 黄继起, 吴汉松. 变结构控制系统[M]. 重庆: 重庆大学出版社, 1997.
[22] 王丰尧. 滑模变结构控制[M]. 北京: 机械工业出版社, 1995.
[23] 田宏奇. 滑模控制理论及其应用[M]. 武汉: 武汉出版社, 1995.
[24] 姚琼荟, 宋立忠, 鄢圣茂. 离散变结构控制理论研究现状与展望[J]. 海军工程大学学报, 2004, 16(6): 23-36.
[25] YANG J N. Hybrid control of seismic-excited bridge structures[J]. Earthquake engineering and structural dynamics, 1995, 24(11): 1437-1451.
[26] SCHMITENDORF W E, JABBARI F, YANG J N. Robust control techniques for buildings under earthquake excitation[J]. Earthquake engineering and structural dynamics, 1994, 23(5): 539-552.
[27] YANG J N, WU J C, AGRAWAL A K. Sliding mode control for seismically excited linear structures[J]. Journal of engineering mechanics, 1995, 121(12): 1386-1390.
[28] WU J C, AGRAWAL A K, YANG J N. Application of sliding mode control to benchmark problem[J]. Proceedings of the ASCE structures congress XV, 1997, 2: 1275-1279.
[29] WU J C, AGRAWAL A K, YANG J N. Applications of sliding mode control to benchmark problems[J]. Earthquake engineering and structural dynamics, 1998, 27(11): 1247-1265.
[30] YANG J N, WU J C, AGRAWAL A K. Sliding mode control for nonlinear and hysteretic structures[J]. Journal of engineering mechanics, 1995, 121(12): 1330-1339.
[31] YANG J N, WU J C, REINHORN A M, et al. Control of sliding-isolated buildings using sliding-mode control[J]. Journal of structural engineering, 1996, 122(2): 179-186.
[32] YANG J N, WU J C, AGRAWAL A K, et al. Sliding mode control with compensator for wind and seismic response control[J]. Earthquake engineering and structural dynamics, 1997, 26(11):

1137-1156.

[33] YANG J N, WU J C, REINHORN A M, et al. Experimental verifications of H_∞ and sliding-mode control for seismically excited buildings[J]. Journal of structural engineering, 1996, 122(1): 69-75.

[34] LEFSCHETZ S W. Stability of Nonlinear Control System[M]. New York: Academic Press, 1965.

[35] MOON S J, BERGMAN L A, VOULGARIS P G. Sliding mode control of cable-stayed bridge subjected to seismic excitation[J]. Journal of structural engineering, 2003, 122(2): 179-186.

[36] LUO N, RODELLAR J, SENC M D L, et al. Output feedback sliding mode control of base isolated structures[J]. Journal of the franklin institute, 2000, 337(5): 555-577.

[37] ADHIKARI R, YAMAGUCHI H. Sliding mode control of buildings with ATMD[J]. Earthquake engineering and structural dynamics, 2015, 26(4): 409-422.

[38] ZADEH L A. Fuzzy sets[J]. Information and control, 1965, 8(3): 338-353.

[39] HAHN W. Stability of Motions[M]. New York: Spring-Verlag, 1967.

[40] KING P J, MAMDANI E H. Application of fuzzy algorithms for control of simple dynamic plant[J]. Proceedings of the institution of electrical engineers, 1974, 121(121): 1585-1588.

[41] WANG L X. A Course in Fuzzy Systems and Control[M]. Englewood Cliffs: Prentice-Hall, Inc. , 1997.

[42] HAM C, QU Z, JOHNSON R. Robust fuzzy control for robot manipulators[J]. IEE proceedings-control theory and applications, 2000, 147(2): 212-216.

[43] TAN S H, YU Y. Adaptive fuzzy modeling of nonlinear dynamical systems[J]. Automatica, 1996, 32(4): 637-643.

[44] 肖鸿雁, 叶涛, 彭永进. 基于模糊自适应调整趋近律的变结构控制[J]. 电气传动自动化, 2001, 23(4): 33-35.

[45] 刘启明. 模糊滑模变结构控制设计[J]. 复旦学报(自然科学版), 2004, 43(5): 952-955.

[46] 赵红超, 顾文锦. 滑模控制的模糊趋近律设计[J]. 战术导弹技术, 2004, (2): 50-53.

[47] BROWN C B, YAO J T P. Fuzzy sets and structural engineering[J]. Journal of structure division, 1983, 109(5): 1211-1225.

[48] TANI A, KAWAMURA H, RYU S. Intelligent fuzzy optimal control of building structures[J]. Engineering structures, 1998, 20(3): 184-192.

[49] PARK K S, KOH H M, OK S Y. Active control of earthquake excited structures using fuzzy supervisory technique[J]. Advances in engineering software, 2002, 33(11-12): 761-768.

[50] PARK K S, KOH H M, SEO C W. Independent modal space fuzzy control of earthquake-excited structures[J]. Engineering structures, 2004, 26(2): 279-289.

[51] AL-DAWOD M, SAMALI B, KWOK K, et al. Fuzzy controller for seismically excited nonlinear buildings[J]. Journal of engineering mechanics, 2004, 130(4): 407-415.

[52] AHLAWAT A S, RAMASWAMY A. Multiobjective optimal fuzzy logic controller driven active and hybrid control systems for seismically excited nonlinear buildings[J]. Journal of engineering mechanics, 2004, 130(4): 416-423.

[53] CHOI K M, CHO S W, KIM D O, et al. Active control for seismic response reduction using

model-fuzzy approach[J]. International journal of solids and structures, 2005, 42(16): 4779-4794.

[54] ALLI H, YAKUT O. Fuzzy sliding-mode control of structures[J]. Engineering structures, 2005, 27(2): 277-284.

[55] 赵斌, 吴敏哲, 梅占馨. 单自由度系统的变结构滑模棒棒控制[J]. 力学与实践, 1999, 21(1): 37-39.

[56] 赵斌, 吕西林, 吴敏哲, 等. 建筑结构振动控制的趋近律滑移模态方法[J]. 工程力学, 2001, 18(3): 67-73.

[57] 赵斌, 梅占馨, 吴敏哲. 结构振动控制的指数趋近律滑移模态方法[J]. 应用力学学报, 2000, 17(1): 146-150.

[58] 赵斌, 吕西林. 地震作用下参数不确定系统的变结构控制[J]. 地震工程与工程振动, 2000, 20(3): 108-115.

[59] 赵斌. 建筑结构抗震控制的闭环趋近律方法[J]. 同济大学学报, 2001, 29(10): 1225-1229.

[60] 蔡国平, 孙峰, 王超. 建筑结构滑模控制的趋近律方法[J]. 西安交通大学学报, 2000, 34(5): 95-100.

[61] 蔡国平, 黄金枝, 孙峰, 等. 建筑结构振动控制的改进滑模砰砰方法[J]. 工程力学, 2001, 18(1): 89-95.

[62] 孙清, 张陵, 史庆轩, 等. 结构振动的滑模变结构半主动控制[J]. 计算力学学报, 2003, 20(5): 546-552.

[63] 盛严, 王超, 陈建斌, 等. 结构滑模控制的一种指数趋近律方法[J]. 噪声与振动控制, 2002,(4): 31-34.

[64] 盛严, 王超, 陈建斌. 结构变结构控制的指数趋近律改进方法[J]. 西安交通大学学报, 2003, 37(1): 108-110.

[65] SARPTURK S Z, ISTEFANOPULOS Y, KAYNAK O. On the stability of discrete-time sliding mode control system[J]. IEEE transactions on automatic control, 1987, 32(10): 930-932.

[66] 王划一, 杨西侠, 林家恒. 现代控制理论基础[M]. 北京: 国防工业出版社, 2004.

[67] 钟万勰. 应用力学对偶体系[M]. 北京: 科学出版社, 2003.

[68] 赵斌, 吕西林. 结构振动的离散变结构控制方法[J]. 振动工程学报, 2001, 14(1): 85-89.

[69] 蔡国平, 洪嘉振. 柔性悬臂梁的离散变结构控制[J]. 空间科学学报, 2004, 24(2): 145-151.

[70] 金峤, 周晶. 半主动 TLCD 对固定式海洋平台的离散神经网络滑模控制[J]. 世界地震工程, 2005, 21(3): 28-34.

[71] LIN C T, LEE C S G. Neural Fuzzy Systems[M]. New Jersey: Englewood Cliffs Prentice-Hall Inc. , 1996.

[72] 姜绍飞. 基于神经网络的结构优化与损伤检测[M]. 北京: 科学出版社, 2002.

[73] 张昌凡, 何静. 滑模变结构的智能控制理论与应用研究[M]. 北京: 科学出版社, 2005.

[74] 孙增圻. 智能控制理论与技术[M]. 北京: 清华大学出版社, 2006.

[75] 飞思科技产品研发中心. 神经网络理论与 MATLAB7 实现[M]. 北京: 电子工业出版社, 2005.

[76] 李志军, 邓子辰. 建筑结构离散变结构控制的组合趋近律方法[J]. 西北工业大学学报, 2007, 25(6): 869-873.

[77] 李文林. 离散时间系统变结构控制的趋近律问题[J]. 控制与决策, 2004, 19(11): 1267-1270.
[78] 马玉宏, 刘季, 赵桂峰, 等. 主动-基底隔震混合控制系统的研究[J]. 哈尔滨建筑大学学报, 2000, 33(4): 8-11.
[79] WEN Y K. Methods of random vibration for inelastic structures[J]. Journal of applied mechanics review, 1989, 42(2): 39-52.
[80] DIMOVA S L. Numerical problems in modelling of collision in sliding systems subjected to seismic excitations[J]. Advance in engineering software, 2000, 31(7): 467-471.
[81] WANG Y P, LIAO W H, LEE C L. A state-space approach for dynamic analysis of sliding structures[J]. Engineering structures, 2001, 23(7): 790-801.
[82] CALIO I, MATLETTA M, VINCIPROVA F. Seismic response of multi-storey buildings base-isolated by friction devices with restoring properties[J]. Computers and structures, 2003, 81(28): 2589-2599.
[83] MATSAGAR V A, JANGID R S. Seismic response of base-isolated structures during impact with adjacent structures[J]. Engineering structures, 2003, 25(10): 1311-1323.
[84] 李黎, 樊爱武, 孙红虎. 滑移隔震结构滑移位移的数值研究[J]. 工程抗震与加固改造, 2004, 16(6): 30-34.
[85] KELLY J M. Robust control of based-isolated structures under earthquake excitation[J]. Journal of optimal theory and application, 1987, 53: 159-181.
[86] INAUDI J, LOPEZ-ALMANSA KELLY J M, et al. Predictive control of base-isolated structures[J]. Earthquake engineering and structural dynamics, 1992, 21(2): 471-482.
[87] BARBAT A H, RODELLAR J, RYAN E P, et al. Active control of nonlinear base-isolated buildings[J]. Journal of engineering mechanics, 1995, 121(8): 676-684.
[88] DYKE S J, JR B F S, QUAST P, et al. Role of control-structure interaction in protective system design[J]. Journal of engineering mechanics, 1995, 121(2): 322-338.
[89] 赵斌, 吕西林, 吴敏哲, 等. 基础隔震建筑混合控制的变结构趋近律方法[J]. 地震工程与工程振动, 1999, 19(3): 96-101.
[90] ZHAO B, LU X L, WU M Z, et al. Sliding mode control of buildings with base-isolation hybrid protective system[J]. Earthquake engineering and structural dynamics, 2000, 29(3): 315-326.
[91] 解学书, 钟宜生. H_∞控制理论[M]. 北京: 清华大学出版社, 1994.
[92] 俞立. 鲁棒控制——线性矩阵不等式处理方法[M]. 北京: 清华大学出版社, 2002.
[93] 贾英民. 鲁棒 H_∞控制[M]. 北京: 科学出版社, 2007.
[94] DOYLE J C, GLOVER K KHARGONEKAR P, et al. State-space solutions to standard H_2 and H_∞ control problems[J]. American control conference, 2009, 34(8): 1691-1696.
[95] ZHOU K, KHARGONEKAR P. An algebraic Raccati equation approach to H_∞ optimization[J]. Systems and control letters, 1988, 11(2): 85-91.
[96] GLOVER K, DOYLE J C. State-space formulate for all stabilizing controllers that satisfy an H_∞ norm bound and relations to risk sensitivity[J]. Systems and control letters, 1988, 11: 167-172.
[97] BOYD S P, GHAOUI L E, FERON E, et al. Linear Matrix Inequality in Systems and Control Theory[M]. , Philadelphia: SIAM Frontier, 1994.
[98] IWASAKI T, SKELTON R E. All controllers for the general H_∞ control problem: LMI existence

conditions and state space formulas[J]. Automatica, 1994, 30(8): 1307-1317.

[99] GAHINET P, NEMIROVSKI A, LAUB A J, et al. LMI Control Toolbox[M]. Natick: Mathworks Inc, 1995.

[100] SUHARDJO J, JR S B F, KAREEM A. Frequency domain optimal control of wind excited buildings[J]. Journal of engineering mechanics, 1994, 118(12): 2463-2481.

[101] JABBARI F, SCHMITENDORF W E, YANG J N. H_∞ control for seismic-excited buildings with acceleration feedback[J]. Journal of engineering mechanics, 1995, 121(9): 994-1002.

[102] LI Z J, WANG S L. Robust optimal H_∞ control for irregular buildings with AMD via LMI approach[J]. Nonlinear Analysis: Modelling and Control, 2014, 19(2): 256-271.

[103] WU J C, YANG J N, SCHMITENDORF W E, et al. Reduced-order H_∞ and LQR control for wind-excited tall buildings[J]. Journal of engineering structures, 1999, 20(3): 222-236.

[104] ANTHONY J, GREGORY D. Active attenuation on building structural response using robust control[J]. Journal of structural engineering, 1998, 124(5): 520-528.

[105] WANG S G. Robust active control for structural systems with acceleration sensors[C]// Proceedings of the 3rd World Conference on Structural Control, Italy, 2002: 107-112.

[106] WANG S G, ROSCHKE P N, YEH H Y. Robust control for structural systems with unstructured uncertainties[J]. Journal of engineering mechanics, 2004, 130(3): 337-346.

[107] WU J C, CHIH H H, CHEN C H. A robust control method for seismic protection of civil frame building[J]. Journal of sound and vibration, 2006, 294(1-2): 314-328.

[108] GAHINET P, APKARIAN P. A linear matrix inequality approach to H_∞ control[J]. International journal of robust and nonlinear control, 1994, 4(4): 421-448.

[109] STAVROULAKIS G E, MARINOVA D G, HADJIGEORGIOV E, et al. Robust active control against wind-excited structural vibrations[J]. Journal of wind engineering and industrial aerodynamics, 2006, 94: 895-907.

[110] ZHOU K. Essentials of Robust Control[M]. Upper Saddle River: Prentice-Hall, 1998.

[111] 谢石林，张景绘. H_∞ 方法在振动主动鲁棒控制中的应用[J]. 机械强度，1998, 20(4): 284-288.

[112] 张浩. 基于 H_∞ 鲁棒控制和使用 ATMD 的高楼主动振动控制策略研究[J]. 控制与决策, 1998, 13(4): 295-300.

[113] 刘晖，唐家祥. 鲁棒控制在高层建筑结构风振中的应用[J]. 华中理工大学学报，1999, 27(12): 92-94.

[114] DOYLE J C, ZHOU K, GLOVER K, et al. Mixed H_2 and H_∞ performance objectives Ⅱ: optimal control[J]. IEEE transactions on automatic control, 1994, 39(8): 1575-1586.

[115] 沙成满. 考虑土-结构相互作用的结构控制 H_2/H_∞混合凸优化方案[J]. 岩土力学，2002, 23(5): 541-545.

[116] 颜桂云，孙炳楠，陆鸣. MR 阻尼器对建筑结构地震反应的半主动 H_∞ 控制[J]. 工程力学, 2004, 21(2): 95-100.

[117] 徐洋，姜洪洲，叶正茂，等. H_∞ 控制在 AMD Benchmark 结构主动控制中的应用研究[J]. 振动与冲击, 2005, 24(5): 14-17.

[118] DU H P, LAM J, SZE K Y. Non-fragile H_∞ vibration control for uncertain structural systems[J].

Journal of sound and vibration. 2004, 273: 1031-1045.

[119] 李文章, 吴凌尧, 郭雷. 基于 LMI 的结构振动鲁棒 H_∞控制[J]. 振动工程学报, 2008, 21(2): 157-161.

[120] CALISE A J, SWERIDUK G D. Active attenuation of building structural response using robust control[J]. Journal of engineering mechanics, 1998, 124(5): 520-528.

[121] DU H P, ZHANG N, NAGHDY F. Actuator saturation control of uncertain structures with input time delay[J]. Journal of sound and vibration, 2011, 330(18): 4399-4412.

[122] 李志军, 王社良. 建筑结构基于 LMI 的鲁棒非脆弱 H_∞控制[J]. 工程力学, 2013, 30(4): 204-210.

[123] LIN C C, CHANG C C, WANG J F. Active control of irregular buildings considering soil-structure interaction effects[J]. Soil dynamics and earthquake engineering, 2010, 30(3): 98-109.

第 2 章　结构弱抖振模糊滑模控制

2.1 引　　言

1965 年，Zadeh[1]创立了模糊集理论。随后，该理论得到了较快的发展和实际应用，成为智能控制领域中的一个重要分支。20 世纪 70 年代中期，以 Mamdani[2]为代表的一批学者提出了模糊控制的概念，标志着模糊控制的诞生。模糊控制作为一种有别于传统控制理论的控制方法，充分发挥其不需要对象数学模型且能充分运用专家信息及鲁棒性的优点，在具有相关特点的控制领域表现出优势。在一些复杂系统，特别是系统存在不精确和不确定信息的情况下，模糊控制的效果往往优于常规控制。模糊控制的发展已经经历了一段时间，但目前仍可认为处于开创性研究阶段，待研究问题还很多[3]。如何将模糊控制与其他控制相结合，形成更实用、性能更优越的控制系统，是控制领域研究的重点之一。

模糊控制的基本思想是把人类专家对特定被控制的对象或过程的控制策略总结成一系列以“IF(条件)-THEN(作用)”的形式表达的控制规则，通过模糊推理得到控制作用集，作用于被控对象或过程。模糊控制完全是在操作人员所具有的控制经验的基础上实现对系统的控制，无需建立数学模型，且控制具有较强的鲁棒性，被控对象参数的变化对控制影响不明显，因此是解决不确定系统的一种有效途径，可用于非线性、时变系统的控制[4,5]。模糊控制器的设计方法可以分成两类：试错法和理论法[6]。在试错法中，首要任务是建立一个模糊 IF-THEN 规则集合，规则可以通过总结经验知识而得到，也可以通过精心组织的问卷向领域内专家请教而得到；其次，基于这些模糊 IF-THEN 规则建立模糊控制器；最后，在实际系统中检验模糊控制器，如果性能指标不满意，则对上述规则进行细微调整或通过反复用试错法进行再设计，直至效果满意。

本章以削弱滑模控制器的抖振为研究目的[7,8]，结合模糊控制和变结构控制的相应特点，对地震作用下建筑结构的振动控制问题进行研究。

2.2 结构基于模糊自适应调节趋近律的滑模控制

文献[9]～[12]基于指数趋近律方法设计了控制律，取得了较好的控制效果，但对符号增益参数ε并未进行深入的分析，使得控制系统的抖振问题未能得到很好解决。针对上述问题，将模糊控制与滑模控制结合起来，采用一种基于模糊自适应调节趋近律的滑模控制方法对地震作用下建筑结构的振动控制问题进行研究[13]。考虑在实际的大型建筑结构，特别是高层建筑结构中，安装过多的传感器来进行主动控制研究是不切实际的，还考虑了有限状态输出反馈下该方法对于结构振动控制工程的适用性[9,14-17]。

2.2.1　控制系统的运动方程

对于一个自由度数为n的层间剪切型受控建筑结构，设地面运动的加速度分量为$\ddot{x}_{\rm g}(t)$，其运动方程可表示为

$$M\ddot{x}(t)+C\dot{x}(t)+Kx(t)=Du(t)-m\ddot{x}_{\rm g}(t) \tag{2.1}$$

式中，$x=[x_1,x_2,\cdots,x_n]^{\rm T}$为$n$维位移列向量($x_i$为第$i$层相对于地面的位移)；$M={\rm diag}(m_1,m_2,\cdots,m_n)$和$m=\left[m_1,m_2,\cdots,m_n\right]^{\rm T}$分别为$n\times n$维结构的质量矩阵和$n$维质量列向量($m_i$为第$i$层的集中质量)；$u(t)$为$r$维控制力列向量；$D$为$n\times r$维控制力位置矩阵；$C$和$K$分别为$n\times n$维结构阻尼矩阵和刚度矩阵。

将式(2.1)化为状态方程

$$\dot{Z}(t)=AZ(t)+Bu(t)+E\ddot{x}_{\rm g}(t) \tag{2.2}$$

其中

$$Z(t)=\begin{bmatrix}x(t)\\ \dot{x}(t)\end{bmatrix},\qquad A=\begin{bmatrix}0 & I_n\\ -M^{-1}K & -M^{-1}C\end{bmatrix}$$

$$B=\begin{bmatrix}0\\ M^{-1}D\end{bmatrix},\qquad E=\begin{bmatrix}0\\ -M^{-1}m\end{bmatrix}$$

式中，$Z(t)$为$2n$维状态列向量；A为$2n\times 2n$维系统矩阵；B为$2n\times r$维矩阵；E为$2n\times 1$维矩阵。

2.2.2　基于全状态反馈的模糊滑模控制

1. 切换面的确定

假定在建筑结构各层都安装有传感器，结构各个时刻的状态皆可通过传感器得到。

切换面实际上为一流形，假设结构切换函数具有如下线性形式：

$$S(t)=\varTheta Z(t) \tag{2.3}$$

式中，$S(t)=\left[S_1,S_2,\cdots,S_r\right]^{\mathrm{T}}$ 为 r 维列向量，S_i 为滑移变量(为了保证变结构控制的可实现性，一般情况下取切换面的维数 r 与控制力向量的维数相一致)；Θ 为 $r\times 2n$ 维待确定矩阵。

对式(2.2)进行如下坐标变换：

$$\eta=\Gamma Z \quad 或 \quad Z=\Gamma^{-1}\eta \tag{2.4}$$

式中，Γ 为状态转移矩阵，可以表示为

$$\Gamma=\begin{bmatrix} I_{2n-r} & -B_1B_2^{-1} \\ 0 & I_r \end{bmatrix},\quad \Gamma^{-1}=\begin{bmatrix} I_{2n-r} & B_1B_2^{-1} \\ 0 & I_r \end{bmatrix},\quad B=\begin{bmatrix} B_1 \\ B_2 \end{bmatrix} \tag{2.5}$$

式中，B 为控制器安装位置矩阵；B_1、B_2 分别为 $(2n-r)\times r$ 和 $r\times r$ 维矩阵，B_1 对应未安装控制器的位置，B_2 对应 r 个控制器的位置，且 B_2 是非奇异的。

将式(2.4)和式(2.5)分别代入式(2.2)和式(2.3)，且忽略外部激励的影响[14-17]，则得到以 η 表示的结构状态方程和切换面：

$$\begin{cases} \dot{\eta}=\bar{A}\eta+\bar{B}u \\ S=\bar{\Theta}\eta=0 \end{cases} \tag{2.6}$$

式中，$\bar{A}=\Gamma A\Gamma^{-1}$；$\bar{B}=\begin{bmatrix}0 & B_2^{\mathrm{T}}\end{bmatrix}^{\mathrm{T}}$；$\bar{\Theta}=\Theta\Gamma^{-1}$。

将式(2.6)进行分解：

$$\eta=\begin{bmatrix} \eta_1 \\ \eta_2 \end{bmatrix},\quad \bar{A}=\begin{bmatrix} \bar{A}_{11} & \bar{A}_{12} \\ \bar{A}_{21} & \bar{A}_{22} \end{bmatrix},\quad \bar{\Theta}=\begin{bmatrix} \bar{\Theta}_1 & \bar{\Theta}_2 \end{bmatrix} \tag{2.7}$$

式中，η_1 和 η_2 分别为 $2n-r$ 和 r 维向量；$\bar{A}_{11}$、$\bar{A}_{22}$ 分别为 $(2n-r)\times(2n-r)$ 和 $r\times r$ 维矩阵；$\bar{\Theta}_1$、$\bar{\Theta}_2$ 分别为 $r\times(2n-r)$ 和 $r\times r$ 维矩阵。

由式(2.6)和式(2.7)可以得到

$$\begin{cases} \dot{\eta}_1=\bar{A}_{11}\eta_1+\bar{A}_{12}\eta_2 \\ S=\bar{\Theta}_1\eta_1+\bar{\Theta}_2\eta_2=0 \end{cases} \tag{2.8}$$

为简单起见，令

$$\bar{\Theta}_2=I_r \tag{2.9}$$

则

$$\begin{cases} \eta_2=-\bar{\Theta}_1\eta_1 \\ \dot{\eta}_1=\left(\bar{A}_{11}-\bar{A}_{12}\bar{\Theta}_1\right)\eta_1 \end{cases} \tag{2.10}$$

$\bar{\Theta}_1$ 可以采用最优控制方法或极点配置方法进行确定。当确定 $\bar{\Theta}_1$ 后，切换面 S 可

以被完全确定。具体的确定方法可参考文献[7]。

2. 控制律的设计

首先采用文献[7]提出的指数趋近律：

$$\dot{S}(t)=-\varepsilon\operatorname{sgn}(S(t))-kS(t) \tag{2.11}$$

式中，$\varepsilon=\operatorname{diag}(\varepsilon_1,\varepsilon_2,\cdots,\varepsilon_r)$ 和 $k=\operatorname{diag}(k_1,k_2,\cdots,k_r)$ 为 r 维正对角常数矩阵。趋近速度参数 k_i 主要影响切换函数的动态过渡过程，适当调整该参数能够改变系统向滑模面的趋近速度，可以更好地改善系统动态品质，k_i 越大，系统到达滑模面的速度越快。符号函数的增益参数 ε_i 是系统克服摄动及外干扰的主要参数，ε_i 越大，系统克服摄动和外干扰的能力就越强，但是过大的增益将会导致系统抖振增大，一般而言，系统抖振幅度与 ε_i 成正比。由于建筑结构模型参数和地震动的不确定性，为了保证滑动模态的存在，必须要取一个较大的 ε_i 值，这必然会引起系统过大的抖振。

将式(2.3)代入式(2.2)，且忽略外部激励的影响[10,18,19]，可得

$$\dot{S}(t)=\Theta\left[AZ(t)+Bu(t)\right] \tag{2.12}$$

将式(2.12)代入式(2.11),可得控制律为

$$u(t)=-(\Theta B)^{-1}\left[\Theta AZ(t)+\varepsilon\operatorname{sgn}(S(t))+kS(t)\right] \tag{2.13}$$

式中，$\varepsilon\operatorname{sgn}(S(t))$ 为滑模控制项，可以根据计算切换函数 $S(t)$ 的大小，通过模糊逻辑控制算法动态地调整 $\varepsilon\operatorname{sgn}(S(t))$ 值，从而在不降低系统鲁棒性的前提下，最大限度地削弱系统的抖振。

记 $\varepsilon\operatorname{sgn}(S(t))$ 的模糊输出值为 $\varepsilon_{\mathrm{FUZZY}}$，则式(2.13)可写为

$$u(t)=-(\Theta B)^{-1}\left[\Theta AZ(t)+\varepsilon_{\mathrm{FUZZY}}+kS(t)\right] \tag{2.14}$$

模糊自适应调节趋近律的滑模控制系统原理如图 2.1 所示，该系统主要由三部分组成：滑模控制器、被控对象和模糊控制器。

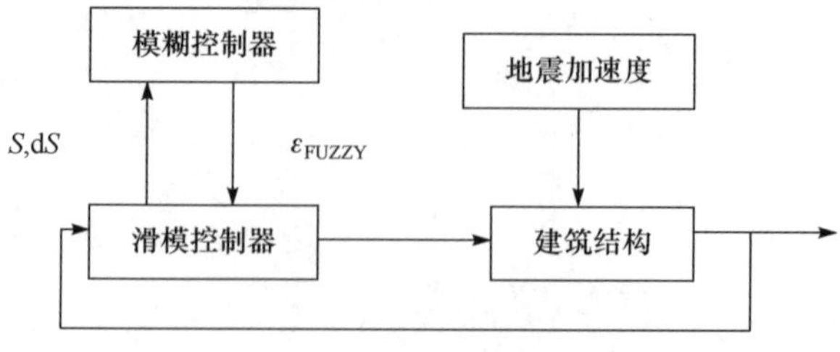

图 2.1　滑模控制系统原理

模糊控制器根据切换函数 $S_i(t)$ 和 $dS_i(t)$ 的大小，实时调整变结构控制律中的 $\varepsilon_i\,\mathrm{sgn}(S_i(t))$ 值，其工作原理如图 2.2 所示。

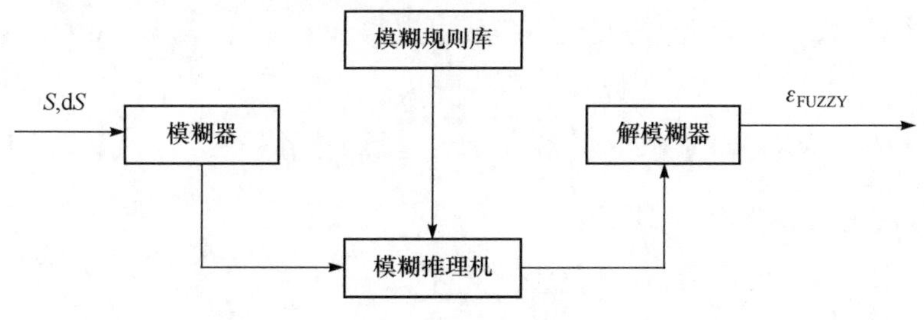

图 2.2　模糊控制器原理

模糊控制器的输入变量为 S 和 dS，输出变量为 $\varepsilon_{\mathrm{FUZZY}}$，描述输入和输出模糊变量语言值的模糊子集均为{NB，ZO，PB}。其中，NB(negative big)表示负大值；ZO(zero)表示零；PB(positive big)表示正大值。

根据控制经验，采用如表 2.1 所示的控制规则。

表 2.1　控制规则

$\varepsilon_{\mathrm{FUZZY}}$		dS		
		NB	ZO	PB
S	NB	NB	NB	ZO
	ZO	NB	ZO	ZO
	PB	ZO	ZO	PB

常用的解模糊器有重心解模糊器、中心平均解模糊器和最大值解模糊器。根据言之有据、计算简便和连续性这三条准则比较这三种解模糊器，选用最好的解模糊器——中心平均解模糊器[6]。

2.2.3　基于有限状态反馈的模糊滑模控制

设 Z_m 为由 m 维传感器组成的状态列向量，$m \geqslant r$，r 为控制力的个数，调整原状态方程，使得

$$Z_m = C_m Z\,,\qquad C_m = \begin{bmatrix} \hat{C} & 0 \\ 0 & I_r \end{bmatrix} \tag{2.15}$$

式中，C_m 为 $m\times 2n$ 维矩阵；I_r 为 r 维单位矩阵；$\hat{C}$ 为 $(m-r)\times(2n-r)$ 维矩阵。

假设结构切换函数具有如下线性形式：

$$S = \Theta_m Z_m = \Theta_m C_m Z = \Theta Z = 0 \tag{2.16}$$

式中，Θ_m 为 $r \times m$ 维矩阵。

采用和 2.2.2 小节相同的变换矩阵，可以得到

$$\begin{cases} \dot{\eta}_1 = \overline{A}_{11}\eta_1 + \overline{A}_{12}\eta_2 \\ S = \Theta_m C_m \Gamma^{-1}\eta = \overline{\Theta}_m \eta = 0 \end{cases} \tag{2.17}$$

Θ_m 和 $\overline{\Theta}_m$ 按式(2.18)进行分块：

$$\begin{cases} \Theta_m = \begin{bmatrix} \Theta_{m1} & \Theta_{m2} \end{bmatrix} \\ \overline{\Theta}_m = \begin{bmatrix} \Theta_{m1}\hat{C} & \Theta_{m1}\hat{C}B_1B_2^{-1} + \Theta_{m2} \end{bmatrix} \end{cases} \tag{2.18}$$

式中，Θ_{m2} 为 $r \times r$ 维矩阵。

令

$$\Theta_{m1}\hat{C}B_1B_2^{-1} + \Theta_{m2} = I_r \tag{2.19}$$

可得

$$\eta_2 = -\Theta_{m1}\hat{C}\eta_1 \tag{2.20}$$

考虑到运动方程(2.17)，则式(2.20)中的 Θ_{m1} 可由极点配置法[7]确定。Θ_{m1} 确定后，通过式(2.19)可求得 Θ_{m2}，这样切换面就可确定。控制律仍按 2.2.2 小节所述进行设计，但在状态变量中，只包含传感器输出状态值，没有传感器测量的状态变量则取零。

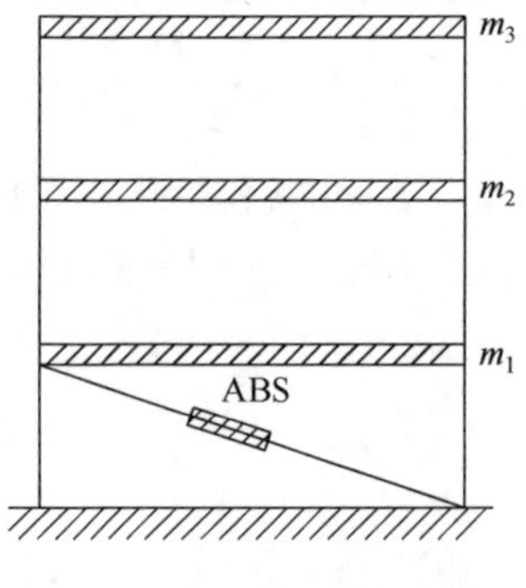

图 2.3　三层框架结构模型

2.2.4　仿真研究

为验证所提方法的有效性，采用一三层框架结构模型进行数值分析，如图 2.3 所示。结构参数如下：结构各层集中质量 $m_i = 1000\text{kg}$；水平刚度 $k_i = 980$ kN/m；阻尼系数 $c_i = 1.407\text{kN}\cdot\text{s/m}$ ($i = 1,2,3$)。输入 El Centro 地震动，持续时间为 8s，最大地面运动加速度调整为 $\ddot{x}_{\text{g}}(t)_{\max} = 0.35g$；在结构第一层安装主动支撑系统(active brace system，ABS)作为作动器，式(2.14)中系数 k_i 取 10。

1. 全状态反馈

假定结构各层都安装有位移传感器和速度传感器，当采用 LQR 最优控制方法[7]确定切换面和进行计算时，取增益矩阵 $Q = \text{diag}(2\times10^4, 2\times10^3, 2\times10^2, 2, 2, 2)$，此时可求得切换面为

$$S = 109.8747x_1 - 7.7491x_2 + 3.231x_3 + \dot{x}_1 + 1.2738\dot{x}_2 + 0.7166\dot{x}_3$$

当采用指数趋近律时，随着 ε_i 的不同取值，控制力的变化如图 2.4 所示。

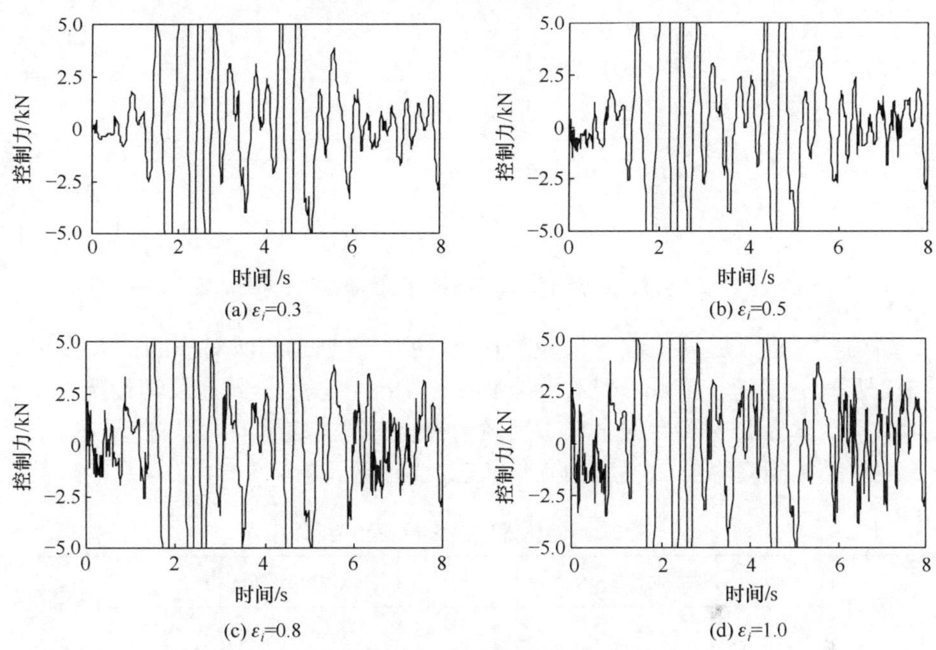

(a) ε_i=0.3　(b) ε_i=0.5　(c) ε_i=0.8　(d) ε_i=1.0

图 2.4　采用指数趋近律时控制力的变化时程

从图 2.4 可以看出，当 ε_i 值较小时($\varepsilon_i = 0.3$)，控制系统的抖振很小，随着 ε_i 值的逐渐增大，控制系统的抖振变得越来越明显，当 ε_i 值较大时($\varepsilon_i = 1.0$)，系统的抖振变得很大，此时系统已经变得很不稳定。

当采用模糊趋近律方法时，通过试错法[6]取 S 、$\mathrm{d}S$ 和 $\varepsilon\,\mathrm{sgn}(S)$ 的论域分别为[−0.7 0.5]、[−6 12]和[−1.5 1.5]，则依据表 2.1 所示模糊规则，可得 S 、$\mathrm{d}S$ 和 $\varepsilon_{\mathrm{FUZZY}}$ 的隶属函数曲线如图 2.5 所示(图 2.5(c)中，“ep”表示 $\varepsilon_{\mathrm{FUZZY}}$)。

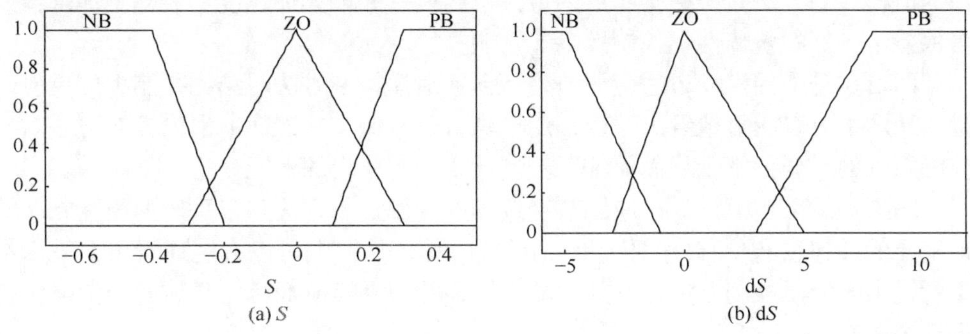

(a) S　(b) dS

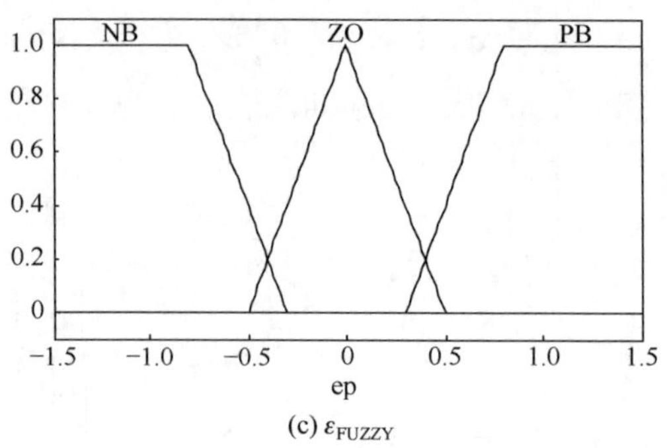

(c) $\varepsilon_{\text{FUZZY}}$

图 2.5　S、$\mathrm{d}S$ 和 $\varepsilon_{\text{FUZZY}}$ 的隶属函数曲线(依据表 2.1)

结构各层最大层间位移、最大加速度(相对于地面)和所对应的最大控制力如表 2.2 所示。其中，工况 1 表示无控情况；工况 2 表示全状态反馈情况；工况 3 表示结构刚度降低 30%后的全状态反馈情况；工况 4 表示有限状态反馈情况；工况 5 表示结构刚度降低 30%后的有限状态反馈情况。

表 2.2　结构地震最大反应和控制力

工况	最大层间位移/cm			最大加速度/(m/s²)			最大控制力/kN
	1 层	2 层	3 层	1 层	2 层	3 层	
1	4.18	3.18	1.67	9.54	13.82	18.11	—
2	0.62	0.81	0.43	4.14	5.50	7.12	11.38
3	0.61	0.87	0.50	4.14	5.45	7.07	9.95
4	0.11	1.54	0.90	3.57	6.85	10.81	16.88
5	0.11	1.95	1.16	3.55	6.12	9.00	17.24

从表 2.2 中的工况 1、工况 2 和工况 3 可以看出，当采用模糊自适应调节趋近律的滑模控制方法时，结构各层的最大层间位移和最大加速度均大幅度地降低，且保持了较好的鲁棒性，控制效果非常明显。

图 2.6 是采用模糊自适应调节趋近律的滑模控制方法时结构控制力的反应时程。从图中可以明显地看出，当采用模糊自适应调节趋近律的滑模控制方法时，控制系统的抖振很小，从而保证了控制系统具有稳定的性能。

图 2.7 是采用模糊自适应调节趋近律的滑模控制方法与未采用滑模控制时结构底层的加速度和位移(相对于地面)反应时程。从图中可以直观地看出，采用本章所提出的滑模控制方法能有效地减小结构的地震峰值响应，具体的峰值响应值详见表 2.2。

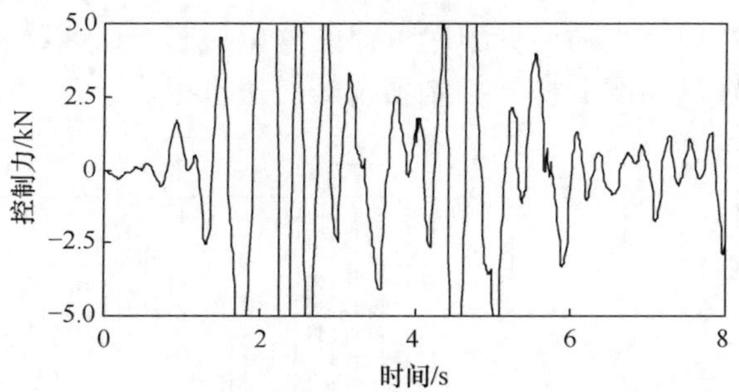

图 2.6　结构控制力的反应时程(全状态反馈)

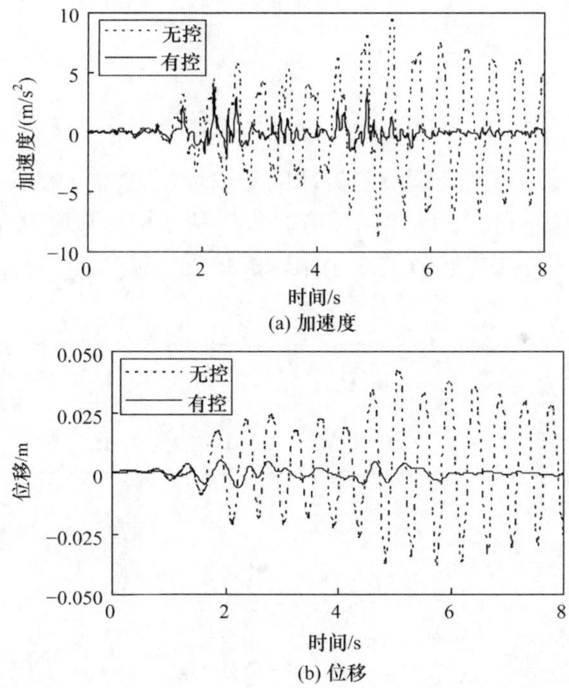

图 2.7　结构底层加速度和位移反应时程(全状态反馈)

2. 有限状态输出反馈

考虑有限状态输出反馈，假定除地面运动加速度外，只在结构第一层安装有位移传感器和速度传感器，采用极点配置方法[7]可得切换面为：$S=1000x_1+\dot{x}_1$。结构各层最大层间位移、最大加速度(相对于地面)和所对应的最大控制力如表 2.2 中的工况 4 和工况 5 所示。从表 2.2 可以看出，当采用模糊自适应调节趋近律的滑模控制方法时，控制效果也非常明显，但是与全状态反馈相比，其所需要的控制力较大，且控制效果稍差一些。

图 2.8 是采用模糊自适应调节趋近律的滑模控制方法时结构控制力的反应时程。与全状态反馈的情况一样，控制系统的抖振也很小，从而保证了控制系统具有稳定的性能。

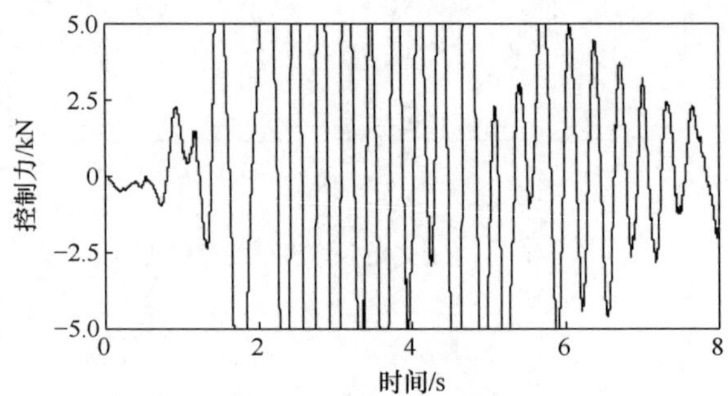

图 2.8 结构控制力的反应时程(有限状态输出反馈)

图 2.9 采用模糊自适应调节趋近律的滑模控制方法与未采用滑模控制时结构底层的加速度和位移(相对于地面)反应时程。从图中可以直观地看出，采用本章所提出的滑模控制方法能有效地减小结构的地震峰值响应，具体的峰值响应值详见表 2.2。

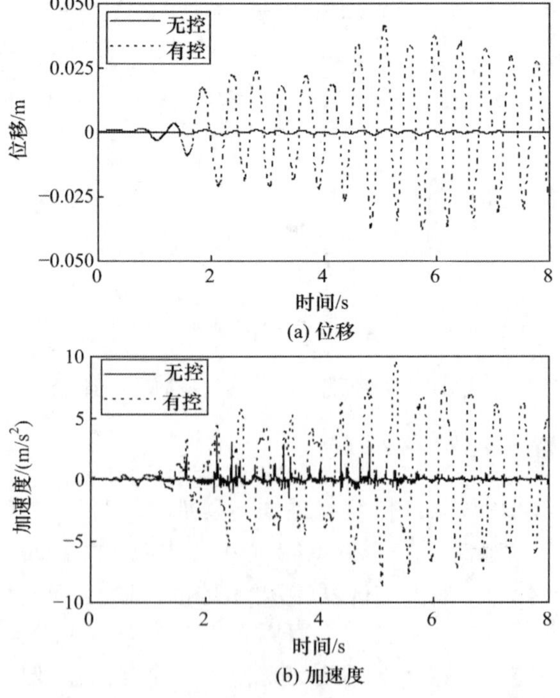

图 2.9 结构底层位移和加速度反应时程(有限状态输出反馈)

2.3 建筑结构离散滑模控制的模糊趋近律方法

文献[20]～[23]基于离散指数趋近律方法设计了控制律，取得了较好的控制效果，但是离散指数趋近律形式有其自身的缺点，即切换带为带状。当系统在切换带中运行时，最后不能趋近于原点，而是趋近于原点附近的一个抖振，这种抖振将可能激励系统中存在的未建模高频成分，并可能增加控制器的负担，从而影响系统的性能[24]。针对上述问题，将模糊控制与离散变结构控制结合起来，采用一种基于模糊趋近律的离散变结构控制方法，并且通过这种控制方法对地震作用下建筑结构的振动控制问题进行研究[25]。

2.3.1 基于模糊趋近律的控制器设计

1. 结构的离散运动方程

对于一个自由度数为 n 的层间剪切型受控建筑结构，设地面运动的加速度分量为 $\ddot{x}_{\mathrm{g}}(t)$，其运动方程可表示为

$$M\ddot{x}(t)+C\dot{x}(t)+Kx(t)=Du(t)-m\ddot{x}_{\mathrm{g}}(t) \tag{2.21}$$

式中，$x=[x_1,x_2,\cdots,x_n]^{\mathrm{T}}$ 为 n 维位移列向量(x_i 为第 i 层相对于地面的位移)；$M=\mathrm{diag}(m_1,m_2,\cdots,m_n)$ 和 $m=[m_1,m_2,\cdots,m_n]^{\mathrm{T}}$ 分别为 $n\times n$ 维结构的质量矩阵和 n 维质量列向量(m_i 为第 i 层的集中质量)；$u(t)$ 为 r 维控制力列向量；D 为 $n\times r$ 维控制力位置矩阵；$\ddot{x}_{\mathrm{g}}(t)$ 为输入到结构的地震加速度；C 和 K 分别为 $n\times n$ 维结构阻尼和刚度矩阵。

将式(2.21)化为状态方程：

$$\dot{Z}(t)=AZ(t)+Bu(t)+E\ddot{x}_g(t) \tag{2.22}$$

式中，$Z(t)=\begin{bmatrix}x(t)\\ \dot{x}(t)\end{bmatrix}$；$A=\begin{bmatrix}0 & I_n\\ -M^{-1}K & -M^{-1}C\end{bmatrix}$；$B=\begin{bmatrix}0\\ M^{-1}D\end{bmatrix}$；$E=\begin{bmatrix}0\\ -M^{-1}m\end{bmatrix}$。

其中，$Z(t)$ 为 $2n$ 维状态列向量；A 为 $2n\times 2n$ 维系统矩阵；B 为 $2n\times r$ 维矩阵；E 为 $2n\times 1$ 维矩阵。

根据文献[26]～[28]，结构控制系统的离散状态方程可表示为

$$Z(k+1)=A_dZ(k)+B_du(k)+E_d\ddot{x}_{\mathrm{g}}(k) \tag{2.23}$$

式中，$A_d=\mathrm{e}^{AT}$；$B_d=\int_0^T \mathrm{e}^{A\eta}B\mathrm{d}\eta$；$E_d=\int_0^T \mathrm{e}^{A\eta}E\mathrm{d}\eta$；$Z(k)$ 和 $Z(k+1)$ 分别表示控

制系统第 k 步(对应时间为 $t=kT$)和第 $k+1$ 步(对应时间为 $t=kT+T$)的状态反应；$u(k)$ 为第 k 步的主动控制力；$\ddot{x}_g(k)$ 为第 k 步的地震输入。

2. 系统切换面的确定

假设结构切换函数具有如下线性形式：

$$S(k)=\Theta Z(k) \tag{2.24}$$

式中，$S(k)=\left[S_1(k),S_2(k),\cdots,S_r(k)\right]^{\mathrm{T}}$ 为 r 维列向量，$S_i(k)$ 为滑移变量；Θ 为 $r\times 2n$ 维待确定矩阵。

确定切换面的方法有很多，如极点配置法、二次型最优配置法等。具体可参考文献[7]和[28]。

3. 由模糊趋近律形成的控制器的设计

20 世纪 90 年代初，高为炳[7]指出离散时间系统变结构控制的到达条件应具有 6 个特点，并给出具有这 6 个特点等式形式的指数趋近律，即

$$S(k+1)=(I-Tq)S(k)-T\varepsilon\,\mathrm{sgn}(S(k)) \tag{2.25}$$

式中，$\varepsilon=\mathrm{diag}(\varepsilon_1,\varepsilon_2,\cdots,\varepsilon_r)$ 和 $q=\mathrm{diag}(q_1,q_2,\cdots,q_r)$ 为 r 维正对角常数矩阵，其中参数 q_i (i=1,2,⋯,r)还应满足：$1-Tq_i>0$；sgn( )为符号函数。

将式(2.23)和(2.24)代入式(2.25)，可得

$$\Theta[A_dZ(k)+B_du(k)+E_d\ddot{x}_g(k)-Z(k)]=-Tq\Theta Z(k)-T\varepsilon\,\mathrm{sgn}(S(k)) \tag{2.26}$$

由式(2.26)可直接解出基于离散指数趋近律方法的闭环控制律表达式：

$$u(k)=-(\Theta B_d)^{-1}\left[\Theta(A_d-I)Z(k)+Tq\Theta Z(k)+\Theta E_d\ddot{x}_g(k)+T\varepsilon\,\mathrm{sgn}(S(k))\right] \tag{2.27}$$

式中，$T\varepsilon\,\mathrm{sgn}(S(k))$ 为变结构控制项，可以根据计算切换函数 $S(k)$ 的大小，通过模糊判别动态地调整 $\varepsilon\,\mathrm{sgn}(S(k))$ 值，从而在不降低系统鲁棒性的前提下，最大限度地削弱系统的平均抖振。

模糊自适应调整趋近律的变结构控制系统框图如图 2.1 所示。

模糊控制器根据切换函数 $S_i(k)$ 和 $\mathrm{d}S_i(k)$ 的大小，实时调整变结构控制律中的 $\varepsilon_i\,\mathrm{sgn}(S_i(k))$ 值，其工作原理如图 2.2 所示。

模糊控制器的输入变量为 S 和 $\mathrm{d}S$，输出变量为 $\varepsilon_{\mathrm{FUZZY}}$，描述输入和输出模糊变量语言值的模糊子集分别为{NB，ZO，PB}和{NB，NM，NS，PS，PB}。其中，NB(negative big)表示负大值；NM(negative medium)表示负中值；NS(negative small)表示负小值；PS(positive small)表示正小值；PB(positive big)表示正大值。

根据控制经验，当 S_i 和 $\mathrm{d}S_i$ 均为 PB 时，表示系统状态远离切换面，因此需要一个大的趋近律参数 ε_i 以加快趋近速度，即 ε_i 应为 PB；当 S_i 和 $\mathrm{d}S_i$ 均为 PS 时，

表示系统状态离切换面较近，因此需要一个较小的趋近律参数 ε_i 使趋近速度变慢以减小抖振，即 ε_i 应为 PS。基于上述经验，采用如表 2.3 所示的控制规则。

表 2.3　模糊控制规则

$\varepsilon_{\text{FUZZY}}$		dS		
		NB	ZO	PB
S	NB	NB	NB	NM
	ZO	NS	ZO	PS
	PB	PM	PB	PB

选用最好的解模糊器——中心平均解模糊器。

清晰化的控制量由式(2.28)计算，在经尺度变换就可变为实际的控制量 ε_i：

$$\varepsilon_i=\frac{\sum_{i=1}^{M}\mu_{\text{B}}(b_i)b_i}{\sum_{i=1}^{M}\mu_{\text{B}}(b_i)} \tag{2.28}$$

2.3.2　仿真研究

为验证所提方法的有效性，现采用与 2.2 节相同的结构模型进行数值分析。结构参数如下：结构各层集中质量 $m_i=1000\,\text{kg}$；水平刚度 $k_i=980\,\text{kN/m}$；阻尼系数 $c_i=1.407\text{kN}\cdot\text{s/m}$ ($i=1,2,3$)。输入地震波采用 El Centro 地震波，持续时间为 8s，最大地面运动加速度调整为 $\ddot{x}_{\text{g}}(t)_{\max}=0.35g$。假定结构各层都安装有位移传感器和速度传感器，在结构第一层安装有主动支撑作为作动器，当采用最优控制方法[7,28]确定切换面和进行计算时，取增益矩阵 $Q=\text{diag}(10^4,10^3,10^2,1,1,1)$，此时可求得切换面为

$$S=35.3782x_1-3.5862x_2+3.999x_3+\dot{x}_1+0.5069\dot{x}_2+0.3567\dot{x}_3$$

式(2.25)中的计算参数 q_i 取 10。

考虑全状态反馈，当采用离散指数趋近律时，随着 ε_i 的不同取值，控制力的变化如图 2.10 所示。

从图 2.10 中可以看出，当 ε_i 值较小时($\varepsilon_i=0.1$)，控制系统的抖振很小，随着 ε_i 值的逐渐增大，控制系统的抖振变得越来越明显，当 ε_i 值较大时($\varepsilon_i=0.8$)，系统的抖振变得很大，此时系统已经变得很不稳定。

当采用模糊趋近律方法时，取 S、dS 和 ε 的论域分别为[−0.03 0.04]、[−0.05 0.05]和[−1 1]，则依据表 2.3 所示控制规则，可得 S、dS 和 $\varepsilon_{\text{FUZZY}}$ 的隶属函数曲线如

图 2.11 所示(图 2.11 中，“$f(s)$”表示 $\varepsilon_{\mathrm{FUZZY}}$)。

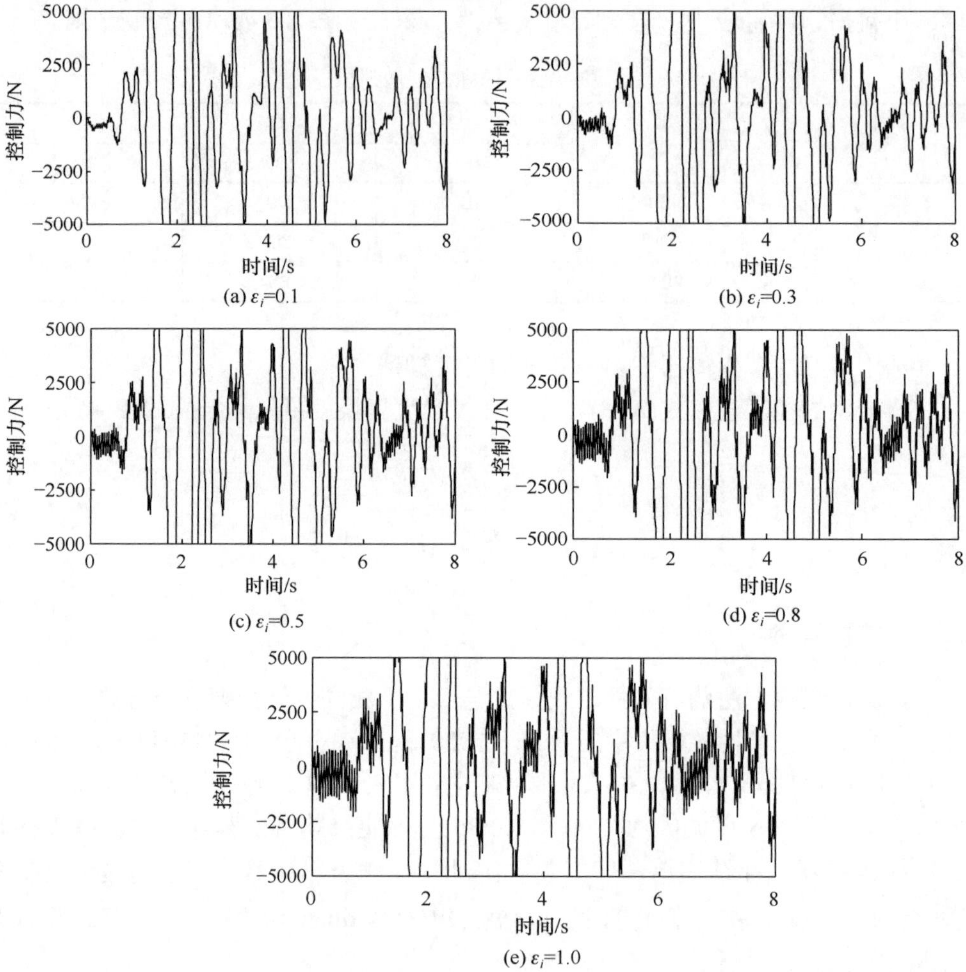

(a) ε_i=0.1

(b) ε_i=0.3

(c) ε_i=0.5

(d) ε_i=0.8

(e) ε_i=1.0

图 2.10　采用离散指数趋近律时控制力的变化时程

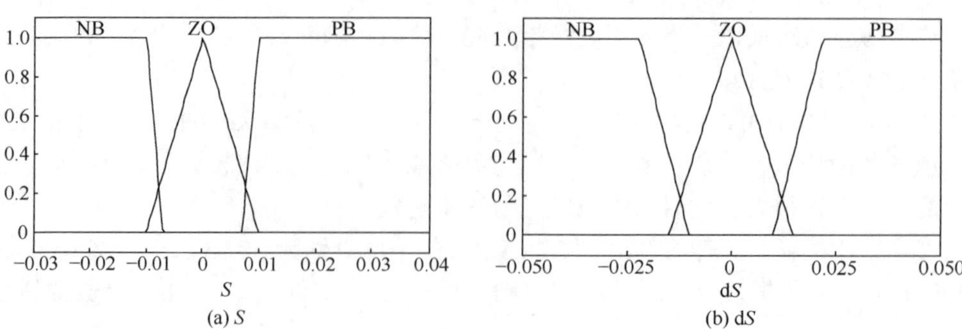

(a) S　　(b) dS

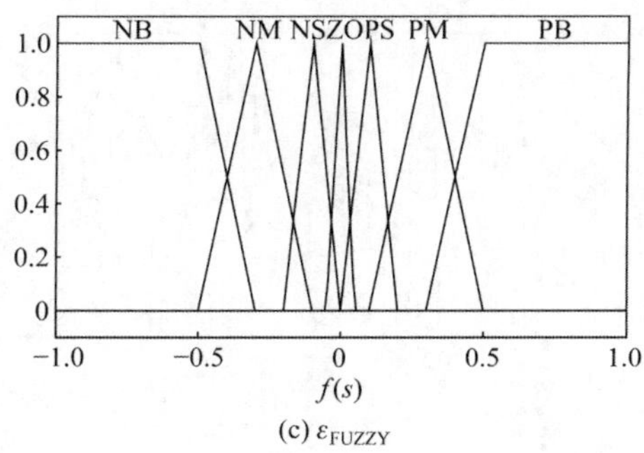

(c) $\varepsilon_{\mathrm{FUZZY}}$

图 2.11　S、dS 和 $\varepsilon_{\mathrm{FUZZY}}$ 的隶属函数曲线(依据表 2.3)

结构各层最大层间位移、最大层间加速度和所对应的最大控制力($u_{\max}$)如表 2.4 所示。

表 2.4　结构层间位移与绝对加速度峰值反应

层数	无控制		FDVSC $u_{\max}=12.75$kN			
	x / cm	$\ddot{x}$ / (cm / s^2)	x / cm	降幅/%	$\ddot{x}$ / (cm / s^2)	降幅/%
1	4.17	922.9	0.45	89.2	295.8	67.9
2	3.18	1354.7	0.22	93.1	549.4	59.4
3	1.67	1767.8	0.67	59.9	857.6	51.5

注：FDVSC 表示采用模糊趋近律的离散变结构控制方法。

从表 2.4 可以看出，当未采用变结构控制时，结构各层的层间位移和最大加速度分别为：4.17cm，922.9cm/s^2；3.18cm，1354.7cm/s^2；1.67cm，1767.8cm/s^2。而当采用模糊趋近律的变结构控制方法时，结构各层的层间位移和最大加速度分别减小为：0.45cm，307.2cm/s^2；0.22cm，549.7cm/s^2；0.67cm，857.6cm/s^2。从地震峰值响应减小的幅度来看，本章所提控制方法的控制效果非常明显。

图 2.12 是当采用模糊趋近律的离散变结构控制方法时，结构控制力的反应时程。从图中可以明显地看出，当采用模糊趋近律的离散变结构控制方法时，控制系统的抖振很小，从而保证了控制系统具有稳定的性能。

图 2.13 是采用模糊趋近律的离散变结构控制方法与未采用离散变结构控制时，结构底层的加速度和位移(相对于地面)反应时程。从图中可以直观地看出，采用本章所提出的离散变结构控制方法能有效地减小结构的地震峰值响应，具体的峰值响应值见表 2.4。

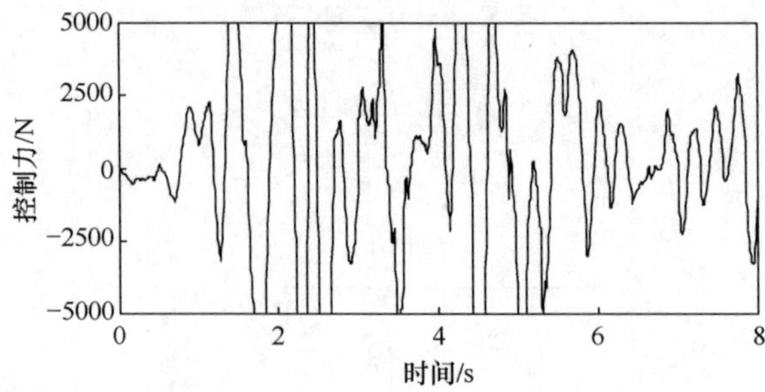

图 2.12　结构控制力的反应时程(采用模糊趋近律)

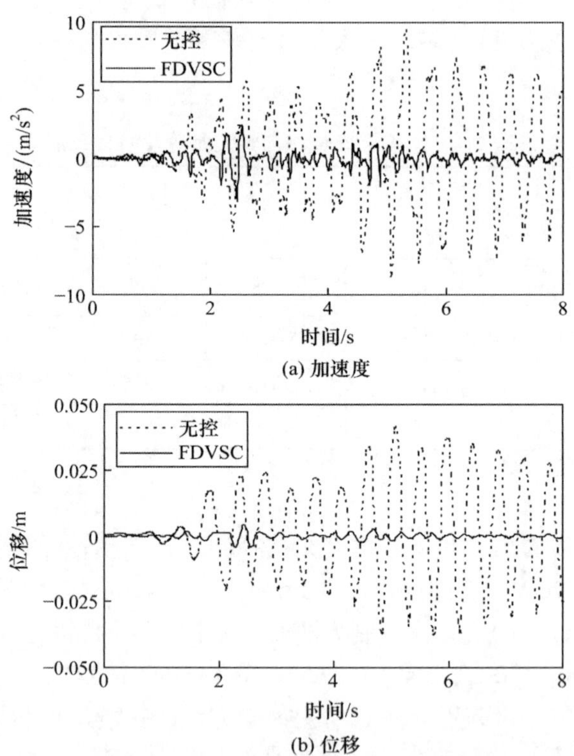

图 2.13　结构底层加速度和位移反应时程(采用模糊趋近律)
FDVSC 表示采用模糊趋近律的离散变结构控制

图 2.14 是结构降低 30%刚度后，控制力时程的对比。从图中可以看出，基于模糊趋近律的离散变结构控制方法对结构参数的不确定性具有较好的鲁棒性。

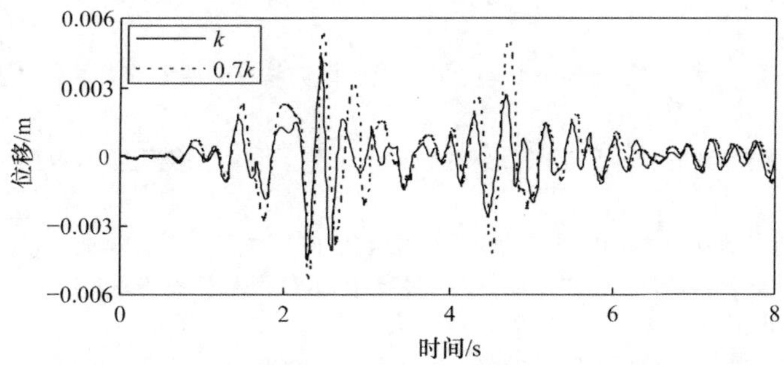

图 2.14　结构降低 30%刚度(k)后控制力时程的对比

2.4 本 章 小 结

抖振问题是阻碍滑模控制应用的主要障碍之一。本章基于模糊控制的优点，采用一种模糊自适应调节趋近律的滑模控制方法对地震作用下建筑结构的振动控制问题进行了研究。分别针对连续时间系统模型和离散时间系统模型设计了相应的模糊变结构控制方法。另外，考虑实际中在大型的建筑结构中安装过多的传感器进行主动控制研究是不切合实际的，本章还以连续时间系统模型为例研究了有限状态输出反馈下该方法的适用性。以一个多层剪切型建筑结构模型为例来验证所提出控制方法的有效性，算例分析结果表明，所提出的控制方法能够有效地减小结构的地震峰值响应，同时在不降低系统鲁棒性的前提下，达到削弱控制系统抖振的目的。另外，该方法还具有结构简单、模糊控制器运算量小的特点，因此更便于计算机实时控制，在土木工程振动控制中具有广阔的应用前景。

参 考 文 献

[1] ZADEH L A. Fuzzy sets, information and control[J]. Information and control, 1965, 8(3): 338-353.

[2] MAMDANI E H. Application of fuzzy algorithms for control of simple dynamic plant[J]. Proceedings of the institution of electrical engineers, 1974, 121(121): 1585-1588.

[3] 张昌凡, 何静. 滑模变结构的智能控制理论与应用研究[M]. 北京: 科学出版社, 2005.

[4] HAM C, QU Z, JOHNSON R, et al. Robust fuzzy control for robot manipulators[J]. IEE Proceedings-control theory and applications, 2002, 147(2): 212-216.

[5] TAN S H, YU Y. Adaptive fuzzy modeling of nonlinear dynamical systems[J]. Automatica, 1996, 32(4): 637-643.

[6] WANG L X. A Course in Fuzzy Systems and Control[M]. Englewood Cliffs: Prentice-Hall, 1997.

[7] 高为炳. 变结构控制的理论及设计方法[M]. 北京: 科学出版社, 1996.

[8] 姚琼荟,宋立忠,鄢圣茂. 离散变结构控制理论研究现状与展望[J]. 海军工程大学学报, 2004,

16(6): 23-36.
[9] 蔡国平, 孙峰, 王超. 建筑结构滑模控制的趋近律方法[J]. 西安交通大学学报, 2000, 34(5): 95-100.
[10] 赵斌, 吕西林, 吴敏哲, 等. 建筑结构振动控制的趋近律滑移模态方法[J]. 工程力学, 2001, 18(3): 67-73.
[11] 赵斌. 建筑结构抗震控制的闭环趋近律方法[J]. 同济大学学报, 2001, 29(10): 1225-1229.
[12] 赵斌, 梅占馨, 吴敏哲. 结构振动控制的指数趋近律滑移模态方法[J]. 应用力学学报, 2000, 17(1): 146-150.
[13] 李志军, 邓子辰. 建筑结构基于模糊自适应调节趋近律的滑模控制研究[J]. 振动与冲击, 2008, 27(12): 79-82.
[14] YANG J N, WU J C, AGRAWAL A K. Sliding mode control for seismically excited linear structures[J]. Journal of engineering mechanics, 1995, 121(12): 1386-1390.
[15] YANG J N, WU J C, AGRAWAL A K. Sliding mode control for nonlinear and hysteretic structures[J]. Journal of engineering mechanics, 1995, 121(12): 1330-1339.
[16] WU J C, AGRAWAL A K, YANG J N. Application of sliding mode control to a benchmark problem[C]// Proceedings of the ASCE Structures Congress XV, 1997: 1275-1279.
[17] WU J C, AGRAWAL A K, YANG J N. Applications of sliding mode control to benchmark problems[J]. Earthquake engineering and structural dynamics, 1998, 27: 1247-1265.
[18] ALLI H, YAKUT O. Fuzzy sliding-mode control of structures[J]. Engineering structures, 2005, 27(2): 277-284.
[19] ADHIKARI R, YAMAGUCHI H. Sliding mode control of buildings with ATMD[J]. Earthquake engineering and structural dynamics, 1997, 26(4): 409-422.
[20] 赵斌, 吕西林. 结构振动的离散变结构控制方法[J]. 振动工程学报, 2001, 14(1): 85-89.
[21] CAI G P, HUANG J Z. Discrete variable structure control of linear time-invariant systems with time delay[J]. Journal of Shanghai Jiaotong university, 2002, 7(1): 84-88.
[22] CAI G P, HUANG J Z. Discrete-time variable structure control method for seismic-excited building structures with time delay in control[J]. Earthquake engineering and structural dynamics, 2002, 31(7): 1347-1359.
[23] 蔡国平, 洪嘉振. 柔性悬臂梁的离散变结构控制[J]. 空间科学学报，2004, 24(2): 145-151.
[24] 翟长连, 吴智铭. 不确定离散时间系统的变结构控制设计[J]. 自动化学报, 2000, 26(2): 184-191.
[25] LI Z J, DENG Z C, GU Z P. Discrete-Time Variable Structure Control for Buildings Using Fuzzy Adaptive Regulation of Reaching Law[C]// Proceedings of the 10th International Symposium on Structural Engineering for Young Experts, Changsha, 2008.
[26] 王划一, 杨西侠, 林家恒. 现代控制理论基础[M]. 北京: 国防工业出版社, 2004.
[27] 钟万勰. 应用力学对偶体系[M]. 北京: 科学出版社, 2003.
[28] 欧进萍. 结构振动控制: 主动、半主动和智能控制[M]. 北京: 科学出版社, 2003.

第 3 章　混合控震系统的弱抖振模糊滑模控制

3.1　引　　言

建筑结构振动控制的方案大体可以分为三类，即被动、主动和混合控制。混合控制兼有被动和主动控制的优点，因此被认为是一种非常有前途的方法，已经越来越多地引起人们的关注[1,2]。实际上，大部分隔震系统在地震作用下都表现出很强的非线性性能，因此混合控震系统也是一样。许多学者针对这种情况，研究了各种处理非线性结构问题的控制算法，如滑模控制、神经网络控制、模糊控制、遗传优化控制等[2]。

由于滑模控制算法简单、鲁棒性好和可靠性高，被广泛应用于运动控制中。在解决十分复杂的非线性系统的综合问题时，变结构系统理论作为一种综合方法得到了重视[3]。但是滑模变结构对系统的参数摄动和外干扰的不变性是以控制量的高频抖振换取的，因为在实际应用中，这种高频抖振在理论上是无限快的，没有任何执行机构能够实现；同时，这样的高频输入很容易激发系统的未建模特性，从而影响系统的控制性能。因此，抖振现象给变结构控制在实际系统中的应用带来了困难[3,4]。

本章基于模糊控制和滑模控制的优点，设计由模糊趋近律形成的弱抖振滑模控制器，将此控制器分别加入橡胶垫支座隔震层和滑移隔震层中形成混合控制体系，分别对地震作用下这两种混合控制体系的控震效果进行相应的分析[5,6]。

3.2　单输入非线性控制系统的滑模控制

若非线性控制系统在状态向量空间可以写成

$$\dot{x}=\begin{bmatrix}A_1(x)\\ \alpha(x)\end{bmatrix}+\begin{bmatrix}0\\ \beta(x)\end{bmatrix}u \tag{3.1}$$

式中，x 为 n 维状态向量；A_1 为 $(n-1)\times n$ 维常值阵；$\alpha(x)$、$\beta(x)$ 为标量函数；u 为标量控制。式(3.1)则称为简约型。又由于前 n–1 个方程是线性的，因此称式(3.1)是线性简约型。

取切换函数为线性函数，即

$$S(x)=C^{\mathrm{T}}x \tag{3.2}$$

作线性变换：

$$\begin{bmatrix} x_1 \\ \vdots \\ x_{n-1} \\ S \end{bmatrix}=\begin{bmatrix} \bar{x} \\ S \end{bmatrix}=Tx\ ,\qquad T=\begin{bmatrix} I_{n-1} & 0 \\ & C^{\mathrm{T}} \end{bmatrix} \tag{3.3}$$

式中，I_{n-1}为$(n-1)\times(n-1)$维单位阵。

对式(3.3)两边微分，可得

$$\frac{\mathrm{d}}{\mathrm{d}t}\begin{bmatrix} \bar{x} \\ S \end{bmatrix}=T\left\{\begin{bmatrix} A_1x \\ \alpha(x) \end{bmatrix}+\begin{bmatrix} 0 \\ \beta(x) \end{bmatrix}u\right\} \tag{3.4}$$

记

$$T=\begin{bmatrix} T_1 & T_2 \end{bmatrix},\qquad T_1=\begin{bmatrix} I_{n-1} \\ \tilde{C}^{\mathrm{T}} \end{bmatrix},\qquad T_2=\begin{bmatrix} 0 \\ 1 \end{bmatrix}$$

这里取$C_n=1$，并引入符号

$$\tilde{C}^{\mathrm{T}}=\begin{bmatrix} C_1, C_2, \cdots, C_{n-1} \end{bmatrix}$$

则式(3.4)可以表示为

$$\frac{\mathrm{d}}{\mathrm{d}t}\begin{bmatrix} \bar{x} \\ S \end{bmatrix}=T_1A_1x+T_2\alpha+T_2\beta u$$

再记

$$A_1=\begin{bmatrix} A_{11} & A_{12} \end{bmatrix}$$

其中，A_{11}为$(n-1)\times(n-1)$维矩阵；A_{12}为$(n-1)\times 1$维矩阵，则可得

$$\dot{\bar{x}}=A_{11}\bar{x}+A_{12}x_n \tag{3.5a}$$

$$\dot{S}=\tilde{C}^{\mathrm{T}}A_{11}\bar{x}^{\mathrm{T}}+\tilde{C}^{\mathrm{T}}A_{12}x_n+\alpha(x)+\beta(x)u \tag{3.5b}$$

从式(3.2)解出x_n代入式(3.5)，可得

$$\dot{\bar{x}}=(A_{11}-A_{12}\tilde{C}^{\mathrm{T}})\bar{x}+A_{12}S \tag{3.6a}$$

$$\dot{S}=\tilde{C}^{\mathrm{T}}(A_{11}-A_{12}\tilde{C}^{\mathrm{T}})\bar{x}+\alpha(x)+\beta(x)u \tag{3.6b}$$

当$S=0$时，由式(3.6a)给出滑动模态的方程：

$$\dot{\bar{x}}=(A_{11}-A_{12}\tilde{C}^{\mathrm{T}})\bar{x} \tag{3.7}$$

设(A_{11}, A_{12})可控，于是可以求出$\tilde{C}^{\mathrm{T}}$使滑动模态式(3.7)的极点可以任置，从而渐进稳定。

已求出切换函数：

$$S(x)=C^{\mathrm{T}}x=\begin{bmatrix} \tilde{C}^{\mathrm{T}} & 1 \end{bmatrix}x$$

只要选取合适的控制律，就可设计出相应的变结构控制器。

对于线性简约型系统(3.1)，完全解决了变结构控制问题，即设计出了变结构控制器：$S(x)$ 及 $u^{\pm}(x)$。对于该系统，变结构控制存在的条件只有：①(A_{11}, A_{12})可控；② $\beta(x) \neq 0$，当 $x \in \Omega \subseteq R^n$。

3.3　基础隔震结构滑模控制的模糊趋近律方法

橡胶垫支座基础隔震是目前工程被动控制中最常用的技术[2]。当采用橡胶垫支座隔震时，因为橡胶垫在强烈地震作用下可能由于水平变形过大而发生破坏。怎样确保橡胶垫支座的安全是一个非常重要的问题，基于这种思想，同时考虑到对上部结构进行控制，许多学者研究了在隔震层连接作动器，通过作动器施加控制力来限制橡胶垫的水平变形，从而对橡胶垫支座起到很好的保护作用，取得了较好的控制效果[7-11]。

文献[9]基于指数趋近律方法设计了滑模控制器，利用滑模控制器施加控制力来限制橡胶垫支座的水平变形，取得了较好的控制效果，但对趋近律的参数有较高的要求。参数 ε 的作用非常大，ε 值减小，可减小系统的抖振；但 ε 值太小，将影响系统到达切换面的趋近速度。而且当系统参数变化比较大或系统存在比较大的不确定性时，为了确保滑动模态的存在，必须选取较大的趋近律参数 ε 值，这必然使系统的抖振增加，从而影响系统的性能。本节针对上述问题，将模糊控制[12,13]与滑模控制结合起来，采用一种基于模糊趋近律的滑模控制方法，并且通过这种控制方法对地震作用下基础隔震混合结构(橡胶垫支座和滑模控制器)的振动控制问题进行研究。同时，还以一个八层建筑结构模型为例进行相应的算例数值分析。

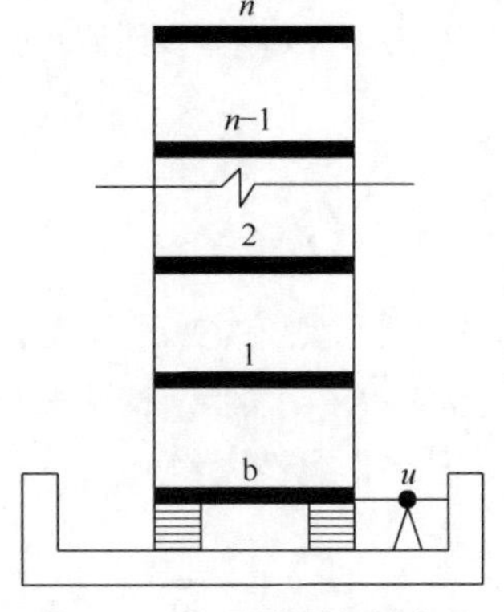

图 3.1　基础隔震结构模型

3.3.1　控制系统的运动方程

对于一个自由度数为 $n+1$ 的含有保护装置的基础隔震建筑结构，结构模型如图 3.1 所示。

假设结构只承受水平方向的地震作用，设地面运动的加速度分量为 $\ddot{x}_{\mathrm{g}}(t)$，其运动方程可表示为

$$M\ddot{x}(t) + C\dot{x}(t) + Kx(t) = Du(t) - m\ddot{x}_{\mathrm{g}}(t) \tag{3.8}$$

式中，$x(t) = [x_n(t), \cdots, x_2(t), x_1(t), x_{\mathrm{b}}(t)]^{\mathrm{T}}$ 为 $n+1$ 维位移列向量[$x_i(t)$ 为第 i 层相对于地面的位移]；$M = \mathrm{diag}(m_n, \cdots, m_2, m_1, m_{\mathrm{b}})$ 和 $m = [m_n, \cdots, m_2, m_1, m_{\mathrm{b}}]^{\mathrm{T}}$ 分别为

$(n+1)\times(n+1)$ 维质量矩阵和 $n+1$ 维质量列向量(m_i 为第 i 层的集中质量); $u(t)$ 为控制力; $D=[0,\cdots,0,0,1]^{\mathrm{T}}$ 为 $(n+1)\times 1$ 维控制力位置矩阵; C 和 K 分别为 $(n+1)\times(n+1)$ 维结构阻尼矩阵和刚度矩阵，可分别表示为

$$C=\begin{bmatrix} c_n & -c_n & & & \\ -c_n & c_n+c_{n-1} & -c_{n-1} & 0 & \\ & \ddots & \ddots & \ddots & \\ & 0 & -c_2 & c_2+c_1 & -c_1 \\ & & & -c_1 & c_1+c_{\mathrm{b}} \end{bmatrix}$$

$$K=\begin{bmatrix} k_n & -k_n & & & \\ -k_n & k_n+k_{n-1} & -k_{n-1} & 0 & \\ & \ddots & \ddots & \ddots & \\ & 0 & -k_2 & k_2+k_1 & -k_1 \\ & & & -k_1 & k_1+k_{\mathrm{b}}(t) \end{bmatrix}$$

将式(3.7)化为状态方程

$$\dot{Z}(t)=AZ(t)+Bu(t)+E\ddot{x}_{\mathrm{g}}(t) \tag{3.9}$$

其中

$$Z(t)=\begin{bmatrix} x(t) \\ \dot{x}(t) \end{bmatrix},\quad A=\begin{bmatrix} 0 & I_{n+1} \\ -M^{-1}K & -M^{-1}C \end{bmatrix},\quad B=\begin{bmatrix} 0 \\ M^{-1}D \end{bmatrix},\quad E=\begin{bmatrix} 0 \\ -M^{-1}m \end{bmatrix}。$$

式中，$Z(t)$ 为 $2n+2$ 维状态列向量；A 为 $(2n+2)\times(2n+2)$ 维非线性系统矩阵；I_{n+1} 为 $(n+1)\times(n+1)$ 维单位阵；B 和 E 为 $(2n+2)\times 1$ 维矩阵。

令

$$K=\begin{bmatrix} K_1 \\ K_{\mathrm{b}}(t) \end{bmatrix},\quad C=\begin{bmatrix} C_1 \\ C_{\mathrm{b}} \end{bmatrix}$$

式中，K_1 和 C_1 分别为 $n\times(n+1)$ 维结构刚度子矩阵和阻尼子矩阵；K_{b} 和 C_{b} 分别为 $1\times(n+1)$ 维结构刚度非线性子矩阵和阻尼线性子矩阵。

非线性系统矩阵 A 可以写成

$$A=\begin{bmatrix} 0 & I_{n+1} \\ -M_1^{-1}K_1 & -M_1^{-1}C_1 \\ -K_{\mathrm{b}}(t)/m_{\mathrm{b}} & -C_{\mathrm{b}}/m_{\mathrm{b}} \end{bmatrix}=\begin{bmatrix} A_1 \\ A_{\mathrm{b}}(t) \end{bmatrix} \tag{3.10}$$

式中，M_1 为系统质量矩阵的前 $n\times n$ 维子矩阵；A_1 为 $(2n+1)\times(2n+2)$ 维线性系统子矩阵；$A_{\mathrm{b}}(t)$ 为 $1\times(2n+2)$ 维非线性系统子矩阵。

近年来，人们提出了很多非弹性系统的恢复力滞回模型。本节采用由 Wen[14]

在 1989 年提出的恢复力滞回模型，用以表示基底的非线性。隔震层的恢复力可以表示为

$$R_b(t) = g(t) + h(t) \tag{3.11}$$

其中

$$g(t) = c_b \dot{x}_b(t) + \lambda k_b x_b(t)$$
$$h(t) = (1-\lambda) k_b v_b(t)$$

式中，λ 为橡胶垫支座屈服后与屈服前刚度的比值；k_b 为橡胶垫支座的弹性刚度；c_b 为橡胶垫支座的阻尼系数；v_b 为无量纲变量，用以表示橡胶垫支座变形中的滞回分量，$|v_b| \leqslant 1$，且有

$$\dot{v}_b(t) = \frac{A_y \dot{x}_b(t) - \beta |\dot{x}_b(t)| |v_b(t)|^{nb-1} v_b(t) - \gamma \dot{v}_b(t) |v_b(t)|^{nb}}{d_y} \tag{3.12}$$

式中，A_y、β、nb、γ 为与滞回形状有关的常数；d_y 为橡胶垫支座的极限屈服位移，为一常数。

令 $F_b(t) = A_b(t)Z(t)$，则可得

$$F_b(t) = -\frac{R_b(t) - k_1 x_1(t) - c_1 \dot{x}_1(t)}{m_b} \tag{3.13}$$

引入状态变量 $\tilde{Z}(t)$：

$$\tilde{Z}(t) = \begin{bmatrix} Z(t) & v_b(t) \end{bmatrix}^{\mathrm{T}}$$

式中，$\tilde{Z}(t)$ 为 $2n+3$ 维状态变量。

由式(3.9)可得以下状态方程：

$$\tilde{Z}(t) = A[\tilde{Z}(t)] + \tilde{B}u(t) + \tilde{E}\ddot{x}_g(t) \tag{3.14}$$

其中

$$A[Z(t)] = \begin{bmatrix} A_1 Z(t) \\ -\left[R_b(t) - k_1 x_1(t) - c_1 \dot{x}_1(t)\right] / m_b \\ \left[A_y \dot{x}_b(t) - \beta |\dot{x}_b(t)| |v_b(t)|^{nb-1} v_b(t) - \gamma \dot{v}_b(t) |v_b(t)|^{nb}\right] / d_y \end{bmatrix}$$

$$\tilde{B} = \begin{bmatrix} B \\ 0 \end{bmatrix}, \quad \tilde{E} = \begin{bmatrix} E \\ 0 \end{bmatrix}$$

$A[\tilde{Z}(t)]$、$\tilde{B}$ 和 $\tilde{E}$ 均为 $(2n+3) \times 1$ 维矩阵。

假设建筑结构在施加控制前是稳定的，且初始条件为零，施加控制后，在已知地面运动加速度时程时，可以利用四阶 Runge-Kutta 方法[15]求解一阶微分方

程式(3.14)。

3.3.2 切换面的确定

将式(3.10)代入式(3.9)并忽略外部激励的影响[7,9]，可得

$$\dot{Z}(t)=\begin{bmatrix} A_1 Z(t) \\ F_{\mathrm{b}}(t) \end{bmatrix}+\begin{bmatrix} 0 \\ 1/m_{\mathrm{b}} \end{bmatrix}u(t) \tag{3.15}$$

假设结构切换函数具有如下线性形式：

$$S(t)=PZ(t) \tag{3.16}$$

式中，$P=[p_1,p_2,\cdots,p_{2n+2}]$为$1\times(2n+2)$维待确定常数矩阵。

作线性变换：

$$\begin{bmatrix} \bar{Z}(t) \\ S(t) \end{bmatrix}=TZ(t) \tag{3.17}$$

式中，$\bar{Z}(t)=[z_1(t),z_2(t),\cdots,z_{2n+1}(t)]^{\mathrm{T}}$为$2n+2$维状态列向量$Z(t)$的$2n+1$维子向量；$T=\begin{bmatrix} I_{2n+1} & 0 \\ & P \end{bmatrix}$为状态转换矩阵；$I_{2n+1}$为$(2n+1)\times(2n+1)$维单位阵。

取$p_{2n+2}=1$，并引入了符号$\bar{P}=[p_1,p_2,\cdots,p_{2n+1}]$，并记$T=\begin{bmatrix} T_1 & T_2 \end{bmatrix}$，$T_1=\begin{bmatrix} I_{2n+1} \\ \bar{P} \end{bmatrix}$，$T_2=\begin{bmatrix} 0 \\ 1 \end{bmatrix}$，则将式(3.17)代入式(3.15)，可得

$$\begin{bmatrix} \dot{\bar{Z}}(t) \\ \dot{S}(t) \end{bmatrix}=T_1A_1Z(t)+T_2F_{\mathrm{b}}(t)+\frac{T_2u(t)}{m_{\mathrm{b}}} \tag{3.18}$$

再记

$$A_1=\begin{bmatrix} A_{11} & A_{12} \end{bmatrix}$$

式中，A_{11}为$(2n+1)\times(2n+1)$维矩阵；A_{12}为$(2n+1)\times1$维矩阵，则可得

$$\dot{\bar{Z}}(t)=A_{11}\bar{Z}(t)+A_{12}z_{2n+2}(t) \tag{3.19a}$$

$$\dot{S}(t)=\bar{P}A_{11}\bar{Z}(t)+\bar{P}A_{12}z_{2n+2}(t)+F_{\mathrm{b}}(t)+\frac{u(t)}{m_{\mathrm{b}}} \tag{3.19b}$$

当$S(t)=0$时，从式(3.16)解出$z_{2n+2}(t)$代入式(3.19a)，可得

$$\dot{\bar{Z}}(t)=\left(A_{11}-A_{12}\bar{P}\right)\bar{Z}(t) \tag{3.20}$$

确定矩阵$\bar{P}$的方法有很多，如极点配置法、线性二次型最优配置法、特征向量任置法等，具体详见文献[3]。若矩阵$\bar{P}$能够确定下来，则可得切换面为

$$S(t)=\begin{bmatrix} \bar{P} & 1 \end{bmatrix}Z(t) \tag{3.21}$$

3.3.3　控制律的设计

首先采用文献[3]提出的指数趋近律

$$\dot{S}(t) = -\varepsilon\,\mathrm{sgn}(S(t)) - gS(t) \tag{3.22}$$

式中，$\varepsilon > 0$；$g > 0$。

将式(3.15)代入式(3.22)，可得

$$\dot{S}(t) = \bar{P}A_1 Z(t) + F_{\mathrm{b}}(t) + \frac{u(t)}{m_{\mathrm{b}}} \tag{3.23}$$

将式(3.22)代入式(3.23)，可解出控制力为

$$u(t) = -m_{\mathrm{b}}\left\{\bar{P}A_1 Z(t) + F_{\mathrm{b}}(t) + \varepsilon\,\mathrm{sgn}(S(t)) + gS(t)\right\} \tag{3.24}$$

式中，$\varepsilon\,\mathrm{sgn}(S(t))$ 为滑模控制项，可以根据计算切换函数 $S(t)$ 的大小，通过模糊判别动态地调整 $\varepsilon\,\mathrm{sgn}(S(t))$ 值，从而在不降低系统鲁棒性的前提下，最大限度地削弱系统的抖振。

记 $\varepsilon\,\mathrm{sgn}(S(t))$ 的模糊输出值为 $\varepsilon_{\mathrm{FUZZY}}$，则式(3.24)可写为

$$u(t) = -m_{\mathrm{b}}\left\{\bar{P}A_1 Z(t) + F_{\mathrm{b}}(t) + \varepsilon_{\mathrm{FUZZY}} + gS(t)\right\} \tag{3.25}$$

模糊自适应调节的滑模控制系统原理如图 2.1 所示，具体方法参照第 2 章 2.1 节，此处不再赘述。

3.3.4　仿真研究

考虑文献[7]所提出的八层建筑结构 $(n = 8)$，在结构的底部加入橡胶垫支座隔离系统和滑模控制器。结构性能指标如表 3.1 所示。

表 3.1　结构的模型参数

层数	基底	1	2	3	4	5	6	7	8
质量/(×10³kg)	450	345.6	345.6	345.6	345.6	345.6	345.6	345.6	345.6
弹性刚度/(×10³kN/m)	18.05	340	320	285	269	243	207	169	137
黏滞阻尼/(kN· s/m)	26.17	490	467	410	386	349	298	243	196

基础隔震层的非弹性参数如下：$D_{\mathrm{y}} = 4\mathrm{cm}$，$\lambda = 0.6$，$A_{\mathrm{y}} = 1.0$，$\beta = 0.5$，$\gamma = 0.5$，$nb = 3$。结构各层屈服极限位移为：$D_i$=2.4, 2.3, 2.2, 2.1, 2.0, 1.9, 1.7, 1.5(单位：cm)。输入地震波采用 El Centro 地震波，持续时间为 8s，最大地面运动加速度调整为 $\ddot{x}_{\mathrm{g}}(t)_{\max} = 0.35\,g$。式(3.22)中 g 取 15。

当采用模糊趋近律方法时，可得 S、$\mathrm{d}S$ 和 $\varepsilon_{\mathrm{FUZZY}}$ 的隶属函数曲线如图 2.5 所示。

结构各层不同控制策略的最大层间位移和最大加速度如表 3.2 所示。由表中第 2 列可以看出，不加任何控制时的结构各层层间位移均超过了相应的屈服位移。

表 3.2　结构最大层间位移与最大加速度(底部加橡胶垫支座和滑模控制器)

层数	屈服位移/cm	无控制		被动控制		混合控制 $u_{max}=10040\text{kN}$	
		x_i/cm	$\ddot{x}_i$/(cm/s^2)	x_i/cm	$\ddot{x}_i$/(cm/s^2)	x_i/cm	$\ddot{x}_i$/(cm/s^2)
基底	4.0	—	—	23.95	575	4.78	489
1	2.4	3.99	530	0.64	565	0.12	475
2	2.3	3.94	659	0.56	643	0.43	505
3	2.2	3.85	755	0.51	709	0.59	464
4	2.1	3.20	872	0.46	548	0.64	420
5	2.0	2.66	888	0.43	600	0.96	477
6	1.9	2.99	748	0.42	609	0.82	493
7	1.7	4.78	1143	0.38	759	0.74	655
8	1.5	3.27	1338	0.23	1016	0.43	811
列数	1	2	3	4	5	6	7

注：x_i是结构最大层间位移；$\ddot{x}_i$是结构最大加速度。

为了使结构各层的层间位移均保持在弹性范围内，在结构的底部加入橡胶垫支座，结构加入橡胶垫支座后各层的层间位移和最大加速度分别如表 3.2 中第 4 和第 5 列所示。由表中第 4 列可以看出，结构各层最大层间位移都大大减少，且均被控制在弹性范围内，但基底的位移量仍然很大；同时可以看出，结构各层的层间位移相对于基底而言都很小，结构类似于刚体运动。由表中第 5 列可以看出，结构各层的最大加速度相比无控制而言有一定程度的减小。

为了保护结构基底隔震层，可在结构底部隔震层中加入滑模控制器，从而形成混合控制，此时，结构各层最大层间位移和最大加速度如表 3.2 中第 6 列和第 7 列所示。由表中第 6 列可以看出，加入滑模控制器后，橡胶垫支座的水平位移大大减少，整体控制效果明显优于被动控制(仅设橡胶垫支座)。由表中第 7 列可以看出，加入滑模控制器后，结构各层的最大加速度也得到了较大幅度的减小。

图 3.2 是采用混合控制(橡胶垫支座和滑模控制器)和被动控制(仅设橡胶垫支座)时，结构隔震层的加速度和位移(相对于地面)反应时程。其中，混合控制曲线以“FSMC”表示，被动控制曲线以“LRB”表示。从图中可以直观地看出，采用本节所提出的混合控制方法有效地减小了橡胶垫支座的水平位移和结构的地震响应，具体的峰值响应值详见表 3.2。

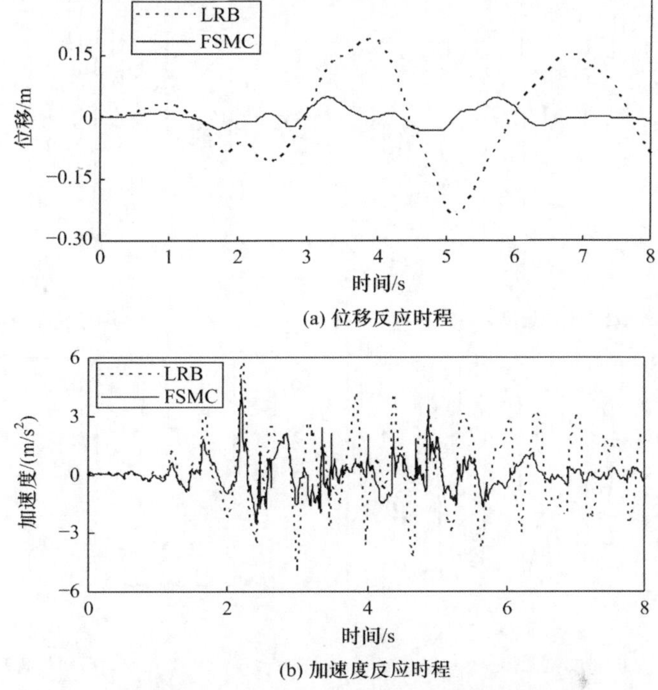

(a) 位移反应时程

(b) 加速度反应时程

图 3.2　混合控制(橡胶垫支座和滑模控制器)和被动控制(仅设橡胶垫支座)结构隔震层反应时程对比

图 3.3 是分别采用文献[5]所用的指数趋近律和本节所提出的模糊趋近律方法时，结构控制力反应时程的对比。从图 3.3(a)～(e)中可以明显看出，当 ε 值较小时(ε=0.2 和 0.4)，控制系统的抖振很小，随着 ε 值的逐渐增大，控制系统的抖振变得越来越明显，当 ε 值较大时(ε=0.8 和 1.0)，系统的抖振变得很大，此时系统已经变得很不稳定。而当采用模糊趋近律方法时，控制系统的抖振很小，从而保证了控制系统具有稳定的性能。

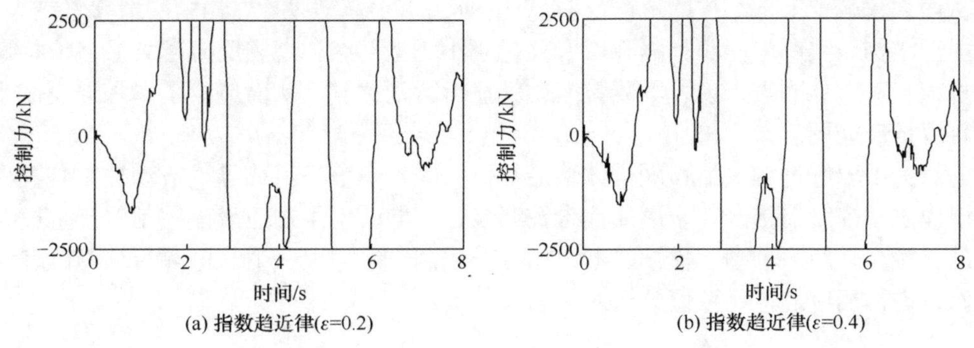

(a) 指数趋近律(ε=0.2)　　(b) 指数趋近律(ε=0.4)

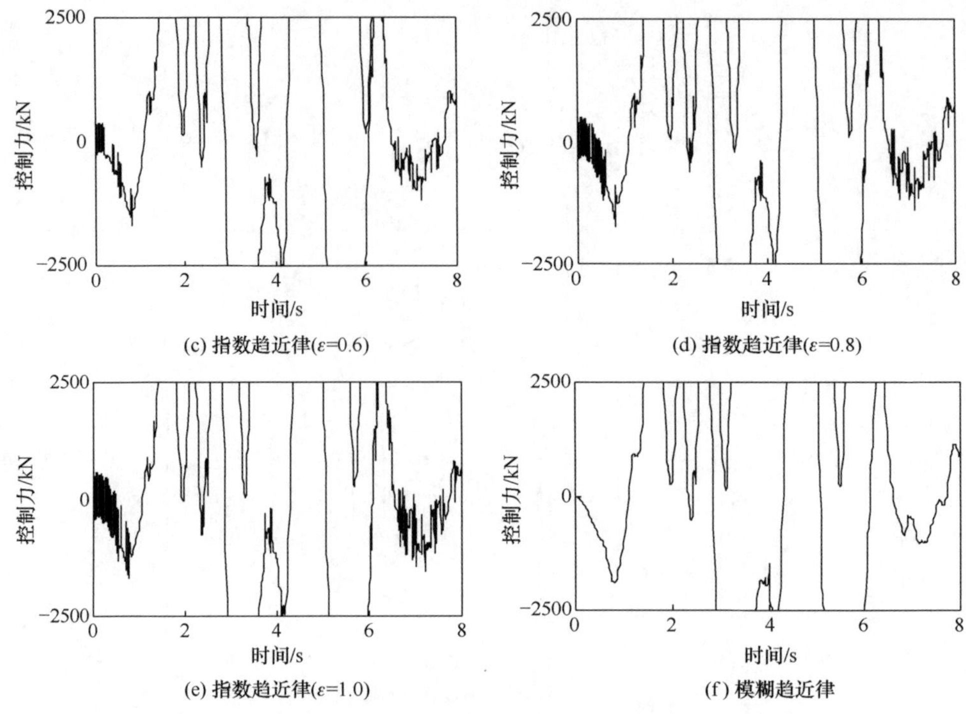

(c) 指数趋近律(ε=0.6)　(d) 指数趋近律(ε=0.8)

(e) 指数趋近律(ε=1.0)　(f) 模糊趋近律

图 3.3　采用指数趋近律和模糊趋近律时结构控制力反应时程

3.4　带限位装置的基础滑移隔震结构的模糊滑模控制

滑移隔震是目前研究较多的一种结构被动控制方法[16-20]。滑移隔震体系是指在建筑物底部与基础之间设置滑移隔震装置和限位装置的结构体系。其原理是通过控制隔震装置的大小，限制其基础传给建筑物底部的摩擦力及输入建筑物的能量,并将已输入结构的能量反馈到隔震缝处,使变形及能量消耗主要在隔震缝处，从而大大减少上部结构的地震反应。理论研究和分析表明[21]，隔震层滑移量越大，上部结构地震反应越小；隔震层滑移量越小，上部结构地震反应越大。但滑移量过大，对滑移隔震来说，其复位问题就显得特别关键，从而造成了滑移隔震体系难以推广应用。

为了较好地解决滑移隔震体系的复位问题，本节将滑移隔震被动控制装置与滑模主动控制器结合起来形成混合控制装置，同时为了避免滑模控制器产生过大的抖振，采用一种基于模糊趋近律的滑模控制方法。以一个八层建筑结构模型为例，进行相应的算例数值分析。

3.4.1 控制系统的运动方程

对于一个自由度数为n的层间剪切型建筑结构，在结构基底设置滑移隔震层和主动作动器，其结构模型如图 3.4 所示。

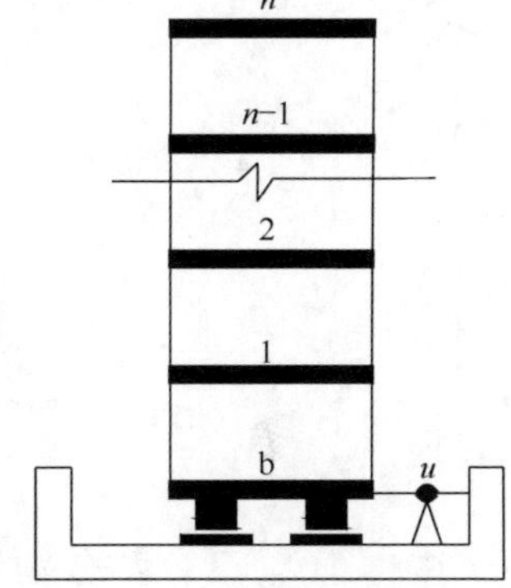

图 3.4　基底设滑移隔震层和主动作动器的结构模型

假设结构只承受水平方向的地震作用，设地面运动的加速度分量为$\ddot{x}_{\mathrm{g}}(t)$，则上部结构的运动方程可表示为

$$M\ddot{x}(t)+C\dot{x}(t)+Kx(t)=-(\ddot{x}_{\mathrm{b}}(t)+\ddot{x}_{\mathrm{g}}(t))m \tag{3.26}$$

式中，$x(t)=[x_n(t),\cdots,x_2(t),x_1(t)]^{\mathrm{T}}$为$n$维位移列向量($x_i$为第$i$层相对于基底滑移隔震层的位移)；$x_{\mathrm{b}}$为滑移隔震层相对于地面的位移；$M=\mathrm{diag}(m_1,m_2,\cdots,m_n)$和$m=[m_n,\cdots,m_2,m_1]^{\mathrm{T}}$分别为$n\times n$维结构的质量矩阵和$n$维质量列向量($m_i$为第$i$层的集中质量)；$C$和$K$分别为$n\times n$维结构阻尼矩阵和刚度矩阵。

把滑移面以上结构视为整体，根据牛顿第二定律得

$$m_{\mathrm{b}}(\ddot{x}_{\mathrm{b}}+\ddot{x}_{\mathrm{g}})+\sum_{i=1}^{n}m_i(\ddot{x}_i+\ddot{x}_{\mathrm{b}}+\ddot{x}_{\mathrm{g}})+k_{\mathrm{b}}x_{\mathrm{b}}(t)=-f(t)+u(t) \tag{3.27}$$

式中，m_{b}为基础滑移隔震层的质量；k_{b}为在滑移隔震层中安装的弹簧刚度；$f(t)$为滑移隔震层的摩擦力；$u(t)$为作动器输出的主动控制力。

摩擦力的表达式为

$$f(t)=\mu\tilde{m}gv_{\mathrm{b}}(t) \tag{3.28}$$

式中，$\tilde{m}=m_{\mathrm{b}}+\sum_{i=1}^{n}m_i$；$\mu$为摩擦系数。根据文献[16]，摩擦系数$\mu$的表达式为

$$\mu=\mu_{\mathrm{m}}-\mu_{\mathrm{f}}\mathrm{e}^{-a_\mu|\dot{x}_{\mathrm{b}}|} \tag{3.29}$$

式中，μ_{m}、μ_{f}和a_μ为与滑移面的接触条件和滑移面的正压力相关的试验常数。

式(3.28)中，v_{b}为无量纲变量，用以表示滑移隔震层变形中的滞回分量，$|v_{\mathrm{b}}|\leqslant 1$，且有

$$\dot{v}_{\mathrm{b}}(t)=D_{\mathrm{y}}^{-1}(\alpha\dot{x}_{\mathrm{b}}(t)-\beta|\dot{x}_{\mathrm{b}}(t)||v_{\mathrm{b}}(t)|^{\eta-1}v_{\mathrm{b}}(t)-\gamma\dot{v}_{\mathrm{b}}(t)|v_{\mathrm{b}}(t)|^{\eta} \tag{3.30}$$

式中，α、β、η、γ为与滞回形状有关的常数；D_{y}为基础滑移隔震层的极限屈服位移，为常数。

将式(3.26)和式(3.27)合并后化为状态方程，可得

$$\dot{Z}(t)=AZ(t)-Bf(t)+Bu(t)+E\ddot{x}_{\mathrm{g}}(t) \tag{3.31}$$

式中，$Z(t)$ 为 $2n+2$ 维状态列向量；A 为 $(2n+2)\times(2n+2)$ 维线性系统矩阵；I_{n+1} 为 $(n+1)\times(n+1)$ 维单位阵；B 和 E 分别为 $(2n+2)\times 1$ 维控制力位置矩阵和外部激励矩阵。

$$Z(t)=\begin{pmatrix}\bar{X}(t)\\ \dot{\bar{X}}(t)\end{pmatrix} \tag{3.32a}$$

$$A=\begin{bmatrix}0 & I_{n+1}\\ -\bar{M}^{-1}\bar{K} & -\bar{M}^{-1}\bar{C}\end{bmatrix} \tag{3.32b}$$

$$B=\begin{bmatrix}0 & \cdots & 0 & 1/m_{\mathrm{b}}\end{bmatrix}^{\mathrm{T}} \tag{3.32c}$$

$$\bar{X}(t)=\begin{pmatrix}x_n & \cdots & x_1 & x_{\mathrm{b}}\end{pmatrix}^{\mathrm{T}} \tag{3.32d}$$

式中，$\bar{M}$ 、$\bar{C}$ 、$\bar{K}$ 分别为 $(n+1)\times(n+1)$ 维结构质量、阻尼和刚度矩阵，它们和矩阵 E 由式(3.26)和式(3.27)不难确定。

引入状态变量 $\tilde{Z}(t)$:

$$\tilde{Z}(t)=\begin{bmatrix}Z(t) & v_{\mathrm{b}}(t)\end{bmatrix}^{\mathrm{T}}$$

式中，$\tilde{Z}(t)$ 为 $2n+3$ 维状态变量。

由式(3.26)可得以下状态方程：

$$\tilde{Z}(t)=A[\tilde{Z}(t)]+\tilde{B}\tilde{u}(t)+\tilde{E}\ddot{x}_{\mathrm{g}}(t) \tag{3.33}$$

其中

$$A[\tilde{Z}(t)]=\begin{bmatrix}AZ(t)\\ D_{\mathrm{y}}^{-1}\left(\alpha\dot{x}_{\mathrm{b}}(t)-\beta\left|\dot{x}_{\mathrm{b}}(t)\right|\left|v_{\mathrm{b}}(t)\right|^{\eta-1}v_{\mathrm{b}}(t)-\gamma\dot{v}_{\mathrm{b}}(t)\left|v_{\mathrm{b}}(t)\right|\right)\end{bmatrix}$$

$$\tilde{B}=\begin{bmatrix}B\\0\end{bmatrix},\quad \tilde{E}=\begin{bmatrix}E\\0\end{bmatrix},\quad \tilde{u}(t)=u(t)-f(t)$$

$A[\tilde{Z}(t)]$ 、$\tilde{B}$ 和 $\tilde{E}$ 均为 $(2n+3)\times 1$ 维矩阵。

假设建筑结构在施加控制前是稳定的，且初始条件为零，施加控制后，在已知地面运动加速度时程时，可以利用四阶 Runge-Kutta 方法[15]求解一阶微分方程式(3.33)。

3.4.2　切换面的确定

线性系统矩阵 A 可以写成

$$A=\begin{bmatrix}A_1\\ A_{\mathrm{b}}\end{bmatrix} \tag{3.34}$$

式中，A_1 为 $(2n+1)\times(2n+2)$ 维系统子矩阵；A_b 为 $1\times(2n+2)$ 维线性系统子矩阵。

将式(3.34)代入式(3.31)并忽略外部激励的影响[7,16]，可得

$$\dot{Z}(t)=\begin{bmatrix}A_1\\A_b\end{bmatrix}Z(t)+\begin{bmatrix}0\\1/m_b\end{bmatrix}\tilde{u}(t) \tag{3.35}$$

假设结构切换函数具有如下线性形式：

$$S(t)=PZ(t) \tag{3.36}$$

式中，$P=[p_1,p_2,\cdots,p_{2n+2}]$ 为 $1\times(2n+2)$ 维待确定常数矩阵。

作线性变换：

$$\begin{bmatrix}\bar{Z}(t)\\S(t)\end{bmatrix}=TZ(t) \tag{3.37}$$

式中，$\bar{Z}(t)=\left[z_1(t),z_2(t),\cdots,z_{2n+1}(t)\right]^{\mathrm{T}}$ 为 $2n+2$ 维状态列向量 $Z(t)$ 的 $(2n+1)$ 维子向量；$T=\begin{bmatrix}I_{2n+1} & 0\\ \multicolumn{2}{c}{P}\end{bmatrix}$ 为状态转换矩阵；I_{2n+1} 为 $(2n+1)\times(2n+1)$ 维单位阵。

取 $p_{2n+2}=1$，并引入符号 $\bar{P}=[p_1,p_2,\cdots,p_{2n+1}]$，并记 $T=\begin{bmatrix}T_1 & T_2\end{bmatrix}$，$T_1=\begin{bmatrix}I_{2n+1}\\ \bar{P}\end{bmatrix}$，$T_2=\begin{bmatrix}0\\1\end{bmatrix}$，则将式(3.37)代入式(3.33)，可得

$$\begin{bmatrix}\dot{\bar{Z}}(t)\\ \dot{S}(t)\end{bmatrix}=T_1A_1Z(t)+T_2A_bZ(t)+\frac{T_2\tilde{u}(t)}{m_b} \tag{3.38}$$

再记

$$A_1=\begin{bmatrix}A_{11} & A_{12}\end{bmatrix}$$

式中，A_{11} 为 $(2n+1)\times(2n+1)$ 维矩阵；A_{12} 为 $(2n+1)\times 1$ 维矩阵，则可得

$$\dot{\bar{Z}}(t)=A_{11}\bar{Z}(t)+A_{12}z_{2n+2}(t) \tag{3.39a}$$

$$\dot{S}(t)=\bar{P}A_{11}\bar{Z}(t)+\bar{P}A_{12}z_{2n+2}(t)+A_bZ(t)+\frac{\tilde{u}(t)}{m_b} \tag{3.39b}$$

当 $S(t)=0$ 时，从式(3.36)解出 $z_{2n+2}(t)$ 代入式(3.39a)，可得

$$\dot{\bar{Z}}(t)=\left(A_{11}-A_{12}\bar{P}\right)\bar{Z}(t) \tag{3.40}$$

确定矩阵 $\bar{P}$ 的方法有很多，如极点配置法、线性二次型最优配置法、特征向量任置法等，具体见文献[3]。若矩阵 $\bar{P}$ 能够确定下来，则可得切换面为

$$S(t)=\begin{bmatrix}\bar{P} & 1\end{bmatrix}Z(t) \tag{3.41}$$

3.4.3 控制律的设计

本小节主要介绍模糊控制律和饱和控制律的设计方法。

1. 模糊控制律的设计

首先采用文献[3]提出的指数趋近律：

$$\dot{S}(t) = -\varepsilon \operatorname{sgn}(S(t)) - qS(t) \tag{3.42}$$

式中，$\varepsilon > 0$，$q > 0$。

将式(3.35)代入式(3.42)，可得

$$\dot{S}(t) = \bar{P}A_1 Z(t) + A_b Z(t) + \frac{\tilde{u}(t)}{m_b} \tag{3.43}$$

将式(3.42)代入式(3.43)，可解出控制力为

$$u(t) = -m_b \left\{ \bar{P}A_1 Z(t) + A_b Z(t) - f(t) + \varepsilon \operatorname{sgn}(S(t)) + qS(t) \right\} \tag{3.44}$$

式中，$\varepsilon \operatorname{sgn}(S(t))$为滑模控制项，可以根据计算切换函数$S(t)$的大小，通过模糊判别动态地调整$\varepsilon \operatorname{sgn}(S(t))$值，从而在不降低系统鲁棒性的前提下，最大限度地削弱系统的抖振。

记$\varepsilon \operatorname{sgn}(S(t))$的模糊输出值为$\varepsilon_{\mathrm{FUZZY}}$，则式(3.44)可写为

$$u(t) = -m_b \left\{ \bar{P}A_1 Z(t) + A_b Z(t) - f(t) + \varepsilon_{\mathrm{FUZZY}} + qS(t) \right\} \tag{3.45}$$

模糊控制器的输入变量为S和$\mathrm{d}S$，输出变量为$\varepsilon_{\mathrm{FUZZY}}$，描述输入和输出模糊变量的语言值的模糊子集均为{NB, ZO, PB}。其中，NB(negative big)表示负大值；ZO(zero)表示零；PB(positive big)表示正大值。

根据控制经验，采用如表 2.1 所示的控制规则。

2. 饱和控制律的设计

对于土木工程振动的控制问题，实际控制力的大小将受到作动器最大极限控制力的限制，而且为了充分发挥滑移隔震层被动控震作用，也很有必要引入饱和控制器。此时，可以采用如下饱和控制方法，即实际控制力按式(3.47)取值：

$$\hat{u}(t) = \begin{cases} u(t), & |u(t)| \leqslant \bar{u} \\ \bar{u} \operatorname{sgn}(u(t)), & \text{其他} \end{cases} \tag{3.46}$$

式中，$u(t)$、$\bar{u}$和$\hat{u}(t)$分别为作动器的计算控制力、最大极限控制力和实际作用于结构的控制力。

3.4.4 仿真研究

考虑文献[16]所提出的八层建筑结构 ($n=8$)，在结构的底部加入滑移隔震层和滑模控制器。结构性能指标如表 3.1 所示。

基础滑移隔震层的非弹性参数如下：$D_y=0.012\text{cm}$，$\alpha=1.0$，$\beta=0.5$，$\eta=2$，$\gamma=0.5$，$\mu_m=0.1$，$\mu_f=0.05$，$a_\mu=0.2$。结构各层屈服极限位移为：D_i=2.4, 2.3, 2.2, 2.1, 2.0, 1.9, 1.7, 1.5(单位：cm)。输入地震波采用 El Centro 地震波，持续时间为 8s，最大地面运动加速度调整为 $\ddot{x}_g(t)_{\max}=0.35g$。式(3.45)中的参数 q 取 40。

当采用模糊趋近律方法时，取 S、$\mathrm{d}S$ 和 $\varepsilon_{\text{FUZZY}}$ 的论域分别为[−30, 30]、[−400, 400]和[−15, 15]，则依据表 2.1 所示模糊规则，可得输入及输出变量的隶属函数曲线如图 3.5 所示。

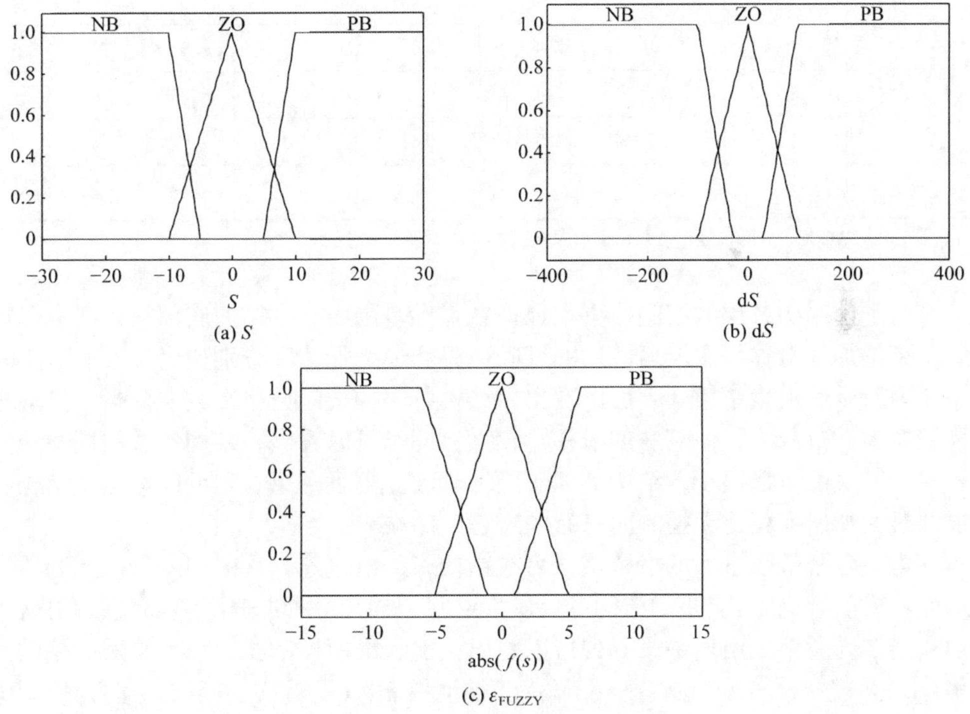

图 3.5　输入及输出变量的隶属函数曲线

结构各层不同控制策略的最大层间位移和最大加速度如表 3.3 所示。由表中第 2 列可以看出，不加任何控制时的结构各层层间位移均超过了相应的屈服位移。

表 3.3 结构最大层间位移与最大加速度(底部加滑移隔震层和滑模控制器)

层数	屈服位移/cm	无控制		被动控制		混合控制 1 $u_{max}=1540$kN	
		x_i/cm	$\ddot{x}_i$/(cm/s^2)	x_i/cm	$\ddot{x}_i$/(cm/s^2)	x_i/cm	$\ddot{x}_i$/(cm/s^2)
基底	—	—	—	22.57	351	0.15	350
1	2.4	3.99	530	0.96	22	0.01	5
2	2.3	3.94	659	0.96	47	0.01	7
3	2.2	3.85	755	1.07	85	0.01	7
4	2.1	3.20	872	1.05	123	0.01	8
5	2.0	2.66	888	1.04	151	0.01	7
6	1.9	2.99	748	1.02	179	0.01	6
7	1.7	4.78	1143	0.92	218	0.01	8
8	1.5	3.27	1338	0.61	265	0.02	9
列数	1	2	3	4	5	6	7

注：x_i是结构最大层间位移；$\ddot{x}_i$ 是结构最大加速度。

为了使结构各层的层间位移均保持在弹性范围内，在结构底部加入滑移隔震层，结构加入滑移隔震层后各层的层间位移和最大加速度分别如表 3.3 中第 4 和第 5 列所示。由表中第 4 列可以看出，结构各层的层间位移都大大减少，且均被控制在弹性范围内，但基底的滑移量较大；同时可以看出，结构各层的层间位移相对于基底而言都很小，结构类似于刚体运动。由表中第 5 列可以看出，结构各层的最大加速度相比无控制而言有一定程度的减小。

为了限制基底过大的滑移量，可在结构底部滑移隔震层中加入滑模控制器，从而形成混合控制，此时，结构各层最大层间位移和最大加速度值如表 3.3 中第 6 列和第 7 列所示。由表中第 6 列可以看出，加入滑模控制器后，滑移隔震层的滑移量大大减少，整体控制效果明显优于被动控制(仅设滑移隔震层)，混合控制体系具有很好的复位功能，但由于滑移量过小，滑移隔震层的被动控震作用并未充分发挥出来。由表中第 7 列可以看出，加入滑模控制器后，结构各层的最大加速度也大大减小。

为了充分发挥滑移隔震层的被动控震作用，引入饱和控制器，当饱和控制器的最大控制力分别为 1000 kN 、500 kN 和 100 kN 时，结构各层的层间位移和最大加速度如表 3.4 所示。

表 3.4　饱和控制律下结构层间位移与最大加速度

层数	混合控制 2 $u_{max}=1000$kN		混合控制 3 $u_{max}=500$kN		混合控制 4 $u_{max}=100$kN	
	x_i/cm	$\ddot{x}_i$/(cm/s^2)	x_i/cm	$\ddot{x}_i$/(cm/s^2)	x_i/cm	$\ddot{x}_i$/(cm/s^2)
基底	0.88	522	11.10	472	15.23	345
1	0.04	22	0.76	30	0.81	21
2	0.04	38	0.96	83	0.89	47
3	0.05	44	1.22	171	1.01	85
4	0.05	55	1.44	280	1.02	129
5	0.06	54	1.59	404	1.05	177
6	0.07	53	1.70	531	1.09	227
7	0.10	30	1.61	654	1.01	273
8	0.13	47	1.04	730	0.69	327
列数	1	2	3	4	5	6

注：x_i是结构最大层间位移；$\ddot{x}_i$是结构最大加速度。

由表 3.4 中的第 1、3、5 列可以看出，当采用饱和控制器后，结构滑移隔震层的滑移量随最大控制力的逐渐减小而逐步增加，此时，由于滑移量的增加，滑移隔震层的被动控震作用也逐步发挥出来，结构的整体控制效果较好。同时，当最大控制力较大时，结构上部各层的层间位移比被动控制情况下减小许多；但当最大控制力较小时，结构上部各层的层间位移与被动控制情况下较为接近，且仍然保持在弹性变形范围内。此外，由第 2、4、6 列也可以看出，采用饱和控制器后，结构上部各层的最大加速度相比被动控制而言，在一定最大控制力范围内有一定程度的减少，但低于一定最大控制力范围后，控制效果较差。

当使结构的刚度变化 30%后，结构最大层间位移与最大加速度峰值如表 3.5 所示。可以看出，本节所设计的基于模糊趋近律的滑模控制器对于结构参数的不确定性具有较好的鲁棒性。

表 3.5　结构最大层间位移与最大加速度的鲁棒性

层数	混合控制 1 k $u_{max}=1540$kN		混合控制 1 $-30\%\,k$ $u_{max}=1582$kN		混合控制 1 $+30\%\,k$ $u_{max}=1539$kN	
	x_i/cm	$\ddot{x}_i$/(cm/s^2)	x_i/cm	$\ddot{x}_i$/(cm/s^2)	x_i/cm	$\ddot{x}_i$/(cm/s^2)
基底	0.15	350	0.16	351	0.13	341
1	0.01	5	0.01	5	0.01	5
2	0.01	7	0.01	7	0.01	7
3	0.01	7	0.01	7	0.01	8

续表

层数	混合控制 1 k u_{max} =1540kN		混合控制 1 −30% k u_{max} =1582kN		混合控制 1 +30% k u_{max} =1539kN	
	x_i/cm	$\ddot{x}_i$/(cm/s^2)	x_i/cm	$\ddot{x}_i$/(cm/s^2)	x_i/cm	$\ddot{x}_i$/(cm/s^2)
4	0.01	8	0.01	7	0.01	7
5	0.01	7	0.01	5	0.01	8
6	0.01	6	0.01	6	0.01	8
7	0.01	8	0.01	5	0.01	8
8	0.02	9	0.02	6	0.02	9
列数	1	2	3	4	5	6

注：x_i是结构最大层间位移；$\ddot{x}_i$是结构最大加速度；k是结构刚度。

各种工况下，结构底部滑移隔震层的滞回曲线如图 3.6 所示。从图 3.6(a)中可以看出，被动控制下，滑移隔震层的耗能能力非常好，但基底的滑移量过大，无法在实际工程中应用。由图 3.6(b)和(c)可以看出，当滑模控制器输出的主动控制力过大时，由于滑移量过小，滑移隔震层的耗能能力较差，其被动控震作用还远未发挥出来。由图 3.6(d)和(e)可以看出，当饱和控制器所输出的最大控制力较小时[相比图 3.6(b)和(c)而言]，滑移隔震层的被动控震作用能较好地发挥出来。

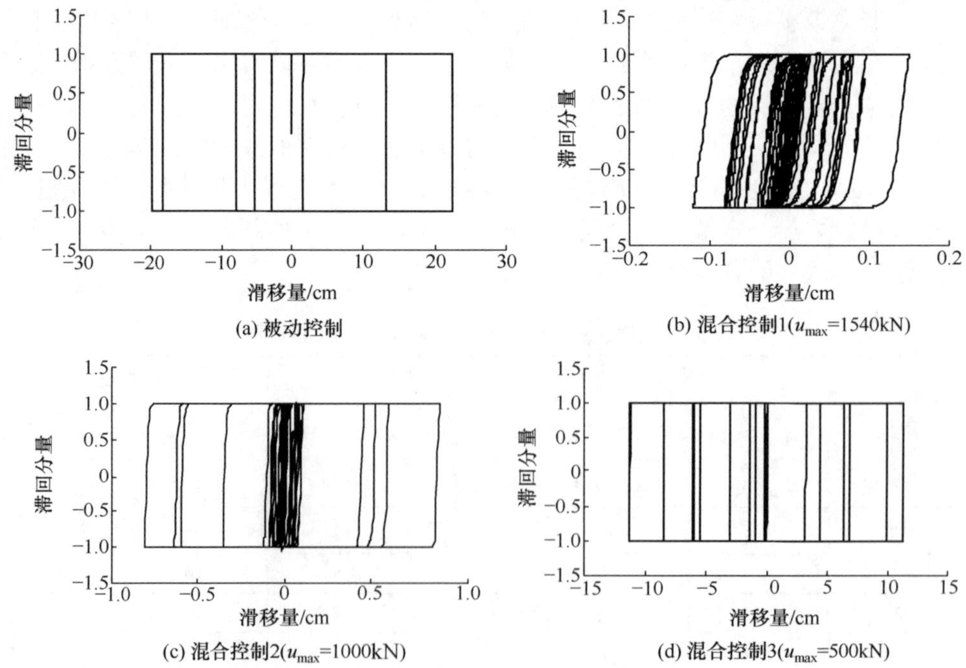

(a) 被动控制

(b) 混合控制1(u_{max}=1540kN)

(c) 混合控制2(u_{max}=1000kN)

(d) 混合控制3(u_{max}=500kN)

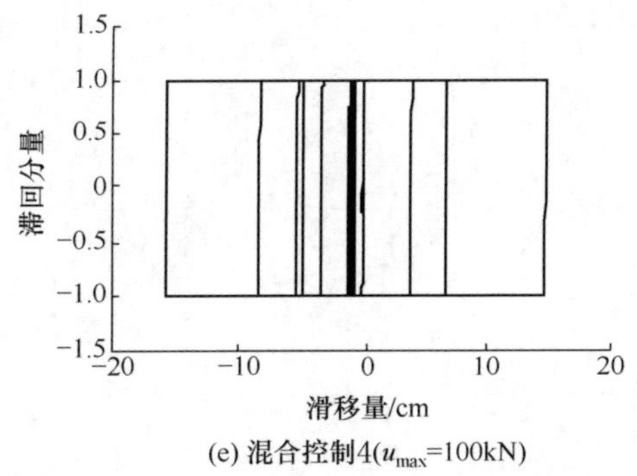

(e) 混合控制4(u_{max}=100kN)

图 3.6　各种工况下滑移隔震层的滞回曲线

图 3.7、图 3.8 和图 3.9 分别是采用混合控制(滑移隔震层和滑模控制器)和被动控制(仅设滑移隔震层)时，结构基底滑移量、首层和顶层的位移反应时程。图中，混合控制 1、混合控制 2、混合控制 3 和混合控制 4 为最大控制力，分别为 1540kN 、1000kN 、500kN 和100kN 的四种不同工况，而被动控制的曲线则以被动控制表示。从图 3.7 中可以看出，采用本节所提出的混合控制方法有效地减小了滑移隔震层的滑移量，且滑移量随着最大控制力的减小而逐渐增大。从图 3.8 中可以看出，相比被动控制而言，混合控制方法有效地减小了结构首层的层间位移，且层间位移随着最大控制力的增加而减小。从图 3.9 中可以看出，当最大控制力较大(混合控制 1 和混合控制 2 工况)时，采用混合控制可以有效地减小结构顶层的层间位移；但当最大控制力较小(混合控制 3 和混合控制 4 工况)时，相比被动控制而言，混合控制策略对结构顶层层间位移的控制效果并不明显，甚至有时还会大于被动控制下结构顶层的层间位移，不过均保持在弹性变形范围内。

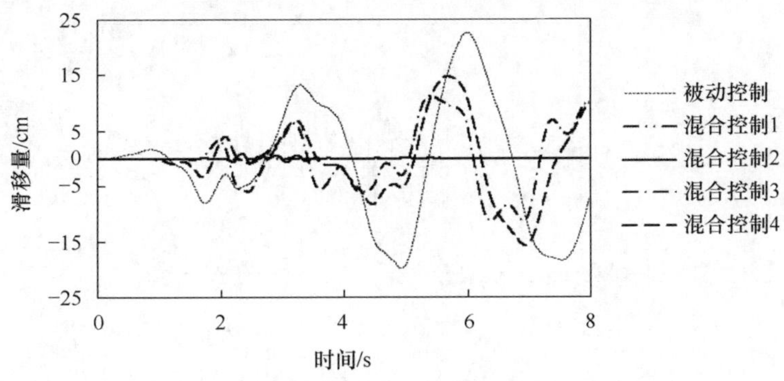

图 3.7　结构基底滑移量

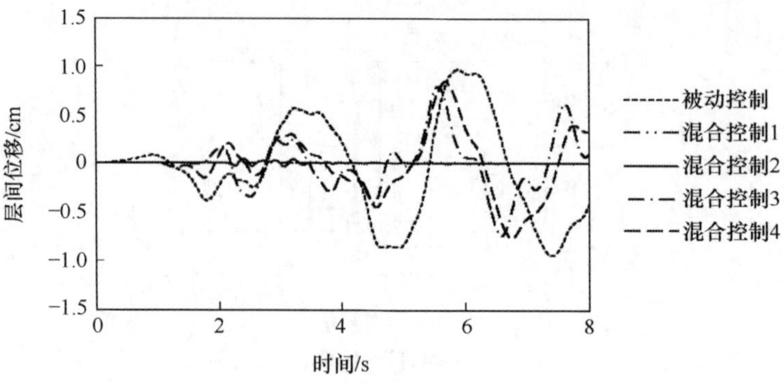

图 3.8　结构首层层间位移反应时程

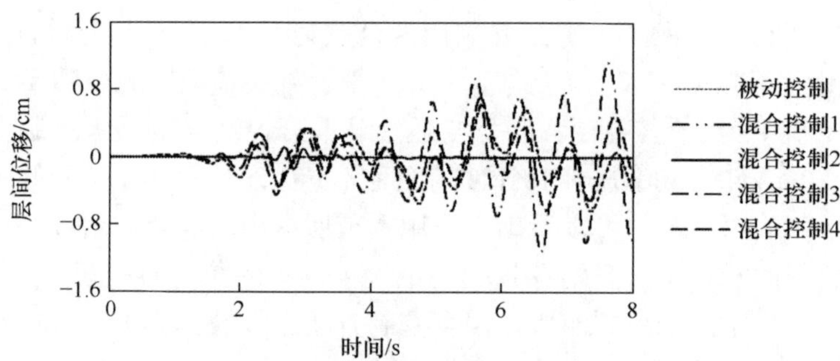

图 3.9　结构顶层层间位移反应时程

图 3.10 是采用本章所提出的模糊趋近律方法时，混合控制 1 工况下结构控制力的反应时程。可以明显看出，控制系统的抖振很小，可以保证控制系统具有比较稳定的性能。

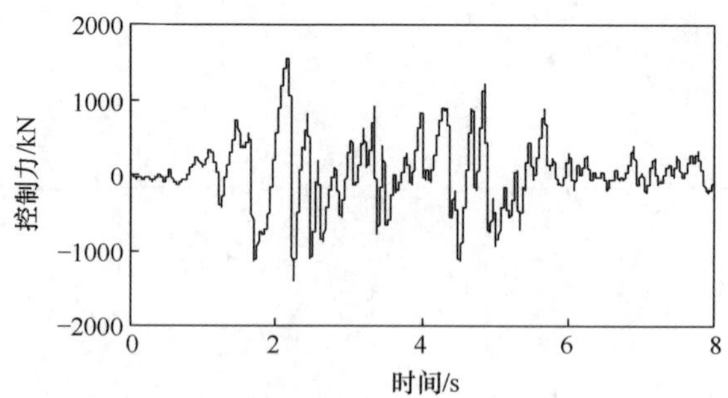

图 3.10　混合控制 1 工况下结构控制力反应时程

3.5　本章小结

本章主要针对两种非线性系统，进行了相应的弱抖振滑模控制方法研究。

(1) 针对文献[9]采用指数趋近律的滑模控制方法应用于橡胶垫支座基础隔震混合控震系统中可能存在的问题，将模糊控制与滑模控制结合起来，采用一种基于模糊趋近律的滑模控制方法。以一个八层基础隔震混合结构(橡胶垫支座和滑模控制器)模型为例，完成了相应的算例数值分析。算例表明，该方法控制效果明显，能有效地减小基础隔震层中橡胶垫支座的水平位移，达到了保护橡胶垫支座在强烈地震作用下免受破坏的目的，同时在不降低系统鲁棒性的前提下，达到了削弱控制系统抖振的目的。

(2) 对于滑移隔震体系，过大的滑移量使其复位变得较为困难，这是造成其难以推广应用的一个突出障碍。本章设计了一种由模糊控制律形成的滑模控制器，并将此控制器加入滑移隔震层中形成混合控制体系。为了充分发挥滑移隔震层的被动控震作用和针对最大控制力可能受到限制时的情况，引入了饱和控制律。以一个八层基础滑移隔震结构模型为例，完成了相应的算例数值分析。算例表明，该混合控制方法控制效果明显，不仅能有效地减小上部结构的地震峰值响应，而且可大大减小基础滑移隔震层的滑移量，使其具有较好的复位功能；由于引入模糊控制律，在不降低系统鲁棒性的前提下，控制系统具有很小的抖振，从而保证了控制系统具有比较稳定的性能。同时由数值分析结果可以看出，在饱和控制器作用下，混合控制体系也具有较好的控制效果。

参考文献

[1] HOUSNER C W, BERGMAN L A, CAUGHEY T K, et al. Structural control: past, present, and future[J]. Journal of engineering mechanics, 1997, 123(9): 897-971.

[2] 欧进萍. 结构振动控制: 主动、半主动和智能控制[M]. 北京: 科学出版社, 2003.

[3] 高为炳. 变结构控制的理论及设计方法[M]. 北京: 科学出版社, 1996.

[4] 刘金琨. 滑模变结构控制 MATLAB 仿真[M]. 北京: 清华大学出版社, 2005.

[5] 李志军, 邓子辰. 基础隔震结构滑模控制的模糊趋近律方法[J]. 西北工业大学学报, 2008, 26(4): 445-449.

[6] 李志军, 邓子辰. 带限位装置的基础滑移隔震结构的模糊滑模控制研究[J]. 振动与冲击, 2008, 27(9): 111-115.

[7] YANG J N, WU J C, AGRAWAL A K. Sliding mode control for nonlinear and hysteretic structures[J]. Journal of engineering mechanics, 1995, 121(12): 1330-1339.

[8] YANG J N, WU J C, KAWASHIMA K, et al. Hybrid control of seismic-excited bridge structures[J]. Earthquake engineering and structural dynamics, 1995, 24(11): 1437-1451.

[9] ZHAO B, LU X L, WU M Z, et al. Sliding mode control of buildings with base-isolation hybrid protective system[J]. Earthquake engineering and structural dynamics, 2000, 29(3): 315-326.
[10] 蔡国平, 孙锋, 王超. 建筑结构振动优化混合控制[J]. 工程力学, 2000, 17(2): 129-133.
[11] 马玉宏, 刘季, 赵桂峰, 等. 主动-基底隔震混合控制系统的研究[J]. 哈尔滨建筑大学学报, 2000, 33(4): 8-11.
[12] WANG L X. A Course in Fuzzy Systems and Control[M]. Englewood Cliffs: Prentice-Hall, 1997.
[13] ALLI H, YAKUT O. Fuzzy sliding-mode control of structures[J]. Engineering structures, 2005, 27(2): 277-284.
[14] WEN Y K. Methods of random vibration for inelastic structures[J]. Journal of applied mechanics review, 1989, 42(2): 39-52.
[15] 李庆扬, 王能超, 易大义. 数值分析[M]. 4 版. 北京: 清华大学出版社, 2003.
[16] YANG J N, WU J C, REINHORN A M, et al. Control of sliding-isolated buildings using sliding-mode control[J]. Journal of structural engineering, 1996, 122(2): 179-186.
[17] DIMOVA S L. Numerical problems in modelling of collision in sliding systems subjected to seismic excitations[J]. Advance in engineering software, 2000, 31(7): 467-471.
[18] WANG Y P, LIAO W H, LEE C L. A state-space approach for dynamic analysis of sliding structures[J]. Engineering structures, 2001, 23(7): 790-801.
[19] CALIO I, MATLETTA M, Vinciprova F. Seismic response of multi-storey buildings base-isolated by friction devices with restoring properties[J]. Computers and structures, 2003, 81(28): 2589-2599.
[20] MATSAGAR V A, GANGID R S. Seismic response of base-isolated structures during impact with adjacent structures[J]. Engineering structures, 2003, 25(10): 1311-1323.
[21] 李黎, 樊爱武, 孙红虎. 滑移隔震结构滑移位移的数值研究[J]. 工程抗震与加固改造, 2004, 16(6): 30-34.

第 4 章　结构基于 RBF 神经网络的变结构控制

4.1　引　　言

土木工程结构振动控制的研究和应用已有近 40 年的历史，根据控制系统实施过程中是否需要提供外加能源及所需能源功率大小，结构控制一般可以分为被动控制、主动控制、半主动控制与混合控制等类型[1]。结构的主动控制相对于被动控制具有控制效果好、精度高、能够有效处理外部干扰等诸多优点，而且结构主动控制算法是半主动控制和混合控制的基础，存在巨大的工程应用价值[2,3]。近年来，随着电/磁流变液体、压电材料、电/磁致伸缩材料、形状记忆合金等一些智能驱动器的迅速发展，主动控制理论得到了较大的发展[3]。目前，已有多种适合于建筑结构振动控制的主动控制算法，如极点配置法、二次型最优控制法、滑模变结构控制法等[3]。

变结构控制算法作为非线性控制算法的一种，相对于传统的线性控制算法而言，具有控制算法简单、鲁棒性好和可靠性高等优点[4]。滑模控制对系统的参数摄动和外部干扰的不变性是以控制量的高频抖振换取的，由于在实际应用中，这种高频抖振在理论上是无限快的，没有任何执行机构能够实现；同时，这样的高频输入很容易激发系统的未建模特性，从而影响系统的控制性能。过大的抖振成为滑模控制在实际结构工程中应用的突出障碍[5]。进入 20 世纪 90 年代后，美国学者 Yang 等[6,7]引入边界层来减小控制系统过大的抖振，但边界层宽度无法随外部激励的不确性影响进行动态调整，难以解决控制系统过大的抖振问题。文献[8]～[10]基于指数趋近律方法设计了控制律，但由于控制律中对抗干扰参数的取值有较高的要求，所以并未很好地解决控制系统过大的抖振。

Moody 和 Darken 在 20 世纪 80 年代提出径向基函数(radial basis function, RBF)神经网络，它有极好的泛化能力且学习速度比 BP 神经网络快 10^3～10^4 倍。由于它模拟了人脑中局部调整、相互覆盖接受域的神经网络结构，因而是一种局部逼近网络，已证明它能任意精度逼近任意连续函数[11]。RBF 神经网络结构如图 4.1 所示。

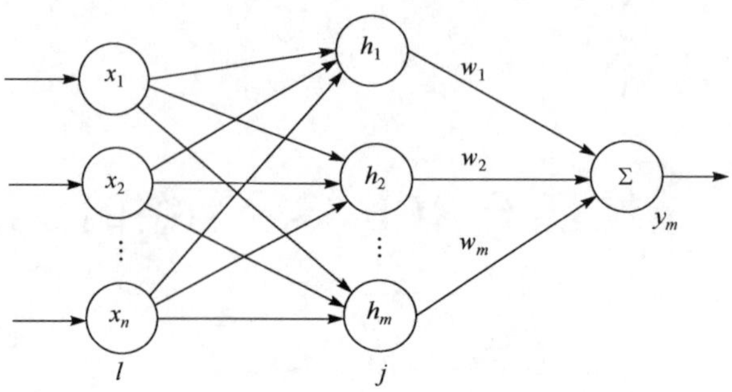

图 4.1　RBF 神经网络结构

为了较好地解决变结构控制系统过大抖振的削弱问题，在总结前人研究成果的基础上，根据 RBF 神经网络的优点，提出一种基于 RBF 神经网络调节切换增益的变结构控制方法[12]。以一个三层框架结构模型为例，利用 MATLAB 软件编制相应的程序，进行相应的数值分析，并与固定切换增益变结构控制方法的控制效果进行对比。

4.2　控制系统的运动方程

对于一个自由度数为 n 的层间剪切型受控建筑结构，为简单起见，假设结构各层都安装有位移传感器和速度传感器，在结构底层安装有主动支撑系统作为作动器，地面运动的加速度分量为 $\ddot{x}_{\mathrm{g}}(t)$，则其运动方程可表示为

$$M\ddot{x}(t)+C\dot{x}(t)+Kx(t)=Du(t)-m\ddot{x}_{\mathrm{g}}(t) \tag{4.1}$$

式中，$x=[x_1,\ x_2,\ \cdots,\ x_n]^{\mathrm{T}}$ 为 n 维位移列向量(x_i 为第 i 层相对于地面的位移)；$M=\mathrm{diag}(m_1,m_2,\cdots,m_n)$ 和 $m=[m_1,m_2,\cdots,m_n]^{\mathrm{T}}$ 分别为 $n\times n$ 维结构的质量矩阵和 n 维质量列向量(m_i 为第 i 层的集中质量)；D 为 $n\times 1$ 维控制力位置矩阵；$\ddot{x}_{\mathrm{g}}(t)$ 为输入到结构的地震加速度；C 和 K 分别为 $n\times n$ 维结构阻尼矩阵和刚度矩阵。

将式(4.1)化为状态方程：

$$\dot{Z}(t)=AZ(t)+Bu(t)+E\ddot{x}_{\mathrm{g}}(t) \tag{4.2}$$

其中

$$Z(t)=\begin{bmatrix}x(t)\\ \dot{x}(t)\end{bmatrix},\quad A=\begin{bmatrix}0 & I_n\\ -M^{-1}K & -M^{-1}C\end{bmatrix},\quad B=\begin{bmatrix}0\\ M^{-1}D\end{bmatrix},\quad E=\begin{bmatrix}0\\ -M^{-1}m\end{bmatrix}$$

式中，$Z(t)$ 为 $2n$ 维状态列向量；A 为 $2n\times 2n$ 维系统矩阵；B 为 $2n\times 1$ 维矩阵；E 为 $2n\times 1$ 维矩阵。

4.3　固定增益变结构控制器的设计

假设结构切换函数具有如下线性形式：

$$S(t)=\Theta Z(t) \tag{4.3}$$

式中，Θ 为$1\times 2n$ 维待确定矩阵。确定切换面的方法有很多，如极点配置法、二次型最优配置法等，详见文献[3]和[4]。

设计控制律为[4]

$$u=u_{\mathrm{eq}}-\eta\,\mathrm{sgn}(S(t)) \tag{4.4}$$

式中，sgn( )为符号函数；u_{eq}为等效控制力；η 为常数，称为切换项增益。

令 $\dot{S}(t)=0$ ，且忽略外部激励的影响[13]，可得等效控制力 u_{eq} 为

$$u_{\mathrm{eq}}=-(\Theta B)^{-1}(\Theta AZ(t)) \tag{4.5}$$

定义 Lyapunov 函数为

$$V=\frac{1}{2}S^{2} \tag{4.6}$$

则为保证滑动模态的存在[4]，有

$$S\dot{S}<0 \tag{4.7}$$

将式(4.2)和式(4.3)代入式(4.7)，可得

$$S[\Theta AZ+\Theta Bu+\Theta E\ddot{x}_{\mathrm{g}}(t)]<0 \tag{4.8}$$

将式(4.4)和式(4.5)代入式(4.8)，可得

$$S[-\eta\,\mathrm{sgn}(S)+(\Theta B)^{-1}\Theta E\ddot{x}_{\mathrm{g}}(t)]<0 \tag{4.9}$$

由式(4.9)可得切换增益 η 应满足

$$\eta>(\Theta B)^{-1}\Theta E\ddot{x}_{\mathrm{g}}(t)_{\max} \tag{4.10}$$

式中，$\ddot{x}_{\mathrm{g}}(t)_{\max}$ 表示地面运动加速度的最大值。

切换项增益 η 是系统克服摄动及外干扰的主要参数，为了保证滑动模态的存在，η 必须要取一个较大的值，但 η 取值过大会使控制系统产生过大的抖振从而影响系统的性能。

4.4　基于 RBF 神经网络的增益调节

为了克服采用固定切换项增益所带来的过大抖振问题，采用 RBF 神经网络来

调节切换项增益 η。控制器结构如图 4.2 所示。

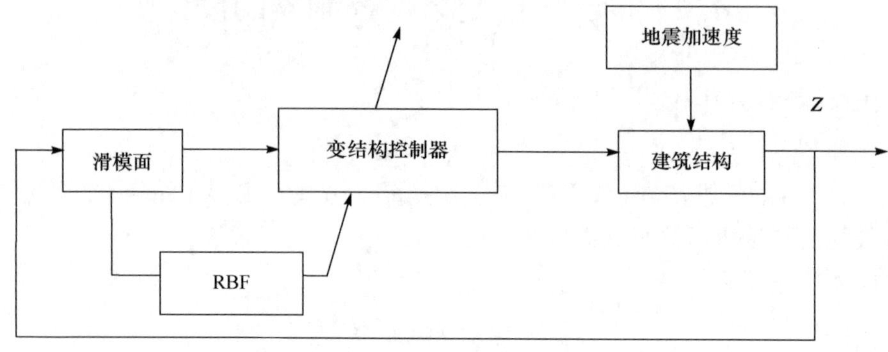

图 4.2　变结构控制器结构

设 RBF 网络的输入为 $X=[S,\dot{S}]^{\mathrm{T}}$，输出的绝对值为切换项增益 η。取

$$\eta=\left|w^{\mathrm{T}}h(X)\right| \tag{4.11}$$

式中，w^{T} 为 RBF 神经网络的权值；$h(X)$ 为高斯函数。

$$h_j(X)=\exp\left(-\frac{\left\|X-c_j\right\|}{2\sigma_j^2}\right),\quad j=1,\ 2,\ 3;\ k=1,\ 2 \tag{4.12}$$

式中，$c_j=[c_{j1},c_{j2},\cdots,c_{jk}]$ 为网络第 j 个神经元的中心向量；σ_j 为第 j 个神经元的宽度。

神经网络权值调整的指标为

$$E=\frac{1}{2}x_n^2 \tag{4.13}$$

式中，x_n 为结构顶层相对于地面的位移。

网络权值的学习算法为

$$\Delta w=-\lambda\frac{\partial E}{\partial w}=-\lambda x_n\frac{\partial x_n}{\partial w}=-\lambda x_n\frac{\partial x_n}{\partial u}\frac{\partial u}{\partial\eta}\frac{\partial\eta}{\partial w}\approx-\lambda x_n\operatorname{sgn}\left(\frac{\partial x_n}{\partial u}\right)\frac{\partial u}{\partial\eta}\frac{\partial\eta}{\partial w} \tag{4.14}$$

分以下三种情况讨论：

(1) $\partial x_n/\partial u$ 主要取决于正负号，其值的大小可以通过权值来补偿。在地震响应过程中，x_n 的值正比于 u，故 $\operatorname{sgn}(\partial x_n/\partial u)=1$。

(2) $\partial u/\partial\eta=-\operatorname{sgn}(S)$。

(3) $\partial\eta/\partial w=h(X)\operatorname{sgn}(w^{\mathrm{T}}h(X))$。

权值调整算法为

$$\Delta w(t) \approx \lambda x_n \operatorname{sgn}(S) h(X) \operatorname{sgn}(w^{\mathrm{T}} h(X)) \tag{4.15}$$

网络权值学习算法为

$$w(t) = w(t-1) + \Delta w(t) + \alpha(w(t) - w(t-1)) \tag{4.16}$$

式中，λ 为网络学习速率，$\lambda \in (0,1)$；α 为惯性量系数，$\alpha \in (0,1)$。

4.5 算　例

现采用图 2.3 所示的三层纯框架结构模型来验证算法的有效性。结构各层参数指标如下：集中质量均为 $m_i = 1000\mathrm{kg}$；水平刚度均为 $k_i = 980\mathrm{kN/m}$；阻尼系数均为 $c_i = 1.407\mathrm{kN \cdot s/m}(i = 1,2,3)$。分别输入两种地震动：①El Centro 地震动，持续时间为 8s，最大地面运动加速度调整为 $\ddot{x}_{\mathrm{g}}(t)_{\max} = 0.35g$；②Kobe 地震动，持续时间为 20s，最大地面运动加速度调整为 $\ddot{x}_{\mathrm{g}}(t)_{\max} = 0.21g$。

当未采用任何控制装置时，结构顶层的地震反应时程如图 4.3 和图 4.4 所示。图中顶层位移为相对于地面的位移。

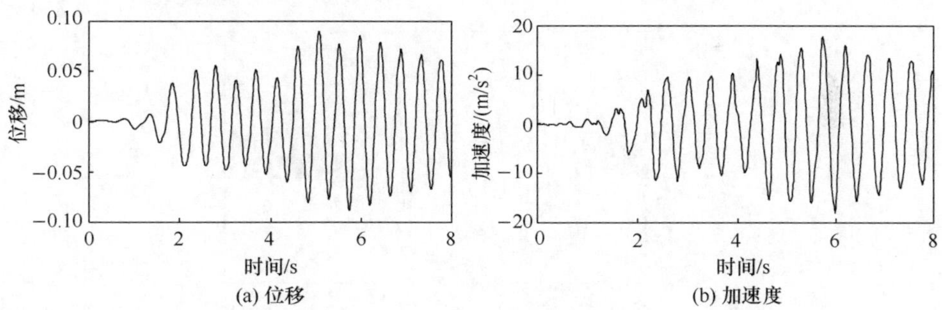

(a) 位移　　(b) 加速度

图 4.3　结构顶层的地震反应时程(El Centro 地震动)

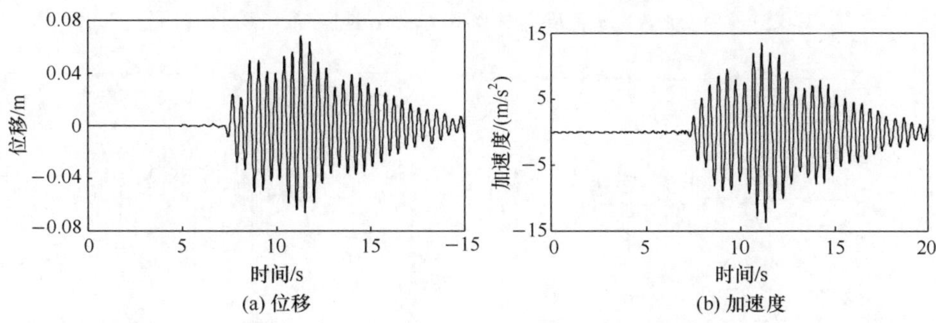

(a) 位移　　(b) 加速度

图 4.4　结构顶层的地震反应时程(Kobe 地震动)

假定结构各层都安装有位移传感器和速度传感器，在结构底层安装有 ABS 作为作动器，当采用最优控制方法确定切换面和进行计算时，取增益矩阵 $Q=\mathrm{diag}(10^4,\ 10^3,\ 10^2,\ 1,\ 1,\ 1)$，此时可求得切换面为

$$S=109.87x_1-7.75x_2+3.23x_3+\dot{x}_1+1.27\dot{x}_2+0.72\dot{x}_3$$

当采用固定增益变结构控制器，即采用式(4.4)设计的控制律时，经试算，取 El Centro 地震动和 Kobe 地震动下的增益系数 η 分别为 2000 和 1850，则结构顶层的地震响应时程分别如图 4.5 和图 4.6 所示。图中顶层位移为相对于地面的位移。

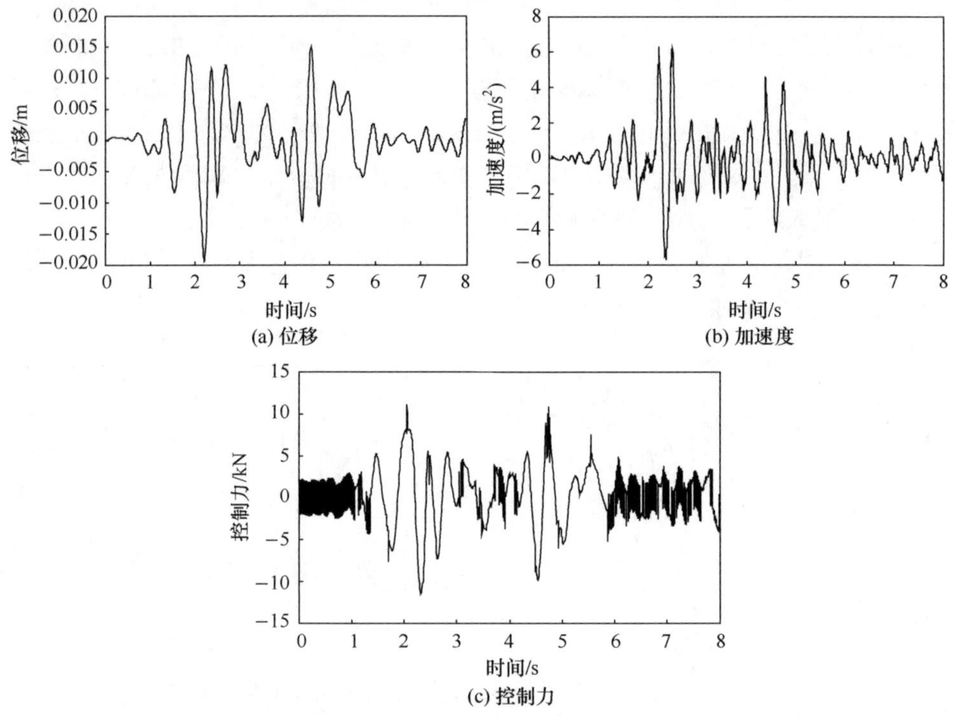

图 4.5　结构顶层的地震反应时程(El Centro 地震动，固定切换增益)

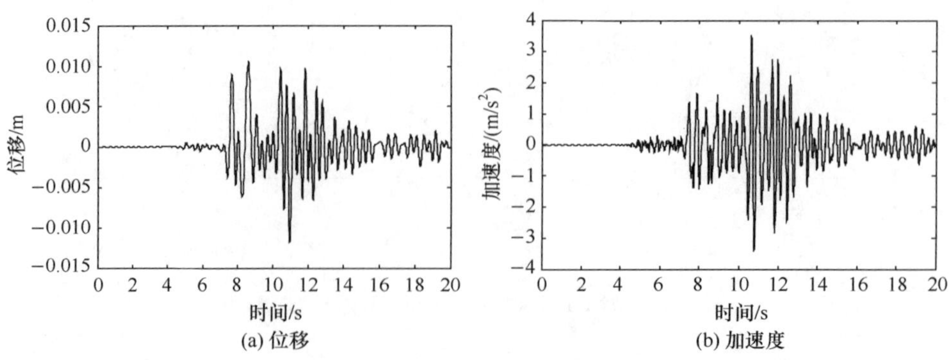

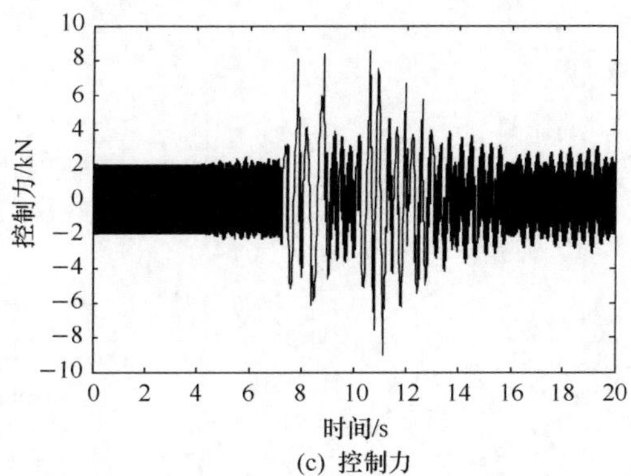

(c) 控制力

图 4.6　结构顶层的地震反应时程(Kobe 地震动，固定切换增益)

由图 4.5 和图 4.6 可以看出，当采用固定切换增益变结构控制器时，结构的位移和加速度得到了很好的控制，但结构的控制器具有较大的抖振。

为了减少控制器过大的抖振，采用 RBF 神经网络调节切换增益系数η，即 4.3 节所述的方法。经试算，网络初始权值取$w(0)=[1000\quad 1000\quad 1000]^{\mathrm{T}}$，高斯参数取$c=\begin{bmatrix}10 & 10 & 10\\ 10 & 10 & 10\end{bmatrix}$，$\sigma=[11\quad 11\quad 11]^{\mathrm{T}}$，网络学习参数取$\lambda=0.85$，$\alpha=0.05$。结构顶层的地震反应分别如图 4.7 和图 4.8 所示。

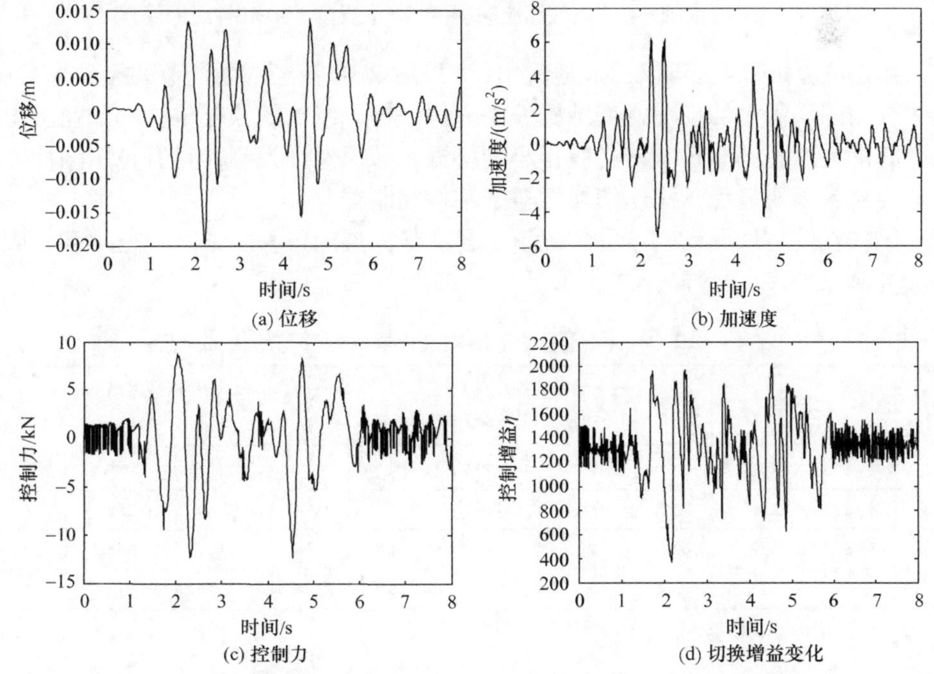

图 4.7　结构顶层的地震反应时程(El Centro 地震动，RBF 神经网络)

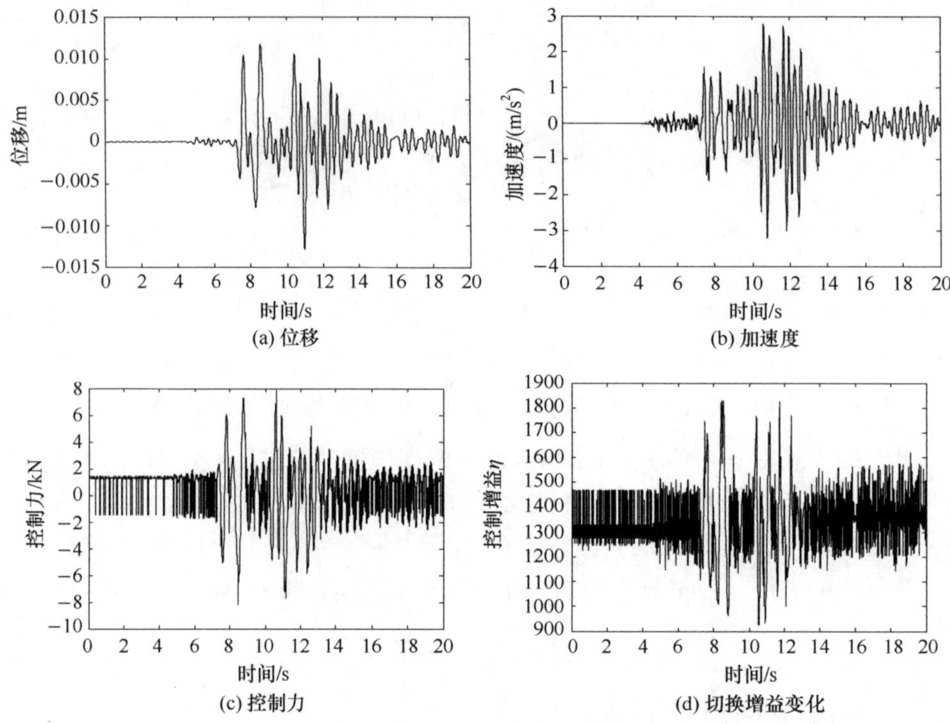

(a) 位移 (b) 加速度

(c) 控制力 (d) 切换增益变化

图 4.8 结构顶层的地震反应时程(Kobe 地震动，RBF 神经网络)

由图 4.7 和图 4.8 可以明显地看出，当采用 RBF 神经网络调节切换项增益后，首先，与采用固定切换增益变结构控制方法一样，结构的顶层位移和加速度得到了很好的控制；同时控制器具有很小的抖振，从而保证控制器具有稳定的性能，整体控制效果明显优于固定切换增益变结构控制器。

结构在两种地震动和各种工况下，各层最大层间位移、最大加速度和相应的最大控制力如表 4.1 和表 4.2 所示。

表 4.1 El Centro 地震动下结构最大层间位移与最大加速度

层数	无控制		固定切换增益 $u_{max}=11.54$kN				RBF 神经网络 $u_{max}=9.85$kN			
	x/cm	$\ddot{x}$/(cm/s^2)	x/cm	降幅/%	$\ddot{x}$/(cm/s^2)	降幅/%	x/cm	降幅/%	$\ddot{x}$/(cm/s^2)	降幅/%
1	4.18	954	0.85	80	426	55	0.94	78	362	62
2	3.18	1382	0.68	79	551	60	0.64	80	535	61
3	1.67	1811	0.42	75	629	65	0.38	77	612	66

注：x 是结构最大层间位移；$\ddot{x}$ 是结构最大加速度。

表 4.2　Kobe 地震动下结构最大层间位移与最大加速度

层数	无控制		固定切换增益 $u_{max}=9.02\text{kN}$				RBF 神经网络 $u_{max}=8.18\text{kN}$			
	x/cm	$\ddot{x}$ /(cm/s^2)	x/cm	降幅/%	$\ddot{x}$ /(cm/s^2)	降幅/%	x/cm	降幅/%	$\ddot{x}$ /(cm/s^2)	降幅/%
1	3.02	568	0.59	80	450	21	0.64	79	292	49
2	2.45	1064	0.27	89	240	77	0.31	87	220	79
3	1.37	1372	0.20	85	352	74	0.22	84	278	80

注：x 是结构最大层间位移；$\ddot{x}$ 是结构最大加速度。

由表 4.1 可以看出，与无控情况相比，采用固定切换增益变结构控制方法和采用 RBF 神经网络变结构控制方法都十分有效地减小了结构的地震峰值响应。但在控制效果接近的情况下，采用 RBF 神经网络变结构控制方法所需的最大控制力略小于采用固定切换增益变结构控制方法所需的最大控制力，RBF 神经网络变结构控制方法从整体控制效果上更好一些。

4.6　本 章 小 结

抖振问题是变结构控制在实际系统中应用的突出障碍。当固定增益变结构控制器应用于建筑结构的振动控制问题中时，可能引起控制器产生过大的抖振。为了较好地解决上述问题，根据神经网络控制的优点，采用一种基于 RBF 神经网络调节切换增益的变结构控制方法对地震作用下建筑结构的振动控制问题进行了研究。以一维地震动下的三层框架结构模型为例来验证算法的有效性。算例结果表明，所提出的变结构控制方法的控制效果明显，能有效地减小建筑结构的地震峰值响应，且达到了削弱控制系统过大抖振的目的，从而保证控制系统具有稳定的性能。

参 考 文 献

[1] HOUSNER C W, BERGMAN L A, CAUGHEY T K. Structural control: past, present, and future[J]. Journal of engineering mechanics, 1997,123 (9): 897-971.

[2] FISCO N O, ADELI H. Smart structures:Part Ⅰ-Active and semi-active control[J]. Scientia iranica, 2011, 18(3): 275-284.

[3] 欧进萍. 结构振动控制：主动、半主动和智能控制[M]. 北京：科学出版社, 2003.

[4] 高为炳. 变结构控制的理论及设计方法[M]. 北京:科学出版社,1996.

[5] 姚琼荟，宋立忠，鄢圣茂. 离散变结构控制理论研究现状与展望[J]. 海军工程大学学报. 2004, 16(6): 23-29.

[6] YANG J N, WU J C, AGRAWAL A K. Sliding mode control for seismically excited linear structures[J]. Journal of engineering mechanics, 1995, 121(12): 1386-1390.

[7] YANG J N, WU J C. Experimental verifications of H_∞ and sliding-mode control for seismically excited buildings[J]. Journal of structural engineering, 1996, 122(1): 69-75.

[8] 蔡国平,孙峰,王超.建筑结构滑模控制的趋近律方法[J].西安交通大学学报, 2000, 34(5): 95-100.

[9] ZHAO B, LU X L, WU M Z. Sliding mode control of buildings with base-isolation hybrid protective system[J]. Earthquake engineering and structural dynamics, 2000, 29(3): 315-326.

[10] 赵斌，吕西林. 地震作用下参数不确定系统的变结构控制[J]. 地震工程与工程振动, 2000, 20(3): 108-115.

[11] 刘金琨.滑模变结构控制 MATLAB 仿真[M]. 北京:清华大学出版社, 2005.

[12] 李志军, 刘正洋, 邓子辰. 结构基于 RBF 神经网络的变结构控制研究[J]. 地震工程与工程振动, 2012, 32(6): 136-143.

[13] ALLI H, YAKUT O. Fuzzy sliding-mode control of structures[J]. Engineering structures, 2005, 27(2): 277-284.

第 5 章　ATMD-结构基于补偿器的滑模控制

5.1　引　　言

主动调谐质量阻尼器(active tuned mass damper, ATMD)是土木工程结构中最常用的一种主动控制装置，ATMD 系统因其需要的作动器少而且控制效果好等优点应用在高层建筑、高耸结构风振和地震反应控制以及大型桥梁结构建设期间的桥塔风振控制中获得了很大成功[1-5]。ATMD 系统的不足在于很多情况下，所需的最优主动控制力较大，有时鉴于外部能量有限，导致作动器无法提供最优的控制力，因而影响整个结构系统的控制效果[5]。

设计 ATMD 系统中主动控制作动器的驱动力的算法有很多，如 LQR、LQG、H_2、H_∞、滑模控制等[6,7]。滑模控制算法作为非线性控制算法的一种，相对于传统的线性控制算法而言，具有控制算法简单、鲁棒性好和可靠性高等优点[8-12]。滑模控制对系统的参数摄动和外部干扰的不变性是以控制量的高频抖振换取的，由于在实际应用中，这种高频抖振在理论上是无限快的，没有任何执行机构能够实现；同时，这样的高频输入很容易激发系统的未建模特性，从而影响系统的控制性能。过大的抖振成为滑模控制在实际结构工程中应用的突出障碍[11,12]。

为了改善 ATMD 系统的不足，使结构系统在一定主动控制力作用下具有相对最优的控制效果，采用一种带有补偿器的滑模控制算法来计算 ATMD 系统的主动控制力[13,14]。考虑到外部能量有限问题，引入相应的饱和控制器。以一个单自由度结构模型为例，利用 MATLAB 软件编制相应的程序，并进行相应的数值分析。

5.2　运 动 方 程

设 n 自由度结构的顶部安装了 ATMD 系统，如图 5.1 所示，则结构 ATMD 控制系统的运动方程可以表示为

$$M\ddot{X} + C\dot{X} + KX = -M\{1\}\ddot{x}_{\mathrm{g}}(t) + B_{\mathrm{s}}U(t) \tag{5.1}$$

$$X(t_0) = X_0, \quad \dot{X}(t_0) = \dot{X}_0$$

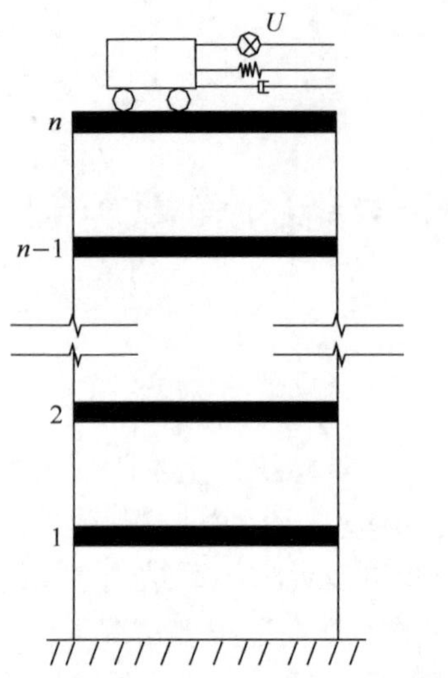

图 5.1　顶层装有 ATMD 的高层建筑模型

式中，X、$\dot{X}$、$\ddot{X}$ 分别为结构 ATMD 控制系统的位移向量、速度向量和加速度向量，且 $X=[x_1,\ x_2,\ \cdots,\ x_n,\ x_a]^{\mathrm{T}}$ 为 n+1 维位移列向量(x_i 为第 i 层相对于地面的位移)；$X(t_0)$ 和 $\dot{X}(t_0)$ 分别为结构的初始位移向量和初始速度向量；B_{s} 为控制力作用位置矩阵，$B_{\mathrm{s}}=[0,\ \cdots,\ 0,\ -1,\ 1]^{\mathrm{T}}$；$U(t)$ 为作动器作用在结构和 ATMD 惯性质量上的驱动力；$\ddot{x}_{\mathrm{g}}(t)$ 为输入到结构的地震加速度；M、C 和 K 分别为结构 ATMD 控制系统的质量矩阵、阻尼矩阵和刚度矩阵，它们分别为

$$M=\begin{bmatrix} m_1 & & & & \\ & m_2 & & & \\ & & \ddots & & \\ & & & m_n & \\ & & & & m_a \end{bmatrix},\quad C=\begin{bmatrix} c_{11} & c_{12} & \cdots & c_{1n} & 0 \\ c_{21} & c_{22} & \cdots & c_{2n} & 0 \\ \vdots & \vdots & & \vdots & \vdots \\ c_{n1} & c_{n2} & \cdots & c_{nn}+c_a & -c_{\mathrm{a}} \\ 0 & 0 & \cdots & -c_a & c_a \end{bmatrix}$$

$$K=\begin{bmatrix} k_{11} & k_{12} & \cdots & k_{1n} & 0 \\ k_{21} & k_{22} & \cdots & k_{2n} & 0 \\ \vdots & \vdots & & \vdots & \vdots \\ k_{n1} & k_{n2} & \cdots & k_{nn}+k_a & -k_a \\ 0 & 0 & \cdots & -k_a & k_a \end{bmatrix}$$

式中，m_i 为第 i 层的集中质量；k_{ij}、c_{ij} 分别为结构的刚度和阻尼系数，与结构的计算模型有关。

将式(5.1)化为状态方程为

$$\dot{Z}(t)=AZ(t)+BU(t)+H\ddot{x}_{\mathrm{g}}(t),\quad Z(t_0)=Z_0 \tag{5.2}$$

其中

$$Z(t)=\begin{bmatrix} X \\ \dot{X} \end{bmatrix},\quad Z(t_0)=\begin{bmatrix} X_0 \\ X_0 \end{bmatrix},\quad A=\begin{bmatrix} 0 & I_{n+1} \\ -M^{-1}K & -M^{-1}C \end{bmatrix},\quad B=\begin{bmatrix} 0 \\ M^{-1}B_s \end{bmatrix},\quad H=\begin{bmatrix} 0 \\ \{-1\} \end{bmatrix}$$

式中，$\{-1\}$ 是元素为−1 的列向量。

5.3　带有补偿器的滑模控制

本节设计带有补偿器的准滑模控制器，控制系统框图如图 5.2 所示。

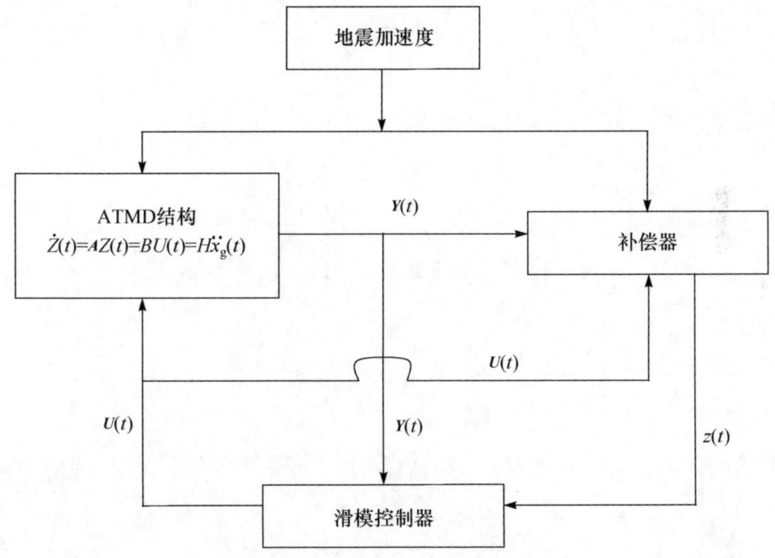

图 5.2　结构 ATMD 控制系统框图

5.3.1　补偿器的设计

引入转换矩阵 T, 令 $Y = TX$ ，且忽略外部激励的影响，则式(5.2)可以转换为如下规范形式：

$$\begin{bmatrix} \dot{Y}_1 \\ \dot{Y}_2 \end{bmatrix} = \begin{bmatrix} A_{11}^* & A_{12}^* \\ A_{21}^* & A_{22}^* \end{bmatrix} \begin{Bmatrix} Y_1 \\ Y_2 \end{Bmatrix} + \begin{bmatrix} 0 \\ B_2 \end{bmatrix} U(t) \tag{5.3}$$

式中，Y_1为 $2(n+1)-r$ 维向量；Y_2 为 r 维向量；A_{ij}^* 为变换后的结构参数矩阵 TAT^{-1} 相应维数的子矩阵；B_2 为 $r \times r$ 维控制力作用位置矩阵。

由于控制器的数量为 r,所以可设补偿器的状态向量 z 为 r+1 维,为简单起见，令 z_1 为一维向量，z_2 为 r 维向量，可由以下动态系统来确定：

$$\begin{bmatrix} \dot{z}_1 \\ \dot{z}_2 \end{bmatrix} = \begin{bmatrix} F_{11} & F_{12} \\ F_{21} & F_{22} \end{bmatrix} \begin{Bmatrix} z_1 \\ z_2 \end{Bmatrix} + \begin{bmatrix} G_1 \\ G_2 \end{bmatrix} Y + \begin{bmatrix} 0 \\ D_2 \end{bmatrix} U(t) \tag{5.4}$$

式中，D_2 为 $r \times r$ 维的控制力作用位置矩阵。

假设理想滑模面具有如下线性形式：

$$\varphi(z)=\varphi_1 z_1+\varphi_2 z_2=0 \tag{5.5}$$

式中，φ_1 为 r 维滑模面待定参数向量；φ_2 为 $r\times r$ 维滑模面待定参数矩阵。确定滑模面的方法有很多，如极点配置法、二次型最优配置法等，具体详见文献[6]。

由式(5.5)可得

$$z_2=-\varphi_2^{-1}\varphi_1 z_1 \tag{5.6}$$

如果达到理想的滑动模态控制，则 $\dot{\varphi}(z)=0$，即

$$\dot{\varphi}(z)=\varphi_1\dot{z}_1+\varphi_2\dot{z}_2=0 \tag{5.7}$$

将式(5.4)和式(5.5)代入式(5.7)，可得出相应的等效控制力 U_{eq} 为

$$U_{\text{eq}}=-(\varphi_2 D_2)^{-1}[(\varphi_1 G_1+\varphi_2 G_2)Y+(\varphi_1 F_{11}^*+\varphi_2 F_{12}^*)z_1] \tag{5.8}$$

式中

$$\begin{aligned}F_{11}^*&=F_{11}-F_{12}\varphi_2^{-1}\varphi_1\\F_{12}^*&=F_{21}-F_{22}\varphi_2^{-1}\varphi_1\end{aligned} \tag{5.9}$$

将式(5.8)代入式(5.3)、式(5.4)和式(5.5)，可得如下增广形式的全状态反馈控制系统：

$$\dot{Y}^*=A^*Y^*+B^*U^* \tag{5.10}$$

其中

$$Y^*=\begin{Bmatrix}Y_1\\Y_2\\z_1\end{Bmatrix},\quad A^*=\begin{bmatrix}A_{11}^* & A_{12}^* & 0\\A_{21}^* & A_{22}^* & 0\\0 & 0 & 0\end{bmatrix},\quad B^*=\begin{bmatrix}0 & 0\\B_2 & 0\\0 & 1\end{bmatrix},\quad U^*=\begin{Bmatrix}U_{\text{eq}}\\\dot{z}_1\end{Bmatrix} \tag{5.11}$$

定义系统的二次型性能泛函为

$$J=\frac{1}{2}\int_{t_0}^{\infty}\left[Y^{*\text{T}}(t)QY^*(t)+U^{*\text{T}}(t)RU^*(t)\right]\mathrm{d}t \tag{5.12}$$

式中，Q 为相应维数的半正定矩阵；R 为相应维数的正定矩阵。

根据 LQR 经典最优控制算法[6]，可得式(5.10)控制系统的控制力为

$$U^*=-K^*Y^* \tag{5.13}$$

式中，K^* 为最优状态反馈增益矩阵。

由式(5.4)、式(5.5)、式(5.6)、式(5.7)和式(5.8)，可得

$$U^*=\begin{bmatrix}-(\varphi_2 D_2)^{-1}(\varphi_1 G_1+\varphi_2 G_2)-(\varphi_2 D_2)^{-1}(\varphi_1 F_{11}^*+\varphi_2 F_{12}^*)\\ G_1 \qquad\qquad\qquad\qquad F_{11}^*\end{bmatrix}Y^* \tag{5.14}$$

比较式(5.13)和式(5.14)，可得

$$K^{*}=-\begin{bmatrix}-(\varphi_2 D_2)^{-1}(\varphi_1 G_1+\varphi_2 G_2)-(\varphi_2 D_2)^{-1}(\varphi_1 F_{11}^{*}+\varphi_2 F_{12}^{*}) \\ G_1 \qquad\qquad\qquad\qquad F_{11}^{*}\end{bmatrix} \tag{5.15}$$

因此，由 LQR 控制算法确定出状态反馈增益矩阵 K^{*} 后，补偿器的设计参数 $F=\begin{bmatrix}F_{11} & F_{12}\\ F_{21} & F_{22}\end{bmatrix}$、$G=\begin{bmatrix}G_1\\ G_2\end{bmatrix}$ 和 $D=\begin{bmatrix}0\\ D_2\end{bmatrix}$ 可以由式(5.15)确定；式(5.15)中，D_2 由式(5.11)中的 B_2 确定；F_{11} 和 F_{22} 的选择要保证增广系统式(5.10)的稳定性。

5.3.2　准滑模控制器设计

考虑外部激励的影响，补偿器的状态方程为

$$\begin{bmatrix}\dot{z}_1\\ \dot{z}_2\end{bmatrix}=\begin{bmatrix}F_{11} & F_{12}\\ F_{21} & F_{22}\end{bmatrix}\begin{Bmatrix}z_1\\ z_2\end{Bmatrix}+\begin{bmatrix}G_1\\ G_2\end{bmatrix}Y+\begin{bmatrix}0\\ D_2\end{bmatrix}U(t)+\begin{bmatrix}0\\ H_2^{*}\end{bmatrix}\ddot{x}_{\mathrm{g}}(t) \tag{5.16}$$

式中，H_2^{*} 为与控制力位置相应的外部激励位置向量。

所谓准滑动模态，是指系统的运动轨迹被限制在理想滑动模态的某一邻域内的模态，准滑动模态控制则是使一定范围内的状态点均被吸引至切换面的某一邻域内，通常称此邻域为滑动模态切换面的边界层。在边界层内，准滑动模态不要求满足滑动模态的存在条件，因此准滑动模态不要求在切换面上进行控制结构的切换。将饱和函数引入传统的指数趋近律中，设计控制律为

$$\dot{\varphi}(z)=-\varepsilon\,\mathrm{sat}(\varphi(z))-q\varphi(z) \tag{5.17}$$

$$\mathrm{sat}(\varphi_i(z))=\begin{cases}1, & \varphi_i>\delta\\ k\varphi_i, & |\varphi_i|\leqslant\delta\\ -1, & \varphi_i<-\delta\end{cases},\quad k=\frac{1}{\delta}$$

式中，$\varepsilon>0$，$q>0$。ε 为系统克服摄动及外干扰的主要参数，q 主要影响切换函数的动态过渡过程。ε 过小无法保证滑模面的存在，但 ε 过大又会引起控制系统过大的抖振。δ 称为边界层。饱和函数 $\mathrm{sat}(\varphi_i(z))$ 的本质为：在边界层外，采用切换控制；在边界层内，采用线性化反馈控制。

将式(5.6)和式(5.19)代入式(5.16)，可得

$$U=-(\varphi_2 D_2)^{-1}\left[(\varphi_1 G_1+\varphi_2 G_2)Y+\varphi_1 F_{11}^{*}z_1+\varphi_2 F_{12}^{*}z_1+\varphi_2 H_2^{*}\ddot{x}_g(t)+\varepsilon\,\mathrm{sat}(\varphi)+q\varphi\right] \tag{5.18}$$

5.3.3　模糊滑模控制器设计

首先采用文献[8]提出的指数趋近律

$$\dot{\varphi}(z)=-\varepsilon\,\mathrm{sgn}(\varphi(z))-q\varphi(z) \tag{5.19}$$

式中，$\varepsilon > 0$，$q > 0$。

将式(5.6)和式(5.19)代入式(5.16)，可得

$$U = -(\varphi_2 D_2)^{-1}\left[(\varphi_1 G_1 + \varphi_2 G_2)Y + \varphi_1 F_{11}^{*} z_1 + \varphi_2 F_{12}^{*} z_1 + \varphi_2 H_2^{*} \ddot{x}_{\mathrm{g}}(t) + \varepsilon\,\mathrm{sgn}(\varphi) + q\varphi\right] \quad (5.20)$$

式中，$\varepsilon\,\mathrm{sgn}(\varphi)$ 为滑模控制项，可以根据计算切换函数 $\varphi(t)$ 的大小，通过模糊判别动态地调整 ε 值，从而在不降低系统鲁棒性的前提下，最大限度地削弱系统的抖振。

记 $\varepsilon\,\mathrm{sgn}(\varphi)$ 的模糊输出值为 $\varepsilon_{\mathrm{FUZZY}}$，则式(5.20)可写为

$$U = -(\varphi_2 D_2)^{-1}\left[(\varphi_1 G_1 + \varphi_2 G_2)Y + \varphi_1 F_{11}^{*} z_1 + \varphi_2 F_{12}^{*} z_1 + \varphi_2 H_2^{*} \ddot{x}_{\mathrm{g}}(t) + \varepsilon_{\mathrm{FUZZY}}\,\mathrm{sgn}(\varphi) + q\varphi\right] \quad (5.21)$$

模糊自适应调节的滑模控制系统原理如图 5.3 所示(图中未表示出相应的补偿器，补偿器工作原理同图 5.2)，该系统主要由三部分组成：滑模控制器、被控对象和模糊控制器。

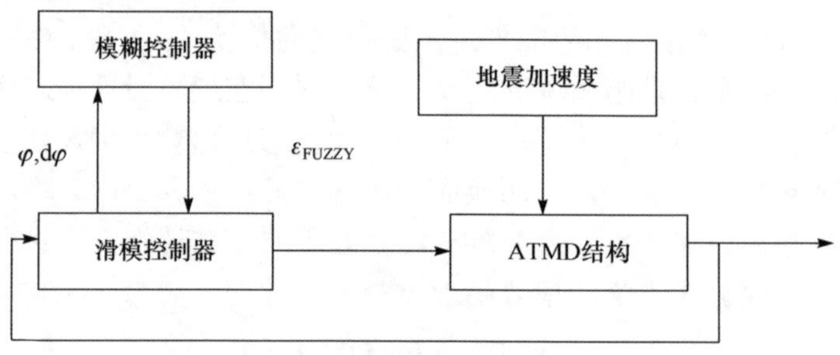

图 5.3　模糊滑模控制器设计原理

模糊控制器根据切换函数 $\varphi(t)$ 及其变化率 $\mathrm{d}\varphi$ 的大小，实时调整滑模控制律中的 ε 值，其工作原理如图 5.4 所示。

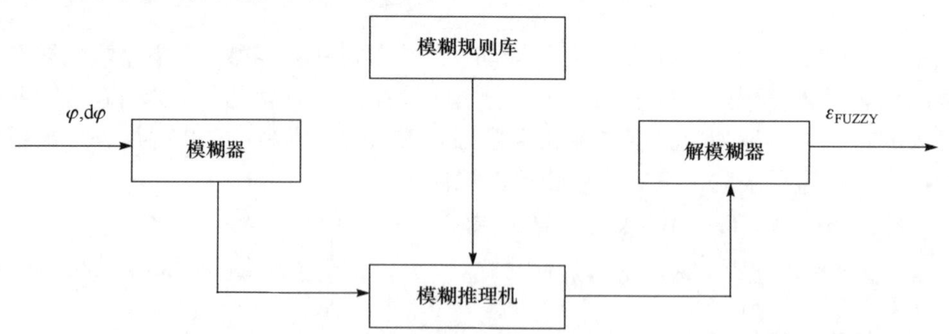

图 5.4　模糊逻辑控制原理框图

模糊控制器的输入变量为 φ 和 $\mathrm{d}\varphi$，输出变量为 $\varepsilon_{\mathrm{FUZZY}}$。描述输入模糊变量的语言值的模糊子集为{NB, ZO, PB}，描述输出模糊变量语言值的模糊子集为{NB,

NM, NS, ZO, PS, PM, PB}。其中，NB(negative big)表示负大值；NM(negative medium)表示负中值；NS(negative small)表示负小值；ZO(zero)表示零；PB(positive big)表示正大值；PM(positive medium)表示正中值；PS(positive small)表示正小值。

根据控制经验[12]，采用如表 5.1 所示的控制规则。

表 5.1　采用的模糊控制规则

$\varepsilon_{\text{FUZZY}}$		dφ		
		NB	ZO	PB
φ	NB	NB	NB	NM
	ZO	NS	ZO	PS
	PB	PM	PB	PB

选用中心平均解模糊器。清晰化的控制量由式(2.28)计算，在经尺度变换就可变为实际的控制量 ε_i 。

5.3.4　饱和控制律的设计

对于土木工程振动的控制问题，由于外部所能提供的能量有限，实际控制力的大小将受到作动器最大极限控制力的限制。因此，采用如下饱和控制方法，实际控制力按式(5.22)取值：

$$\hat{U}(t)=\begin{cases}U(t), & |U(t)|\leqslant \bar{U}(t)\\ \dfrac{U(t)}{|U(t)|}\bar{U}(t), & \text{其他}\end{cases} \tag{5.22}$$

式中， $U(t)$ 、 $\bar{U}$ 和 $\hat{U}(t)$ 分别为计算控制力、最大极限控制力和实际作用于结构的控制力。

5.4　数 值 分 析

考虑一座顶部安装了一个 ATMD 控制装置的单自由度结构，如图 5.5(c)所示。为了说明本章所提方法的有效性，同时提出了结构顶部分别安装一个 TMD 和 AMD 控制装置的情况，分别如图 5.5(a)和(b)所示。结构质量 $m=1000\text{t}$ ，刚度 $k=36\times10^6\,\text{N/m}$, 自振频率 $\omega_0=6\text{rad/s}$, 阻尼比 $\xi=0.02$, 阻尼 $c=240\text{KN}\cdot\text{s/m}$ 。结构只遭受地震作用，地震输入为 El Centro(NS，1940)波，峰值为 120Gal。

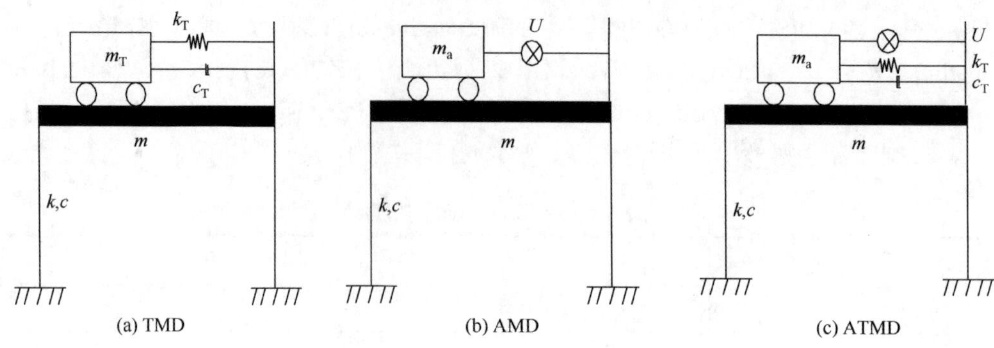

(a) TMD (b) AMD (c) ATMD

图 5.5 结构计算模型

5.4.1 准滑模控制律

式(5.17)中参数 q 取 10，ε 和 δ 均取 0.1。

(1) 被动 TMD 系统设计。ATMD 系统按两阶段设计，首先，按没有主动控制作动器的被动 TMD 设计，设 TMD 系统与结构的质量比 $\mu = m_a/m = 2\%$，根据文献[15]，可得被动 TMD 系统的最优频率比和阻尼比分别为 $\beta_{aopt} = 0.9755$ 和 $\xi_a = 0.07$，即 TMD 系统的频率为 $\omega_a = \beta_a\omega_0 = 5.853$。则被动 TMD 系统的参数为：$m_a = m \times 2\% = 20\text{t}$，$k_a = \omega_a^2 m_a = 685.152\text{kN/m}$，$c_a = 2m_a\xi_a\omega_a = 16.388\text{kN}\cdot\text{s/m}$。

(2) AMD 控制系统计算模型。结构 AMD 控制系统的质量矩阵、刚度矩阵和阻尼矩阵分别为

$$M = \begin{bmatrix} 10^6 & 0 \\ 0 & 2\times 10^4 \end{bmatrix},\quad C = \begin{bmatrix} 240 & 0 \\ 0 & 0 \end{bmatrix},\quad K = \begin{bmatrix} 36000 & 0 \\ 0 & 0 \end{bmatrix}$$

采用最优控制方法确定切换面，取增益矩阵 $Q = \text{diag}(2\times 10^9,\ 2,\ 2\times 10^5,\ 2)$，可得切换面为 $S = -48.7250x + x_a + 7.5471\dot{x} + \dot{x}_a$。

(3) ATMD 控制系统计算模型。结构 ATMD 控制系统的质量矩阵、刚度矩阵和阻尼矩阵分别为

$$M = \begin{bmatrix} 10^6 & 0 \\ 0 & 2\times 10^4 \end{bmatrix},\quad C = \begin{bmatrix} 240 + 16.388 & -16.388 \\ -16.388 & 16.388 \end{bmatrix}$$

$$K = \begin{bmatrix} 36000 + 685.15 & -685.15 \\ -685.15 & 685.15 \end{bmatrix}$$

同样采用最优控制方法确定切换面，取增益矩阵 $Q = \text{diag}(2000,\ 20,\ 200,\ 2)$，可得切换面为 $S = -62.9061x + 4.8473x_a + 12.9516\dot{x} + \dot{x}_a$。

考虑含有补偿器的情况，根据 LQR 控制算法，取权矩阵 $Q = \text{diag}(1\times 10^5,\ 1,$

$1\times10^7, 20, 1)$，$R=\mathrm{diag}(1\times10^{-5}, 1)$，可以确定式(5.13)中的状态反馈增益矩阵 K^*。取 $F_{12}=-1.0$、$F_{22}=-10$ 和 $\varphi=[0.1342\quad 1]$，则可以确定补偿器的其余设计参数为：$F_{11}=-1.1342, F_{21}=-1.2078, G_1=[0\quad 0\quad 0\quad 0], G_2=[-335.95\quad -3.9\times10^{-4}\quad 2.85], D=0, D_2=1.0\times10^{-5}$。

各种不同工况下，结构地震作用下最大位移和加速度反应如表 5.2 所示。表中 ATMD 工况表示 ATMD 控制系统的刚度和阻尼系数为上述被动 TMD 系统的相应值，且未引入补偿器的情况，主动控制器采用基于指数趋近律的滑模控制算法来设计；ATMDC 工况表示 ATMD 系统引入了补偿器的情况，其中含有补偿器的主动控制器采用相应的准滑模控制算法来设计，其控制力时程如图 5.6 所示。

表 5.2　结构 ATMD 控制系统的最大地震反应(准滑模控制)

工况	无控	TMD	AMD	ATMD	ATMDC
x_m/cm	5.40	4.14	2.81	2.50	2.36
$\ddot{x}_m$/(cm/s^2)	272	227	175	156	157
$\dot{x}_m$/(cm/s)	31.69	24.86	20.81	20.50	19.36
x_{am}/cm	—	18.53	35.99	33.45	36.35
U_{am}/kN	—	—	276	188	103

注：x_m、$\dot{x}_m$ 和 $\ddot{x}_m$ 分别是结构的最大位移、速度和加速度；x_{am} 和 U_{am} 分别是相应控制系统的质量块最大行程和直接作用在结构上的控制力。

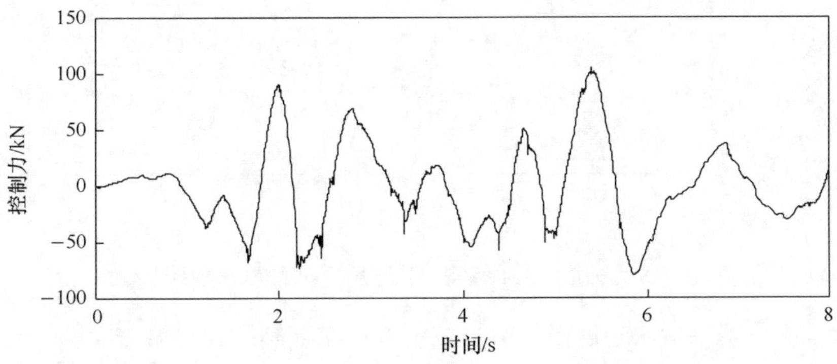

图 5.6　控制力反应时程(准滑模控制)

由表 5.2 可以看出，与 TMD、AMD 和 ATMD 工况相比，含有补偿器的 ATMD 控制系统(即 ATMDC 工况)具有最好的控制效果。由图 5.6 可以看出，准滑模控制方法设计的控制系统具有很小的抖振。

不同工况下，结构的位移反应时程如图 5.7 所示。由图 5.7 可以清楚地看出，相比其他工况，本章所提方法具有很好的控制效果，尤其是对地震峰值反应的控制。

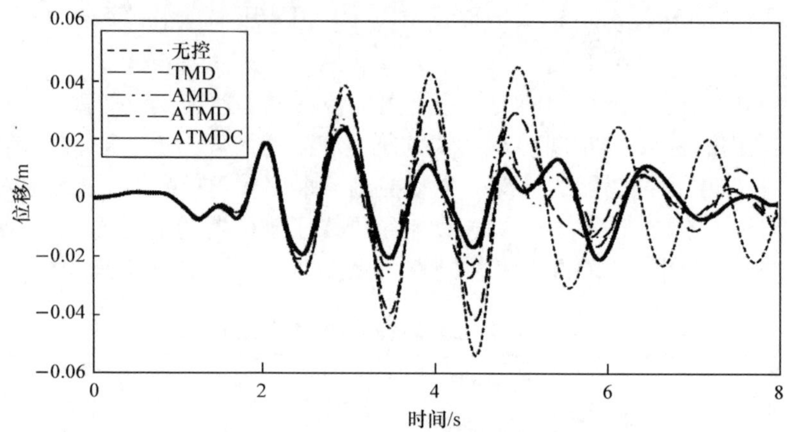

图 5.7　不同工况下结构的位移反应时程(准滑模控制)

为了说明本章所提方法对结构参数具有较好的鲁棒性，以结构刚度为例，相应变化结构刚度的 ±10%，其相应的位移反应时程如图 5.8 所示。由图中可以看出，所提方法对结构参数具有较好的鲁棒性。

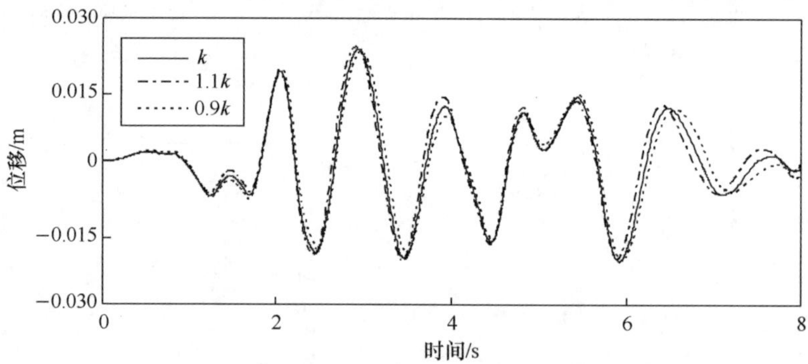

图 5.8　刚度变化下结构的位移反应时程(准滑模控制)

为了说明基于指数趋近律的滑模控制方法在抑制过大抖振方面的不足，改变设计参数 ε 值，分别采用指数趋近律的滑模控制算法和基于饱和函数的准滑模控制算法来设计含有补偿器的 ATMD 控制系统，相应的控制力时程如图 5.9 所示。从图中可以看出，准滑模控制方法克服了传统指数趋近律方法的不足，较好地抑制了控制系统过大的抖振。

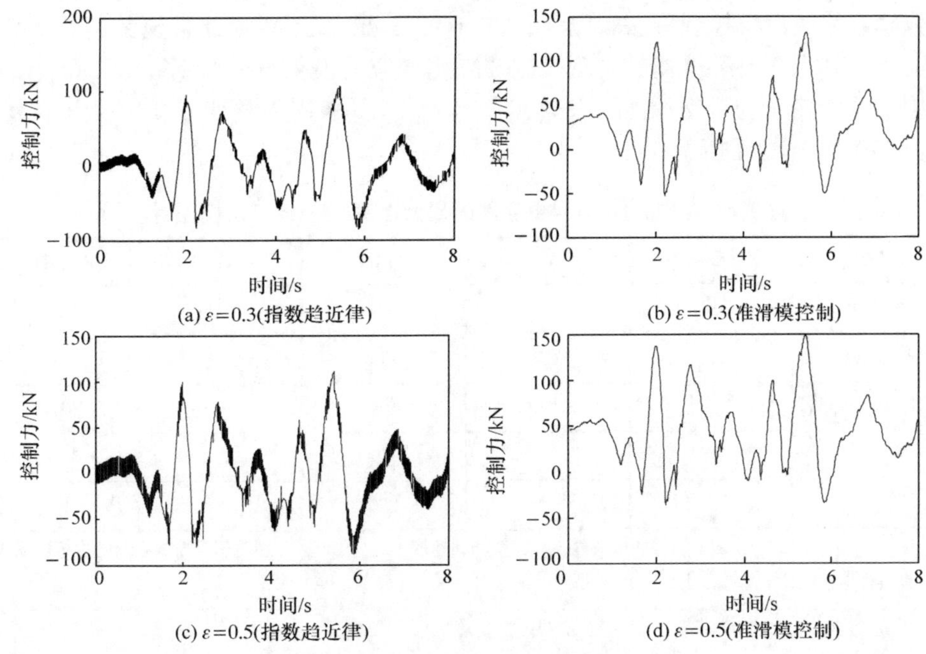

图 5.9　控制力反应时程

以最大控制力 $U=100\text{kN}$ 为例来说明控制力受限情况下所提方法的有效性，不同工况下结构的最大地震反应如表 5.3 所示。由表 5.3 可以看出，与其他控制方法相比，所提方法在相同控制力作用下具有最优的控制效果。

表 5.3　结构 ATMD 控制系统的最大地震反应($U=100\text{kN}$，准滑模控制)

工况	无控	TMD	AMD	ATMD	ATMDC
x_m/cm	5.40	4.14	4.99	2.54	2.36
$\ddot{x}_m$/(cm/s^2)	272	227	254	159	157
$\dot{x}_m$/(cm / s)	31.69	24.86	34.97	20.65	19.36
x_{am}/cm	—	18.53	32.74	34.16	36.35
U_{am}/kN	—	—	100	100	100

注：x_m、$\dot{x}_m$ 和 $\ddot{x}_m$ 分别是结构的最大位移、速度和加速度；x_{am} 和 U_{am} 分别是相应控制系统的质量块最大行程和直接作用在结构上的控制力。

5.4.2　模糊滑模控制律

式(5.19)中参数 q 取 10。各种不同工况下，结构地震作用下最大位移和加速度反应如表 5.4 所示。表中 ATMD 工况表示 ATMD 控制系统的刚度和阻尼系数为上述被动 TMD 系统的相应值，且未引入补偿器的情况，主动控制器采用基于指数趋近律的滑模控制算法来设计；ATMDC 工况表示 ATMD 系统引入了补偿器的情况，其中含有补偿器的主动控制器采用相应的模糊滑模控制算法来设计，模糊控制器的输入变量(φ和 dφ)和输出变量 $\varepsilon_{\text{FUZZY}}$ 的隶属函数如图 5.10 所示，其控制力时程如图 5.11 所示。

表 5.4　结构 ATMD 控制系统的最大地震反应(模糊滑模控制)

工况	无控	TMD	AMD	ATMD	ATMDC
x_{m}/cm	5.40	4.14	2.81	2.50	2.35
$\ddot{x}_{\text{m}}$/(cm/s^2)	272	227	175	156	156
$\dot{x}_{\text{m}}$/(cm / s)	31.69	24.86	20.81	20.50	19.21
x_{am}/cm	—	18.53	35.99	33.45	36.39
U_{am}/kN	—	—	276	188	105

注：x_{m}、$\dot{x}_{\text{m}}$ 和 $\ddot{x}_{\text{m}}$ 分别是结构的最大位移、速度和加速度；x_{am} 和 U_{am} 分别是相应控制系统的质量块最大行程和直接作用在结构上的控制力。

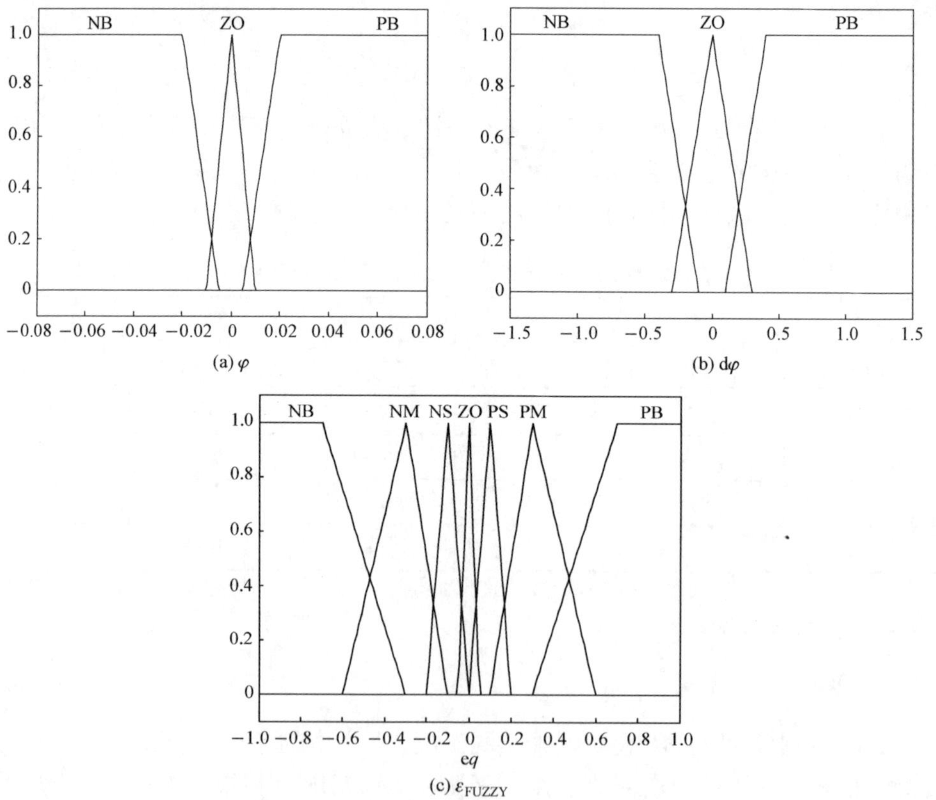

图 5.10　模糊控制器输入和输出变量的隶属函数曲线

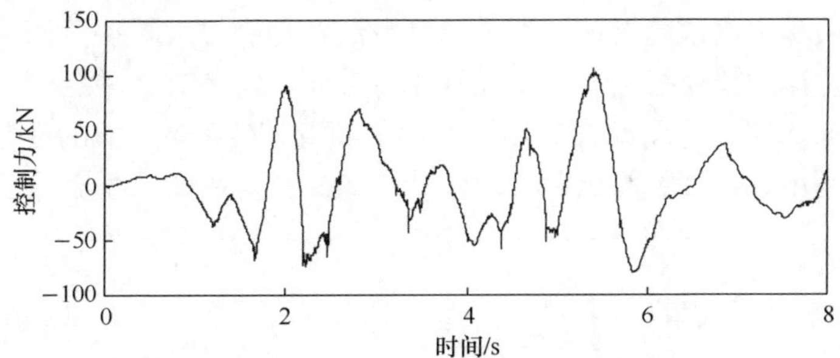

图 5.11　控制力反应时程(模糊滑模控制)

由表 5.4 可以看出，与 TMD、AMD 和 ATMD 工况相比，含有补偿器的 ATMD 控制系统(即 ATMDC 工况)具有最好的控制效果。由图 5.11 可以看出，模糊滑模控制方法设计的控制系统具有很小的抖振。

不同工况下，结构的位移反应时程如图 5.12 所示。由图可以清楚地看出，相比其他工况，本章所提方法具有很好的控制效果，尤其是对地震峰值反应的控制。

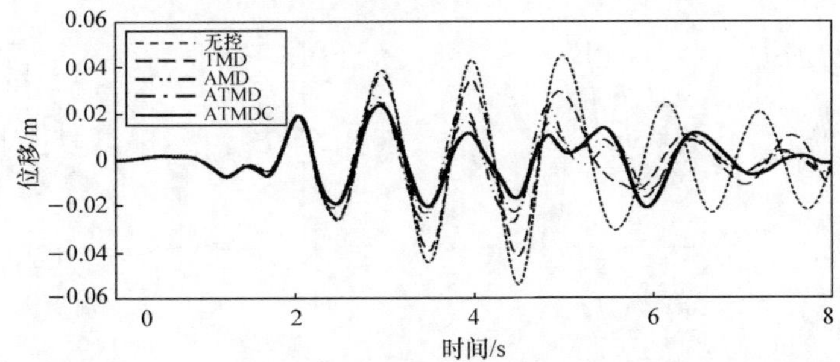

图 5.12　不同工况下结构的位移反应时程(模糊滑模控制)

为了说明本章所提方法对结构参数具有较好的鲁棒性，以结构刚度为例，相应变化结构刚度的±10%，其相应的位移反应时程如图 5.13 所示。从图中可以看出，所提方法对结构参数具有较好的鲁棒性。

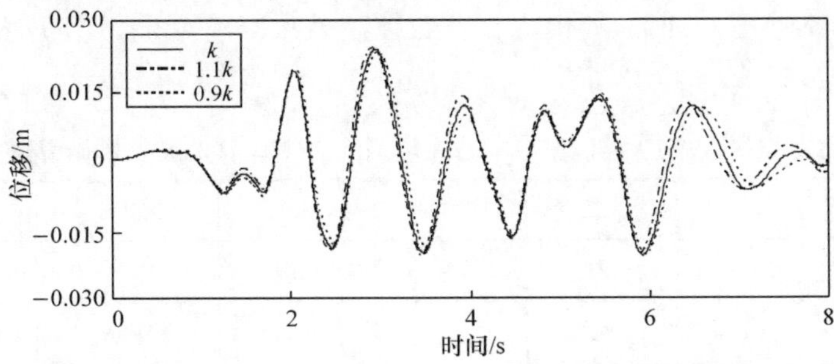

图 5.13　刚度变化下结构的位移反应时程(模糊滑模控制)

为了说明基于指数趋近律的滑模控制方法在抑制过大抖振方面的不足，采用基于指数趋近律的滑模控制算法来设计含有补偿器的 ATMD 控制系统，相应的控制力时程如图 5.14 所示。从图中可以看出，随着设计参数 ε 值的逐渐增大，系统的抖振也逐渐增大，当 ε 值较大时，如 $\varepsilon=0.5$，控制系统已经变得很不稳定。

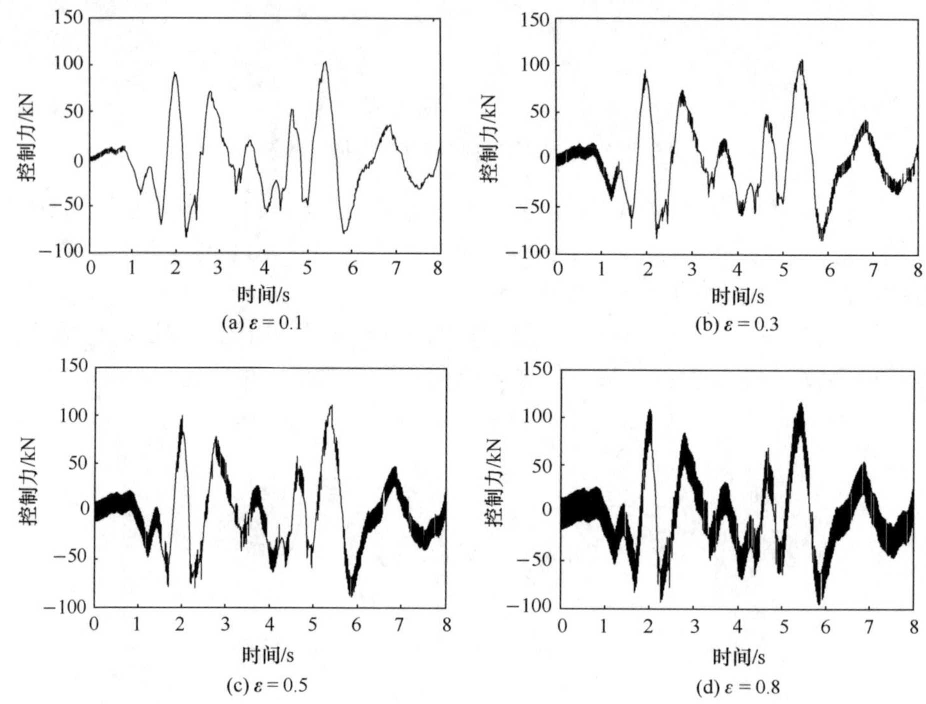

(a) $\varepsilon=0.1$　(b) $\varepsilon=0.3$　(c) $\varepsilon=0.5$　(d) $\varepsilon=0.8$

图 5.14　控制力反应时程(采用基于指数趋近律的滑模控制算法)

以最大控制力 $U=100\text{kN}$ 为例来说明控制力受限情况下所提方法的有效性，不同工况下结构的最大地震反应如表 5.5 所示。由表 5.5 可以看出，与其他控制方法相比，本章所提方法在相同控制力作用下具有最优的控制效果。与非受限情况(即表 5.4 中第 6 列数据)相比，虽然控制效果略有减弱，但仍然具有很好的控制效果。

表 5.5　结构 ATMD 控制系统的最大地震反应($U=100\text{kN}$，模糊滑模控制)

工况	无控	TMD	AMD	ATMD	ATMDC
x_{m}/cm	5.40	4.14	4.99	2.54	2.36
$\ddot{x}_{\text{m}}/(\text{cm/s}^2)$	272	227	254	159	157
$\dot{x}_{\text{m}}/(\text{cm / s})$	31.69	24.86	34.97	20.65	19.21

续表

工况	无控	TMD	AMD	ATMD	ATMDC
x_{am}/cm	—	18.53	32.74	34.16	36.39
U_{am}/kN	—	—	100	100	100

注：x_m、$\dot{x}_m$ 和 $\ddot{x}_m$ 分别是结构的最大位移、速度和加速度；x_{am} 和 U_{am} 分别是相应控制系统的质量块最大行程和直接作用在结构上的控制力。

5.5 本 章 小 结

ATMD 控制系统是土木工程结构中最常用的一种主动控制装置，因其需要的作动器少且控制效果和控制鲁棒性好等优点在结构振动工程中的应用获得了很大成功，采用传统指数趋近律滑模控制算法来设计 ATMD 系统的主动控制力，具有控制算法简单、鲁棒性好和可靠性高等一些优点，但仍会存在控制力偏大、控制系统抖振过大等问题。

针对 ATMD 控制系统用于结构振动控制工程中时存在的上述不足，基于线性二次型最优控制理论，设计了一种带有补偿器的滑模控制算法来计算 ATMD 系统的主动控制力。为了避免控制系统过大的颤振：①提出一种含有饱和函数的指数趋近律，并且给出了相应准滑模控制器的设计方法；②设计了一种基于模糊自适应调整的滑模控制律。鉴于实际中会产生外部能量有限问题，引入了相应的饱和控制器。以一个单自由度结构模型为例进行了相应的数值分析，与相应的未含补偿器的指数趋近律方法设计的 ATMD 控制系统以及 AMD 和 TMD 控制系统的控制效果进行了对比，仿真结果表明，本章所提方法在保证控制系统较好鲁棒性和较小颤振的前提下，具有较好的控震效果。

参 考 文 献

[1] ADHIKARI R, YAMAGUCHI H. Sliding mode control of buildings with ATMD [J]. Earthquake engineering and structural dynamics, 2015, 26(4): 409-422.

[2] ALDAWOD M, SAMALI B, NAGHADY F, et al. Active control of along wind response of tall building using a fuzzy controller [J]. Engineering structures, 2001, 23(11): 1512-1522.

[3] SAMALI B, DAWODA M. Performance of a five-storey benchmark model using an active tuned mass damper and a fuzzy controller [J]. Engineering structures, 2003, 25(13): 1597-1610.

[4] WANG A P, LIN Y H. Vibration control of a tall building subjected to earthquake excitation [J]. Journal of sound and vibration, 2007, 299(4): 757-773.

[5] POURZEYNALI S, LAVASANI H H, Modarayi A H. Active control of high rise building structures using fuzzy logic and genetic algorithms[J]. Engineering structures, 2007, 29(3): 346-357.

[6] 欧进萍. 结构振动控制：主动、半主动和智能控制[M].北京：科学出版社,2003.
[7] 段丽玮，汤忠梁，吴志华. 飞行器垂直尾翼 H_∞鲁棒振动控制主动控制[J]. 振动、测试与诊断, 2011, 31(1): 119-123.
[8] 高为炳. 变结构控制的理论及设计方法.北京:科学出版社,1996.
[9] YANG J N, WU J C, AGRAWAL A K. Sliding mode control for seismically excited linear structures [J]. Journal of engineering mechanics, 1995, 121(12): 1386-1390.
[10] ZHAO B, LU X L, WU M Z. Sliding mode control of buildings with base-isolation hybrid protective system [J]. Earthquake engineering and structural dynamics, 2000, 29(3): 315-326.
[11] 靳保全, 熊诗波, 程珩. 电液位置伺服系统的抖振削弱滑模控制[J]. 振动、测试与诊断, 2011, 31(3): 323-326.
[12] ALLI H, YAKUT O. Fuzzy sliding-mode control of structures[J]. Engineering structures, 2005, 27(2): 277-284.
[13] 李志军, 邓子辰, 顾致平. ATMD-结构带有补偿器的准滑模控制[J]. 振动、测试与诊断, 2012, 32(6):909-914.
[14] 李志军, 邓子辰, 顾致平. ATMD-结构带有补偿器的模糊滑模控制[J].工程力学, 2013, 30(1):198-204.
[15] WANG L X. A Course in Fuzzy Systems and Control[M]. Englewood Cliffs: Prentice-Hall, 1997.

第 6 章　结构基于 Kalman 滤波器的离散变结构控制

6.1　引　　言

在工程结构中，主动控制方法适用于各类建筑环境中，它的应用也是最广泛的，很多国家已经将主动控制装置应用于工程结构中，如日本已经有近 30 栋高层建筑安装了主动控制装置[1]。结构主动控制方法具有适用面宽、适用目标多和效果好的优点。同时，结构主动控制也是半主动控制和混合控制的基础。因而，开展适合于土木工程问题的高效主动控制方法研究具有重要的意义。

在实际中，地震动的本质是多维的，在地震发生时，结构不会只受到一个方向地震的作用，而是受到来自不同方向地震的作用。这样，结构在地震作用下的反应也应该是多维的，研究结构在多维地震下的控制问题变得十分重要。而对于偏心结构，在多维地震动作用下结构不但产生平动反应，而且不可避免地产生平–扭耦联的振动反应，有时使建筑物遭到更加严重的破坏[2]。由于传统减小偏心结构扭转地震响应的方法有很大的局限性，所以人们开始研究多维地震作用下偏心结构的振动控制问题。李宏男等[3,4]通过建立多维地震作用下偏心结构的空间模型和动力模型，对偏心结构的动力反应做出仿真，并基于线性最优控制理论的部分状态反馈次优控制策略对多维地震作用下的偏心结构进行控制，得出这种控制策略能有效地控制结构的位移反应和加速度反应。

滑模变结构控制是一种鲁棒控制算法，能处理线性系统和非线性系统。与传统控制算法相比，滑模变结构控制具有算法简单、鲁棒性好和可靠性高等优点[5]。进入 20 世纪 90 年代，美国学者 Yang 等[6,7]率先将在土木工程领域应用滑模变结构控制方法，系统描述了结构振动控制的滑移模态方法，采用 Lyapunov 直接法设计滑移模态控制律，结果表明该方法具有较好的控制效果。国内学者赵斌等[8]、蔡国平等[9]曾经应用指数趋近律对建筑结构振动控制的变结构控制方法进行了研究；大连理工大学的金桥等[10,11]对多维地震作用下偏心结构的滑模变结构控制方法进行了研究，仿真表明该控制方法有很好的控制效果，并且有较好的鲁棒性。这些研究工作进一步拓宽了变结构控制理论在土木工程抗震控制领域的应用范围。

在实际情况中，量测系统的全部状态变量往往是不现实的，也是不经济的。Kalman 滤波器提供了一种高效可计算的方法来估计系统的状态，并使估计均方误差最小。本章从滑模控制算法出发，引入 Kalman 滤波器对滑模控制方法进行改进[12]。首先建立结构控制系统的动力方程及其离散状态方程；然后设计加入 Kalman 滤波器的离散滑模变结构控制的基本策略；最后应用该控制策略对一个三层带有主动支撑系统的剪切型框架结构模型和一个 ATMD-三层偏心结构模型进行仿真分析[13,14]。

6.2 结构的力学方程及离散化

6.2.1 结构的力学方程

对于一个自由度为 n 的剪切型受控建筑结构，其运动方程可表示为

$$M\ddot{X} + C\dot{X} + KX = B_{\rm s}U - E\ddot{x}_{\rm g} \tag{6.1}$$

式中，$X = \{x_1(t), x_2(t), \cdots, x_n(t)\}^{\rm T}$，$\dot{X} = \{\dot{x}_1(t), \dot{x}_2(t), \cdots, \dot{x}_n(t)\}^{\rm T}$，$\ddot{X} = \{\ddot{x}_1(t), \ddot{x}_2(t), \cdots, \ddot{x}_n(t)\}^{\rm T}$ 分别为结构的位移向量、速度向量和加速度向量；$B_{\rm s}$ 为控制力作用位置矩阵；$U(t) = \{u_1(t), u_2(t), \cdots, u_r(t)\}^{\rm T}$ 为控制力向量；M、C 和 K 分别为系统结构模型的质量、阻尼和刚度矩阵；$\ddot{x}_{\rm g}(t)$ 为地震动输入；$E = [m_1, m_2, \cdots, m_n]^{\rm T}$ 为地震作用位置矩阵。

结构的状态方程为

$$\dot{Z} = AZ + BU + D\ddot{x}_{\rm g} \tag{6.2}$$

式中，$A = \begin{bmatrix} 0 & I \\ -M^{-1}K & -M^{-1}C \end{bmatrix}$；$B = \begin{bmatrix} 0 \\ M^{-1}B_{\rm s} \end{bmatrix}$；$D = \begin{bmatrix} 0 \\ -M^{-1}E \end{bmatrix}$；$Z = \begin{bmatrix} X \\ \dot{X} \end{bmatrix}$。

6.2.2 力学方程的离散化

根据文献[8]，式(6.2)解的离散化形式为

$$Z(k+1) = {\rm e}^{AT}Z(k+1) + \int_{kT}^{(k+1)T} {\rm e}^{A(kT+T-\tau)}BU(\tau){\rm d}\tau + \int_{kT}^{(k+1)T} {\rm e}^{A(kT+T-\tau)}D\ddot{x}_{\rm g}(\tau){\rm d}\tau \tag{6.3}$$

做变量置换 $\eta = (k+1)T - \tau$，则式(6.3)变为

$$\begin{aligned} Z(k+1) &= {\rm e}^{AT}Z(k) + \int_0^T {\rm e}^{A\eta}{\rm d}\eta BU(k) + \int_0^T {\rm e}^{A\eta}{\rm d}\eta D\ddot{x}_{\rm g}(k) \\ &= A_{\rm d}Z(k) + B_{\rm d}U(k) + D_{\rm d}\ddot{x}_{\rm g}(k) \end{aligned} \tag{6.4}$$

式中，$A_{\rm d} = {\rm e}^{AT}$，$B_{\rm d} = \int_0^T {\rm e}^{A\eta}B{\rm d}\eta$，$H_{\rm d} = \int_0^T {\rm e}^{A\eta}H{\rm d}\eta$；$T$ 为采样周期。式(6.4)即为系统连续状态方程的离散化形式。

6.3　基于 Kalman 滤波器的离散滑模控制

Kalman 滤波最早是由科学家 R. E. Kalman 提出的。在现代控制系统中，有时要求随机地对一个动态系统的状态进行估计，系统状态通过一个量测器进行量测，通过测得的结果对状态进行最优估计。

6.3.1　Kalman 滤波的原理

Kalman 滤波的一个重要组成部分是状态估计。状态估计是了解和控制系统的重要方法。状态估计是通过获得的观测数据对系统内部的动态状态进行估计。它能对系统的动态规律进行估计预测，如估计飞行器状态。状态估计理论属于统计学中的估计理论，最常用的估计法为最小二乘估计法。

Kalman 滤波的原理是在基于最优估计理论下，利用前一时刻的估计值和新的观测值采用递推算法估计下一时刻系统的状态。最优估计理论是当系统受到噪声干扰时，无法测到其精确值，但可对它进行一系列观测，并依据观测值，按某种统计理论对它进行估计，使估计值最大限度地接近真实值。真实值与估计值之差称为估计误差。

6.3.2　Kalman 滤波的特点

(1) 算法是递推的，时域内设计滤波器，适用于多维随机过程的估计。

(2) 用递推法计算，不要求清楚全部过去的值。通过状态方程来了解状态变量的动态变化规律，因此，对信号是没有要求的。

(3) 误差准则仍为均方误差最小准则。

Kalman 滤波理论已在控制、制导、通信等工程上得到了普及，拥有广阔的前景。

6.3.3　Kalman 滤波器的设计

根据文献[12]，假设传感器只能观测结构三层的速度，则带有输入噪声的受控系统状态方程为

$$\begin{aligned} Z(k) &= A_{\mathrm{d}}Z(k-1) + B_{\mathrm{d}}(U(k)+w(k)) + D_{\mathrm{d}}\ddot{x}_{\mathrm{g}} \\ y_{\mathrm{v}}(k) &= C_0 Z(k) \end{aligned} \tag{6.5}$$

式中，$w(k)$ 为零均值 Gauss 白噪声；$C_0=[O_{n\times n}\ \ I_{n\times n}]_{n\times 2n}$ 为速度反馈矩阵；$y_{\mathrm{v}}(k)$为被控对象实际输出。

离散 Kalman 滤波器算法如下：

$$M_n(k) = \frac{P(k)C_0^{\mathrm{T}}}{C_0P(k)C_0^{\mathrm{T}} + R_{\mathrm{e}}} \tag{6.6}$$

$$P(k) = A_{\mathrm{d}}P(k-1)A_{\mathrm{d}}^{\mathrm{T}} + B_{\mathrm{d}}Q_{\mathrm{e}}B_{\mathrm{d}}^{\mathrm{T}} \tag{6.7}$$

$$P(k) = [I_n - M_n(k)C_0]P(k) \tag{6.8}$$

$$Z(k) = A_{\mathrm{d}}Z(k-1) + M_n(k)[y_{\mathrm{v}}(k) - C_0A_{\mathrm{d}}Z(k-1)] \tag{6.9}$$

滤波后被控对象的输出为

$$y_{\mathrm{e}}(k) = C_0Z(k) \tag{6.10}$$

式中，$M_n(k)$ 为 Kalman 滤波器增益；$P(k)$ 为协方差矩阵；Q_{e}、R_{e} 为权矩阵；$y_{\mathrm{e}}(k)$ 为滤波后被控系统的输出。

控制系统结构如图 6.1 所示。

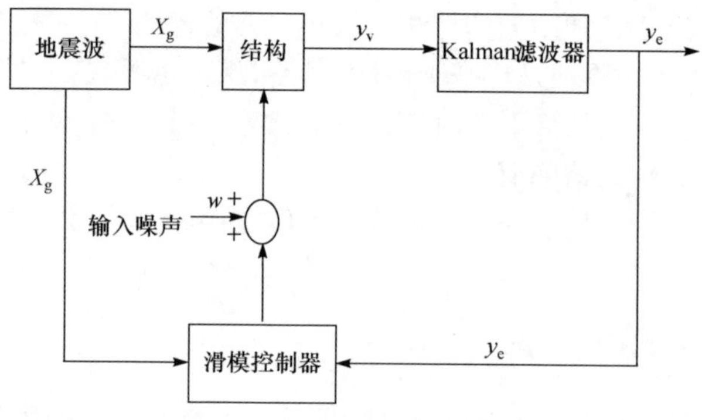

图 6.1 控制系统结构

6.3.4 离散滑模控制器设计

1. 切换平面的设计

切换函数

$$s(k) = PZ(k) \tag{6.11}$$

的系数 P 可通过极值配置、二次型最优控制等方法进行确定，详见文献[15]。本章采用离散二次型线性最优方法(DLQR)时，取目标函数 J 为

$$J = \sum_{k=0}^{\infty} Z^{\mathrm{T}}(k)QZ(k) \tag{6.12}$$

2. 离散滑模控制律的设计

选择如下的指数趋近律[12]：

$$\frac{s(k+1) - s(k)}{T} = -\delta\,\mathrm{sgn}(s(k)) - \varepsilon s(k) \tag{6.13}$$

取$\delta=\mathrm{diag}(\delta_1,\delta_2,\cdots,\delta_r)$，$\varepsilon=\mathrm{diag}(\varepsilon_1,\varepsilon_2,\cdots,\varepsilon_r)$为$r$维正对角常数矩阵，$r$为结构中控制器的数量。其中参数还应满足：$1-T\varepsilon_i>0$；$T$为采样周期，sgn( )为符号函数。

将切换函数式(6.11)及离散运动方程式(6.4)代入趋近律形式的到达条件式(6.13)，可得

$$P(A_\mathrm{d}Z(k)+B_\mathrm{d}U(k)+D_\mathrm{d}\ddot{x}_\mathrm{g}(k)-Z(k))=-\delta T\,\mathrm{sgn}(s(k))-\varepsilon Ts(k) \tag{6.14}$$

由式(6.14)可直接解出基于离散趋近律方法的闭环控制律表达式：

$$U(k)=-(PB_\mathrm{d})^{-1}[PA_\mathrm{d}Z(k)+PD_\mathrm{d}\ddot{x}_\mathrm{g}(k)-P(I-\varepsilon T)Z(k)+\delta T\,\mathrm{sgn}(Z(k))] \tag{6.15}$$

为了削弱控制器的抖振，采用饱和函数 sat(s)代替理想滑动模态中的符号函数 sgn(s)：

$$\mathrm{sat}(s_{ij}(k))=\begin{cases}1, & s_{ij}>\varDelta\\ ks_{ij}, & |s_{ij}|\leqslant\varDelta\ ,\ k=\dfrac{1}{\varDelta}\\ -1, & s_{ij}<-\varDelta\end{cases} \tag{6.16}$$

则控制律式(6.15)变为

$$U(k)=-(PB_\mathrm{d})^{-1}[PA_\mathrm{d}Z(k)+PD_\mathrm{d}\ddot{x}_\mathrm{g}(k)-P(I-\varepsilon T)Z(k)+\delta T\,\mathrm{sat}(Z(k))] \tag{6.17}$$

6.4　实例仿真与分析

6.4.1　实例一

采用一个带有主动支撑系统的三层剪切型框架结构，如图 6.2 所示。结构层的质量和刚度分别为 $m_i=4\times10^5\mathrm{kg}$ 和 $k_i=2\times10^8\mathrm{N/m}(i=1,2,3)$。采用 Rayleigh 估计法来确定结构阻尼矩阵，选取结构前两阶振型阻尼比，即 $C=\alpha_\mathrm{c}M+\beta_\mathrm{c}K$，$\alpha_\mathrm{c}$和$\beta_\mathrm{c}$由$\xi_1=\xi_2=5\%$确定。结构采用 El Centro 地震波，采样周期为 0.02s，地震波的峰值为 200cm/s²。

切换函数的选取采用离散二次型线性最优控制方法，取权矩阵 $Q=\begin{bmatrix}K & 0\\ 0 & M\end{bmatrix}$，由此可确定切换函数 P 为

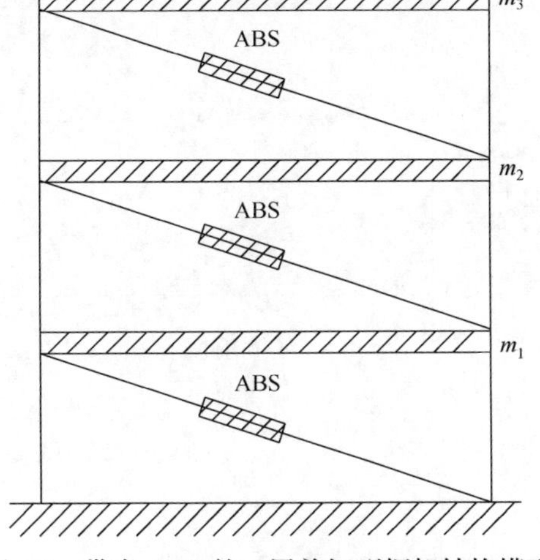

图 6.2　带有 ABS 的三层剪切型框架结构模型

$$P=\begin{bmatrix}15.1014 & -1.8545 & -1.6065 & 1 & 0 & 0\\ -1.8545 & 13.4950 & -3.4609 & 0 & 1 & 0\\ -1.6065 & -3.4609 & 11.6405 & 0 & 0 & 1\end{bmatrix}$$

式(6.13)中计算参数取 δ_i=0.01，ε_i=45。Kalman 滤波器增益公式(6.7)中，取权矩阵 $Q_e=10^{-4}$，I 为 3×3 维单位矩阵。

运用数学软件 MATLAB 进行仿真分析，得到的结果如表 6.1 及图 6.3～图 6.5 所示。其中，工况 1 表示结构刚度不变的情况，工况 2 表示结构刚度降低 30%的情况，工况 3 表示结构刚度增加 30%的情况。

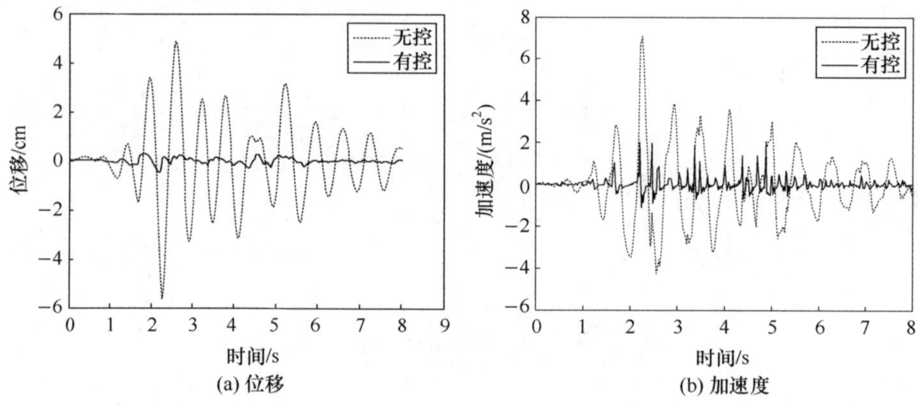

图 6.3　结构顶层位移和加速度反应时程

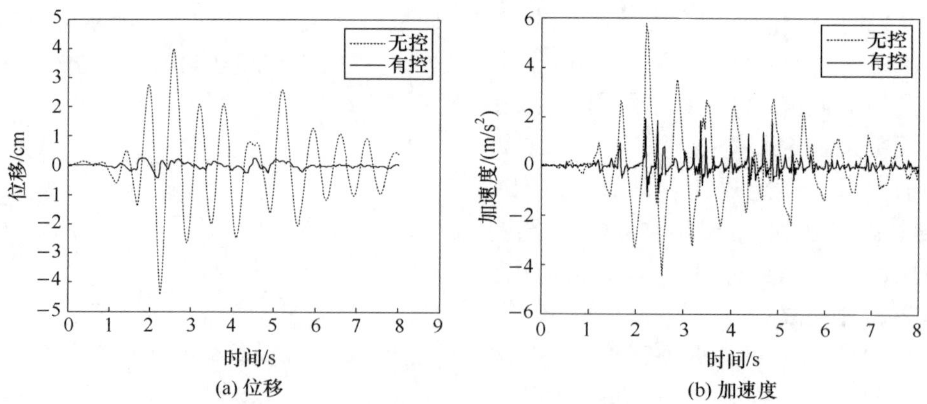

图 6.4　结构 2 层位移和加速度反应时程

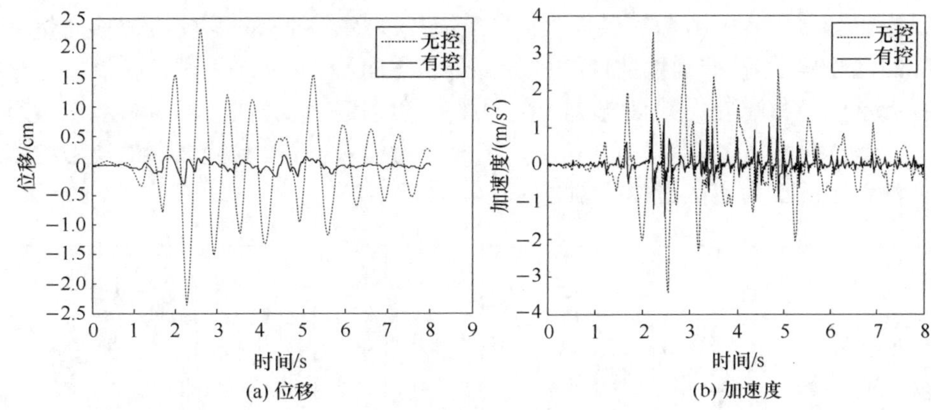

(a) 位移　(b) 加速度

图 6.5　结构底层位移和加速度反应时程

表 6.1　结构层间相对位移、加速度和控制力峰值

工况	1 层			2 层			3 层		
	x/cm	a / (m/s^2)	U /kN	x/cm	a / (m/s^2)	U/kN	x/cm	a /(m/s^2)	U /kN
无控	2.37	3.54	—	2.07	5.77	—	1.18	7.08	—
1	0.32	1.49	2300	0.15	1.93	1820	0.04	2.03	920
2	0.37	1.56	2323	0.16	2.00	1730	0.06	2.07	858
3	0.29	1.40	2269	0.13	1.88	1860	0.05	2.01	974

注：x 是结构最大层间位移；a 是结构最大加速度；U 是结构最大控制力。

由表 6.1 可以看出，在工况 1 控制下，结构各层的层间位移和最大加速度分别减小了：2.05cm，2.05m/s^2；1.92cm，3.84m/s^2；1.14cm，5.05m/s^2，减震率分别为：86%，58%；93%，66%；96%，71%。在工况 2 控制下，结构各层的层间位移和最大加速度分别减小了：2.00cm，1.98m/s^2；1.91cm，3.77m/s^2；1.12cm，5.01m/s^2，减震率分别为：82%，56%；92%，65%；95%，70%。在工况 3 控制下，结构各层的层间位移和最大加速度分别减小了：2.08cm，2.14m/s^2；1.94cm，3.89m/s^2；1.13cm，5.07m/s^2，减震率分别为：88%，60%；94%，67%；96%，71%。从地震峰值响应减小的幅度来看，该方法对结构的控制效果十分明显。并且，结构刚度在变化±30%的情况下，该方法依然有很好的控制效果，系统没有出现失稳的状况，说明该控制方法有很好的鲁棒性。

从图 6.3～图 6.5 可以更直观地看出该控制方法对地震作用下结构的有利影响，结构的位移和加速度都有了大幅度的抑制。

由于测量方程式(6.5)的系数 C_0 只反馈速度状态向量，不反馈位移向量。而 Kalman 滤波器能较准确地估计结构的部分状态向量。因此，采用该控制方法估计结构各层的位移响应，并且与结构在常规离散滑模控制方法下的位移响应进行比较，结果详见表 6.2 和图 6.6。其中，工况 1 为加入 Kalman 滤波器的离散滑模控制方法，工况 2 为离散滑模控制方法。

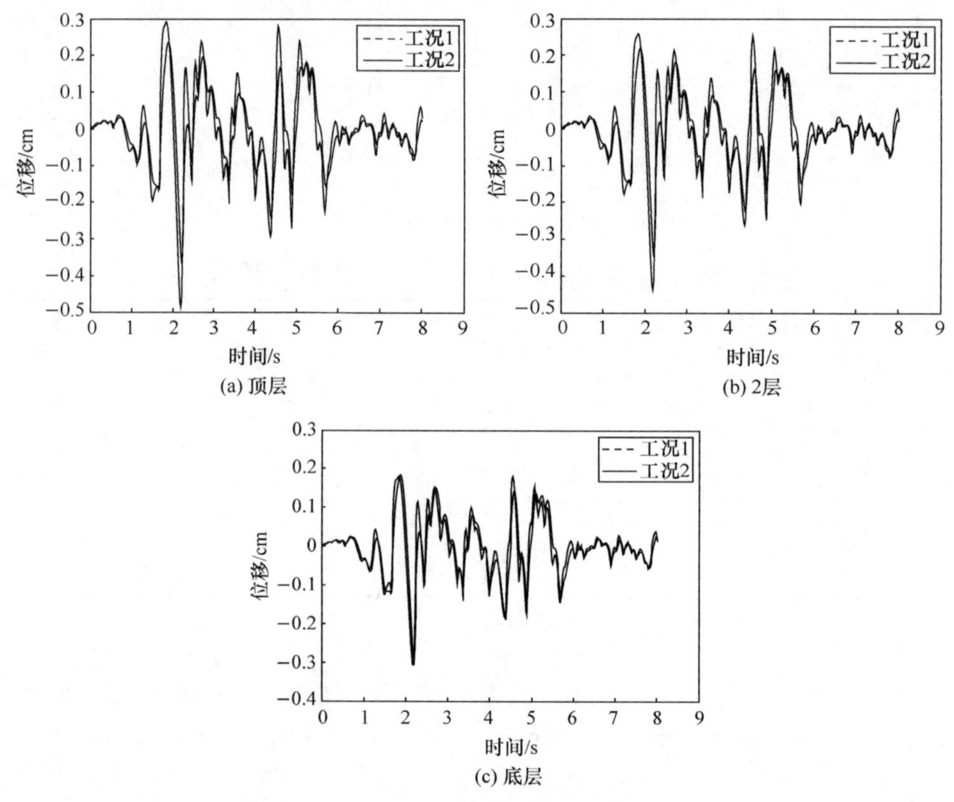

图 6.6　结构各层的位移响应

表 6.2　结构层间相对位移和控制力峰值

工况	最大层间位移/cm			最大控制力/kN		
	1 层	2 层	3 层	1 层	2 层	3 层
1	0.32	0.15	0.05	2300	1800	920
2	0.32	0.05	0.03	2134	1640	851

从表 6.2 可知，在工况 1 和工况 2 控制下，结构各层的位移峰值分别相差了 0cm、0.1cm、0.02cm。在图 6.6 中可以很直观地看到，采用所提方法和常规离散滑模控制方法下结构各层位移时程曲线几乎重合，这说明所提控制方法很好地消除了噪声对系统的影响，比较准确地估计了结构各层的位移状态。因此，加入 Kalman 滤波器的离散滑模控制方法可以较准确地估计结构的状态反应。

6.4.2 实例二

以一个三层 ATMD-偏心结构为例来验证所提方法的有效性，计算模型示意图如图 6.7 所示，其中 M 和 S 分别为结构的质量和刚度中心，结构坐标系的坐标原点取在质心处。

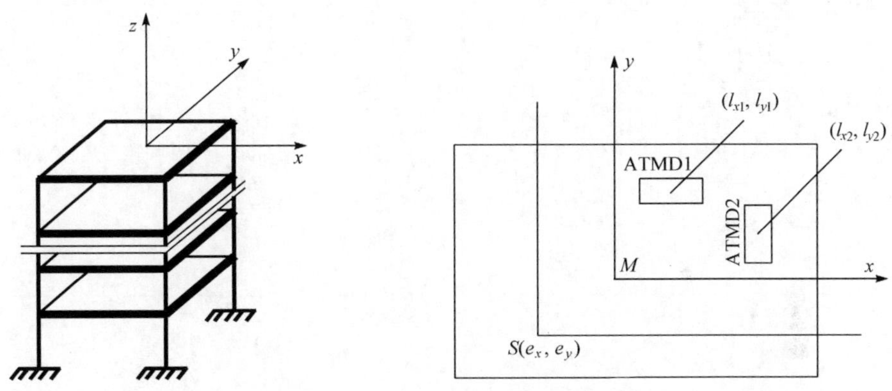

图 6.7 装有 ATMD 的偏心结构模型

结构的层间质量 $m=5.0\times10^5\text{kg}$，楼板的转动惯量 $J=3.0\times10^5\text{kg}\cdot\text{m}^2$，结构 x 方向的刚度 $k_x=4.9\times10^8\text{N}/\text{m}$，结构 y 方向的刚度 $k_y=9.8\times10^7\text{N}/\text{m}$，扭转刚度 $k_t=3.5\times10^{10}\text{N}\cdot\text{m}/\text{rad}$；结构在 x 方向的偏心距 $e_x=3\text{m}$，y 方向的偏心距 $e_y=2\text{m}$；结构阻尼比 $\xi=0.01$。分别在 x 方向和 y 方向各设置一个 ATMD。两个 ATMD 参数相同，取值如下：$m_{\text{a}}=5.0\times10^4\text{kg}$，$k_{\text{a}}=1.97\times10^6\text{N}/\text{m}$。地震动采用 El Centro 双向地震波，地震波加速度峰值调整为 200cm/s^2，采样周期为 0.02s。

根据离散二次型线性最优方法计算切换函数系数，取权矩阵 $Q=\begin{bmatrix} K & 0 \\ 0 & M \end{bmatrix}$，则计算系数矩阵 P 为

$$P=\begin{bmatrix} -6.8512 & -16.4740 & -24.2387 & 0.1886 & 0.4351 & 0.9047 & 0.3638 \\ 0.9755 & 2.0139 & 2.6624 & 8.1911 & 4.5165 & -27.8363 & 0.192 \end{bmatrix}$$

$$
\begin{array}{llllllll}
0.7001 & 30.3788 & 5.9379 & -0.0658 & 0.262 & 0.4571 & 0.5072 & 0.0066 \\
0.3696 & 33.9056 & -0.0662 & 6.7181 & -0.0237 & -0.0328 & -0.0235 & 0.4695 \\
-0.0023 & -0.0185 & -0.0069 & -0.0123 & -0.0143 & 1 & 0 & \\
1.1953 & 1.8806 & -0.0047 & -0.0107 & -0.0159 & 0 & 1 &
\end{array}\Bigg]^{\mathrm{T}}
$$

式(6.13)中，计算参数：$\delta_i = 0.01$，$\varepsilon_i = 45$，$\varDelta = 0.05$。Kalman 滤波器设计中，过程噪声取均值为 0、方差为 1 的 Gauss 白噪声信号，权矩阵取 $Q_e = 10^{-4}, I$ 为 3×3 维单位矩阵。

采用本章提到的方法与结构在无控情况下的地震响应进行比较，运用数学软件 MATLAB 进行仿真分析。计算结果如表 6.3 和图 6.8～图 6.10 所示。

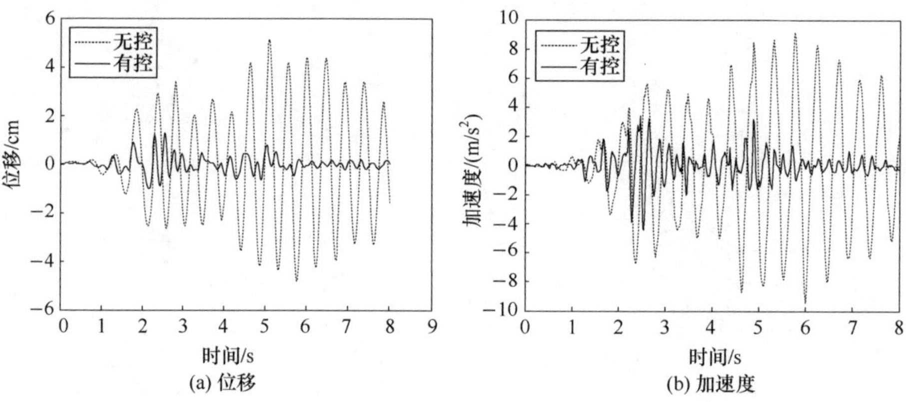

图 6.8　结构顶层 x 向位移和加速度时程曲线

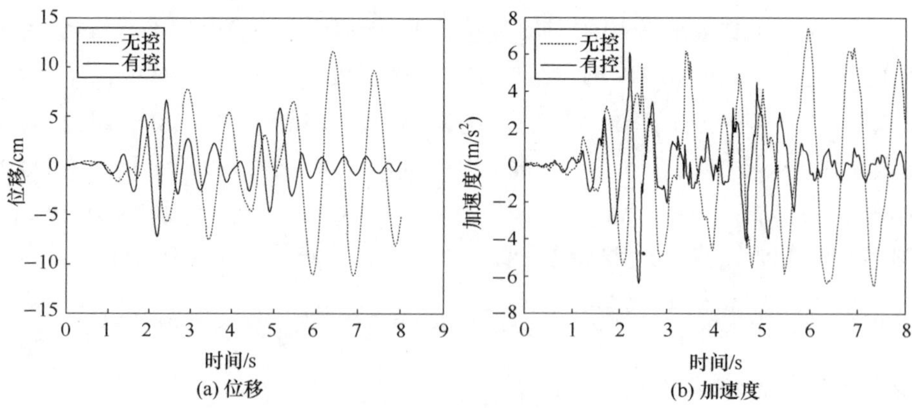

图 6.9　结构顶层 y 向位移和加速度时程曲线

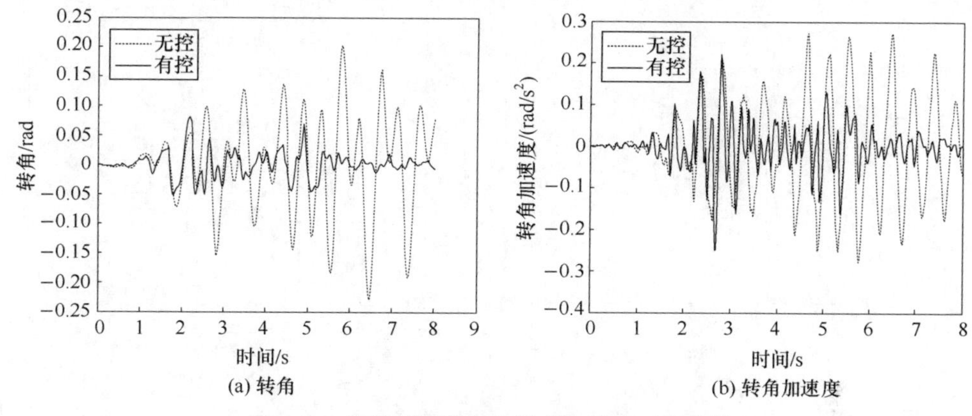

(a) 转角　(b) 转角加速度

图 6.10　结构顶层转角和转角加速度时程曲线

表 6.3　结构各层的位移、加速度和控制力峰值

项目	1层			2层			3层		
	无控	有控	减震率/%	无控	有控	减震率/%	无控	有控	减震率/%
X/cm	2.41	0.56	76.8	4.03	1.01	75	5.09	1.27	75
Y/cm	5.63	3.38	40	9.07	5.91	34.8	11.6	7.25	37.5
$\theta/(\times10^{-2}\text{rad})$	0.10	0.03	70	0.18	0.06	66.7	0.23	0.08	65.2
$a_x/(\text{m/s}^2)$	5.29	1.86	64.8	7.98	3.32	59	9.09	4.41	51.2
$a_y/(\text{m/s}^2)$	5.23	3.44	34.3	6.25	5.79	7.5	7.03	6.64	5.5
$a_\theta/(\text{rad/s}^2)$	0.14	0.11	21.4	0.22	0.19	14	0.28	0.25	10.7
控制力/kN	ATMD 1				581				
	ATMD 2				480				

注：X 表示结构各层 x 向位移；Y 表示结构各层 y 向位移；θ 表示结构各层转角；a_x 表示结构各层 x 向最大加速度；a_y 表示结构各层 y 向最大加速度；a_θ 表示结构各层最大转角加速度。

由表 6.3 可得，该控制方法除在 y 向加速度控制效果不明显外，其他控制指标与无控相比，都得到了很好的抑制，结构各层的位移、加速度反应和扭转、扭转加速度反应都有很好的减震效果，而在 y 向加速度方面，减震效果虽不明显，但也达到了控制要求。因此，该控制方法具有很好的控制效果，结构的地震反应得到了抑制。

通过图 6.8～图 6.10 可以更直观地看出该控制方法对地震作用下结构的有利影响，结构的位移、加速度都有了大幅度的抑制。

为了削弱系统的抖振，本节分别采用含有指数趋近律的控制方法和含有饱和函数趋近律的控制方法对结构进行控制，得到结构 ATMD 质量块控制力时程如图 6.11 和图 6.12 所示。

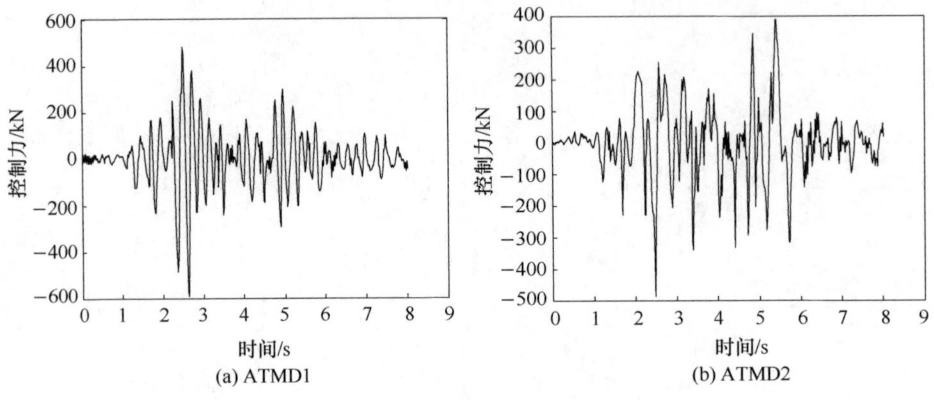

图 6.11　ATMD 控制力时程曲线(指数趋近律方法)

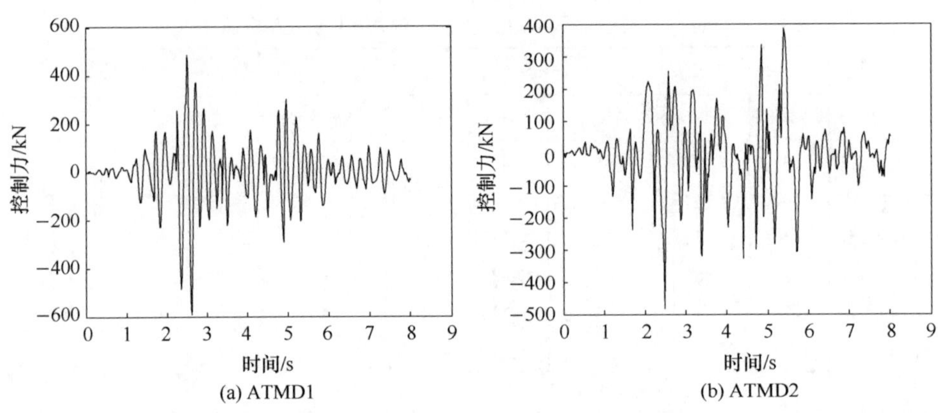

图 6.12　ATMD 控制力时程曲线(饱和函数趋近律方法)

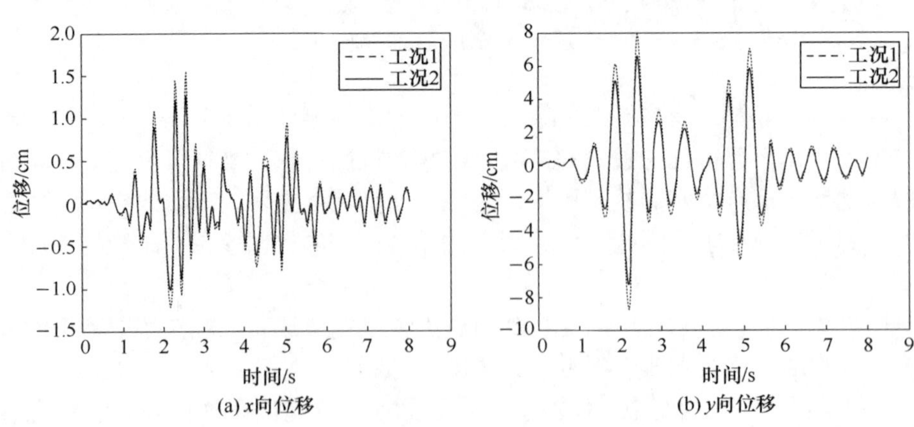

从图 6.11 和图 6.12 的比较中可以看出,采用饱和函数趋近律的控制方法比采用指数趋近律的控制方法能更好地削弱系统的抖振。

由于观测器只能观测结构的绝对速度反应，不能观测结构的位移反应，因此采用本章所提方法进行估计。为了检验该控制方法的这一特点，对结构在离散滑模控制方法下和加入 Kalman 滤波器的滑模控制方法下的各层位移反应进行比较，结果详见图 6.13～图 6.15。其中，工况 1 表示结构常规离散滑模控制情况，工况 2 表示结构在加入 Kalman 滤波器的离散滑模控制情况。从图 6.13～图 6.15 中可以很直观地看出，工况 1 各层的 x 向、y 向和扭转时程曲线和工况 2 的基本相同，这就说明加入 Kalman 滤波器的离散滑模控制方法大致上消除了噪声对系统的影响，较准确地估计了结构各层的位移状态。

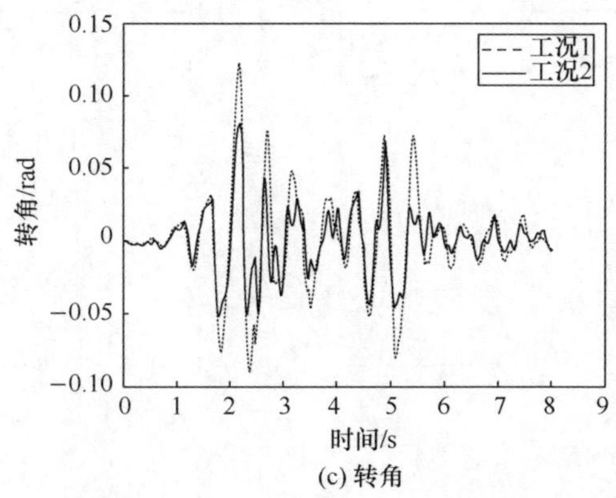

(c) 转角

图 6.13　结构顶层位移和转角时程曲线

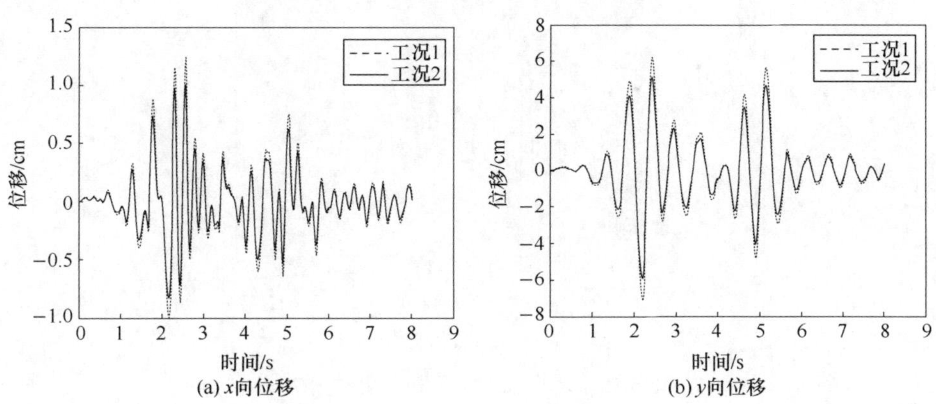

(a) x向位移　(b) y向位移

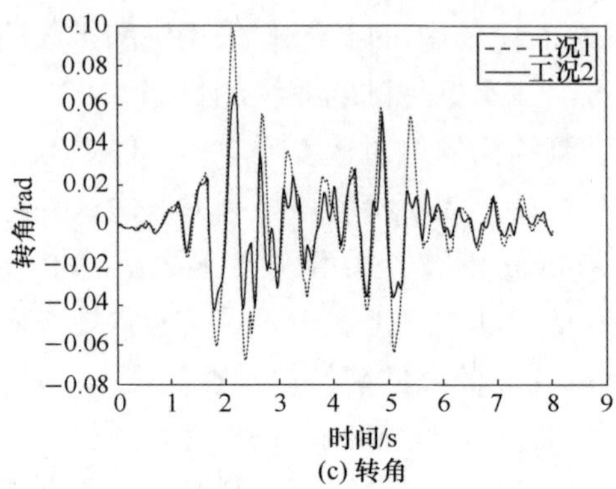

(c) 转角

图 6.14　结构二层位移和转角时程曲线

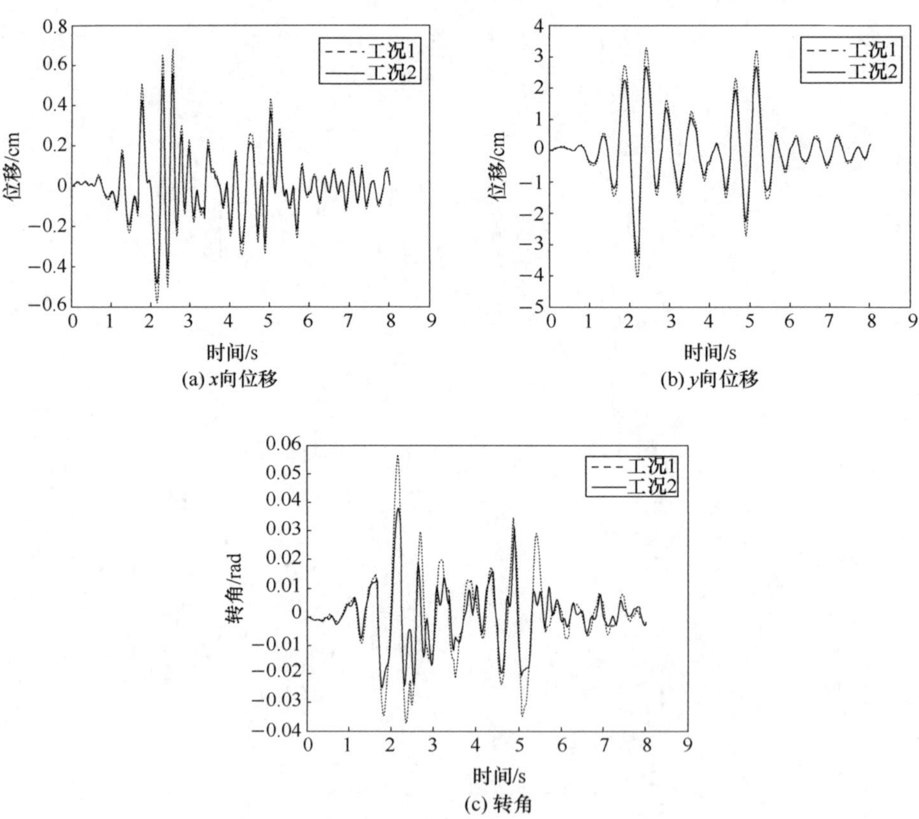

(c) 转角

图 6.15　结构底层位移和转角时程曲线

6.5　本 章 小 结

实际建筑结构中，安装足够的传感器去测量结构每层的状态反应几乎是不可能的，尤其是高层建筑结构。本章考虑 Kalman 滤波器能准确估计结构未知状态反应的优点和实际结构的复杂性，提出一种基于 Kalman 滤波器的离散滑模控制方法，对地震下建筑结构的振动控制问题进行了研究。简要叙述了 Kalman 滤波器的原理、特点和设计方法；叙述了结构动力方程的设计及其离散化；推导了滑模控制中切换平面的设计和控制律的设计。以一个三层剪切型结构模型和一个三层 ATMD-偏心结构模型为例验证了该控制方法的有效性，仿真结果表明：①所提变结构控制方法具有控制器设计相对简单、控制效果和鲁棒性好的优点，可直接供工程结构抗震控制系统设计选用；②在结构控制过程中受到外界噪声干扰时，本章提到的控制方法能大致上消除噪声对结构的影响，保证结构的控制效果；③在结构部分状态不可测量的条件下，利用 Kalman 滤波器的特点所设计的基于有限状态反馈的离散变结构控制方法能够较准确地估计结构的未知状态信息，从而保证控制系统具有较好的控制效果和鲁棒性。

参 考 文 献

[1] KOBORI T. Mission and perspective towards future structure control research[C]// Proceedings of the 2nd World Conference on Structure Control (2WCSC), Chichester, 1998, 25-34.

[2] 李宏男. 结构多维抗震理论与设计方法[M]. 北京:科学出版社, 1998.

[3] 李宏男，杨浩. 多维地震作用下偏心结构动力反应的 Simulink 仿真分析[J]. 地震工程和工程振动，2004, 24(4): 355-363.

[4] 李宏男，杨浩. 多维地震作用下偏心结构的磁流变阻尼器半主动控制[J]. 地震工程和工程振动，2004,24(3): 167-174.

[5] UTKIN V L. Sliding Modes in Control Optimization[M]. New York: Springer-Verlag, 1992.

[6] YANG J N, WU J C, AGRAWAL A K. Sliding mode control for nonlinear and hysteretic structures[J]. Journal of engineering mechanics, 1995, 121(12): 1330-1339.

[7] YANG J N, WU J C, AGRAWAL A K. Sliding mode control for seismically excited linear structures[J]. Journal of engineering mechanics, 1995, 121(12): 1386-1390.

[8] 赵斌，吕西林. 结构振动的离散变结构控制方法[J]. 振动工程学报, 2001, 14(1): 85-89.

[9] 蔡国平，孙峰，王超. 建筑结构滑模控制的趋近律方法[J]. 西安交通大学学报, 2000, 34(5): 95-100.

[10] 金峤，周晶，景浩. 考虑控制延时影响的相邻建筑结构的离散变结构振动控制方法[J]. 计算力学学报: 2005, 22(4):482-487.

[11] 金峤，周晶. 考虑控制延时的 AMD 对偏心结构离散变结构控制[J]. 哈尔滨工业大学学报,

2005, 37(6): 790-794.

[12] 刘金琨. 滑模变结构控制 MATLAB 仿真[M]. 北京:清华大学出版社, 2005.

[13] 李志军, 左双洋, 刘正洋. 建筑结构基于 Kalman 滤波器的趋近律离散变结构控制[J]. 西安工业大学学报, 2014, 34(8): 624-629.

[14] LI Z, HOU Z, LIU Z, et al. Discrete-time sliding mode control for irregular building structures via Kalman filter algorithm[J]. Journal of engineering and technological sciences, 2017. (Submitted)

[15] 高为炳. 变结构控制的理论及设计方法[M]. 北京: 科学出版社, 1996.

第 7 章 建筑结构的鲁棒 H_∞最优控制

7.1 引 言

土木工程结构振动控制的研究与应用大体上分为三个领域：基础隔震、被动耗能减振以及主动、半主动和智能控制[1]。近年来，随着电/磁流变液体、压电材料、电/磁致伸缩材料、形状记忆合金等一些智能驱动器的迅速发展，主动控制理论得到了较大的发展，存在巨大的工程应用价值[1,2]。与被动控制相比，结构的主动控制具有控制效果好、精度高、能够有效处理外部干扰等诸多优点，目前，已有多种适合于建筑结构振动控制的主动控制算法，如极点配置法、二次型最优控制法、独立模态控制法等一些线性控制算法[3]。但是传统线性控制算法的共同问题是需要系统精确的数学模型，包括精确的模型结构及所含的参数，而在实际的建筑结构控制中，建筑结构的模型参数(如结构的阻尼和刚度)难以用数学模型来精确描述。结构的不确定性会导致系统控制的不稳定和控制性能恶化，为此研究对结构参数和外部扰动具有较好鲁棒性、调节简单的控制算法是土木工程结构振动控制研究的一个重要方面[4,5]。

鲁棒控制理论结合系统模型参数不确定性和外部扰动不确定性的考虑，研究系统的鲁棒性能分析和综合问题，弥补了现代控制理论需要对象精确数学模型的缺陷，使系统的分析和综合方法更加有效、实用。从理论的系统完整性和工程应用的成功事例来看，H_∞方法在鲁棒控制中占有主流地位[6-8]。虽然鲁棒 H_∞控制理论已日臻完善，但其在结构振动控制工程中的应用相对较少，主要原因是系统综合的复杂性，以及无穷范数形式与常用工程评价指标间的差异性等。为了使鲁棒 H_∞方法能尽快应用于实际结构振动控制工程中，许多学者进行了大量的研究工作，但仍存在许多问题。文献[4]和[8]中需求解相应的 Riccati 方程，求解不易收敛，且文献[8]未考虑结构参数的不确定性；文献[9]基于 LMI 求解相应的 Riccati 方程，减少了求解的复杂度，但未考虑结构参数的不确定性；文献[5]、[10]和[11]需要待定的控制器参数过多，设计过程烦琐，不便于工程实际应用；文献[12]和[13]基于频域方法设计了鲁棒控制器，但计算过程烦琐，应用十分困难。

本章以一维地震动作用下的框架结构为研究对象，将 LQR 控制方法中常用的二次型最优指标用于鲁棒 H_∞最优控制系统的分析中，并引入线性矩阵不等式减小求解的复杂度，设计一种便于工程应用的鲁棒 H_∞最优控制方法[14]。以一个三层结构体系为例，利用 MATLAB 软件编制相应的程序，进行相应的数值分析，并与 LQR 控制方法和传统 H_∞控制方法的控制效果进行对比。

7.2 结构的运动方程

对于一个自由度数为 n 的层间剪切型受控建筑结构，设地面运动的加速度分量为 $\ddot{x}_{\mathrm{g}}(t)$，其运动方程可表示为

$$M\ddot{X} + C\dot{X} + KX = -M\{1\}\ddot{x}_{\mathrm{g}}(t) + B_{\mathrm{s}}U(t) \tag{7.1}$$

式中，X、$\dot{X}$、$\ddot{X}$ 分别为结构的位移向量、速度向量和加速度向量，且 $X=[x_1,\ x_2,\ \cdots,\ x_{n-1},\ x_n]^{\mathrm{T}}$ 为 n 维位移列向量(x_i 为第 i 层相对于地面的位移)；$M=\mathrm{diag}(m_1,m_2,\cdots,m_n)$ 为 $n\times n$ 维结构的质量矩阵(m_i 为第 i 层的集中质量)；B_{s} 为 $n\times r$ 维控制力位置矩阵；$U(t)$ 为 r 维控制力列向量；C 和 K 分别为 $n\times n$ 维结构阻尼和刚度矩阵；$\{1\}$ 是元素为 1 的列向量。

7.3 线性二次型最优控制器设计

将式(7.1)化为状态方程：

$$\dot{Z}(t) = AZ(t) + BU(t) + Hw(t), \quad Z(t_0) = Z_0 \tag{7.2}$$

其中

$$Z(t)=\begin{bmatrix}\dot{X}\\ X\end{bmatrix},\quad A=\begin{bmatrix}0 & I\\ -M^{-1}K & -M^{-1}C\end{bmatrix}$$

$$B=\begin{bmatrix}0\\ M^{-1}B_{\mathrm{s}}\end{bmatrix},\quad H=\begin{bmatrix}0\\ -\{1\}\end{bmatrix},\quad w(t)=\ddot{x}_{\mathrm{g}}(t)$$

式中，$Z(t)$ 为 $2n$ 维状态列向量；A 为 $2n\times 2n$ 维系统矩阵；B 为 $2n\times r$ 维矩阵；H 为 $2n\times 1$ 维矩阵。

定义系统的二次型性能泛函为

$$J=\int_{t_0}^{\infty}\left(Z^{\mathrm{T}}(t)QZ(t)+U^{\mathrm{T}}(t)RU(t)\right)\mathrm{d}t \tag{7.3}$$

式中，Q 为相应维数的半正定矩阵；R 为相应维数的正定矩阵。

系统状态最优控制问题(LQR 问题，即 LQ 调节器问题)就是在无穷时间区间 $[t_0,\infty)$ 内，寻找最优控制 $U(t)$，将系统从初始状态 Z_0 转移到零状态附近，并使

性能泛函[即式(7.3)]取极小值，其数学描述为

$$\left.\begin{array}{lcc} \text{求} & U(t) & (t_0 \leqslant t < \infty) \\ \min & J & \text{式(7.3)} \\ \text{约束条件} & & \text{方程(7.2)} \end{array}\right\} \tag{7.4}$$

采用变分法解得最优控制律为[2]

$$U(t) = -K_u Z(t) = -R^{-1} B^{\mathrm{T}} P_u Z(t) \tag{7.5}$$

其中，$P_u = P_u^{\mathrm{T}} > 0$，满足 Riccati 矩阵代数方程

$$P_u A + A^{\mathrm{T}} P_u - P_u B R^{-1} B^{\mathrm{T}} P_u - Q = 0 \tag{7.6}$$

7.4 鲁棒 H_∞ 最优控制器设计

考虑结构刚度和阻尼具有不确定性的影响，式(7.1)可以重新描述为

$$M\ddot{X} + (C + \varDelta_C)\dot{X} + (K + \varDelta_K)X = -M\{1\}\ddot{x}_{\mathrm{g}}(t) + B_{\mathrm{s}}U(t) \tag{7.7}$$

式中，$\varDelta_K$、$\varDelta_C$ 分别表示刚度和阻尼的不确定性矩阵。

式(7.7)可化为以下状态方程：

$$\dot{Z}(t) = (A + \Delta A)Z(t) + BU(t) + Hw(t) \tag{7.8}$$

系统输出矩阵为

$$Y_{\mathrm{s}} = \varGamma Z(t) = C_{\mathrm{d}} X + C_{\mathrm{v}} \dot{X} \tag{7.9}$$

式中，$\Delta A = \begin{bmatrix} 0 & 0 \\ -M^{-1}\Delta K & -M^{-1}\Delta C \end{bmatrix}$，$\varGamma = \begin{bmatrix} C_{\mathrm{d}} & C_{\mathrm{v}} \end{bmatrix}$，其余结构参数的表达式同式(7.2)。

刚度和阻尼不确定性矩阵可以表示为

$$\varDelta_K = L_k F_k E_k \tag{7.10}$$

$$\varDelta_C = L_c F_c E_c \tag{7.11}$$

式中，$\|F_k\| \leqslant 1$，$\|F_c\| \leqslant 1$；L_k、E_k、L_c、E_c 是表示相应结构刚度和阻尼变化的已知定常矩阵。

参数不确定性矩阵 ΔA 具有如下形式：

$$\Delta A = DF(t)E \tag{7.12}$$

其中

$$D = \begin{bmatrix} 0 & 0 \\ -M^{-1}L_k & -M^{-1}L_c \end{bmatrix},\quad F = \begin{bmatrix} F_k & 0 \\ 0 & F_c \end{bmatrix},\quad E = \begin{bmatrix} E_k & 0 \\ 0 & E_c \end{bmatrix}$$

定义 1　对于不确定线性系统[式(7.8)]及其相应的性能指标[式(7.3)]，如果存在一个状态反馈$U(t)=-K_u Z(t)$，使得闭环系统对于所有容许的不确定性满足下面三个条件：

(1) 闭环系统是渐近稳定的；

(2) 闭环系统是 LQ 意义下最优的；

(3) 当初始条件$Z(0)=0$时，从系统外部扰动输入$w(t)$到系统输出$Y_s(t)$的传递函数$T_{Y_s w}(s)$的H_∞范数$\|T_{Y_s w}(s)\|_\infty<\gamma$，其中$\gamma$为给定的正数。

则称系统[式(7.8)]是在反馈$U(t)=-K_u Z(t)$下鲁棒H_∞最优的，$U(t)=-K_u Z(t)$为鲁棒H_∞最优控制律。

由文献[15]给出以下引理：

引理 1　设X_C、Y_C和Z_C为具有适当维数的向量或矩阵，则对任意正数$\eta>0$，以下不等式总成立

$$X_C^{\mathrm{T}}Y_C+Y_C^{\mathrm{T}}X_C\leqslant\eta X_C^{\mathrm{T}}X_C+\eta^{-1}Y_C^{\mathrm{T}}Y_C \tag{7.13}$$

定理 1　给定常数$\gamma>0$，对于不确定系统线性系统[式(7.8)]和性能指标[式(7.3)]，如果存在$P=P^{\mathrm{T}}>0$，使得下面的矩阵不等式成立

$$\begin{aligned}&(A+\Delta A-BK_u)^{\mathrm{T}}P+P(A+\Delta A-BK_u)+Q\\&+K_u^{\mathrm{T}}RK_u+\gamma^{-2}PHH^{\mathrm{T}}P+\Gamma^{\mathrm{T}}\Gamma<0\end{aligned} \tag{7.14}$$

则称系统[式(7.8)]是在反馈$U(t)=-K_u Z(t)$下鲁棒H_∞最优的。

证明　引入 Lyapunov 函数$V(Z(t))=Z^{\mathrm{T}}(t)PZ(t)$，限于篇幅，定义 1 中的前两个条件可参看文献[7]中相应定理的证明过程。

要证明当$w(t)\neq0$且系统的初始条件为$Z(0)=0$时，满足式(7.14)，则在反馈$U(t)=-K_u Z(t)$下，闭环系统具有鲁棒H_∞性能指标，即

$$\|Y_s\|_2<\gamma\|w\|_2 \tag{7.15}$$

注意到式(7.15)等价于

$$\int_0^\infty(Y_s^{\mathrm{T}}Y_s-\gamma^2w^{\mathrm{T}}w)\mathrm{d}t<0 \tag{7.16}$$

因此只需证明式(7.16)成立。考虑到

$$\int_0^\infty(Y_s^{\mathrm{T}}Y_s-\gamma^2w^{\mathrm{T}}w+\dot V(Z(t)))\mathrm{d}t=\int_0^\infty(Y_s^{\mathrm{T}}Y_s-\gamma^2w^{\mathrm{T}}w)\mathrm{d}t+V(Z(\infty))-V(Z(0))$$

由于系统是渐进稳定的，有$V(Z(\infty))=0$，且系统的初始条件为$Z(0)=0$，所以式(7.16)成立的一个充分条件为

$$Y_s^{\mathrm{T}}Y_s-\gamma^2w^{\mathrm{T}}w+\dot V(Z(t))<0 \tag{7.17}$$

即

$$\begin{aligned}&Y_s^{\mathrm{T}}Y_s-\gamma^2w^{\mathrm{T}}w+\dot{V}(Z(t))\\&=Z^{\mathrm{T}}(t)[(A+\Delta A-BK_u)^{\mathrm{T}}P+P(A+\Delta A-BK_u)]Z(t)\\&\quad+w^{\mathrm{T}}H^{\mathrm{T}}PZ(t)+Z^{\mathrm{T}}(t)PHw+Z^{\mathrm{T}}(t)\varGamma^{\mathrm{T}}\varGamma Z(t)-\gamma^2w^{\mathrm{T}}w<0\end{aligned}\tag{7.18}$$

由引理 1 可知

$$w^{\mathrm{T}}H^{\mathrm{T}}PZ(t)+Z^{\mathrm{T}}(t)PHw\leqslant\gamma^{-2}Z^{\mathrm{T}}(t)PHH^{\mathrm{T}}PZ(t)+\gamma^2w^{\mathrm{T}}w$$

式(7.18)成立的一个充分条件为

$$\begin{aligned}&Z^{\mathrm{T}}(t)[(A+\Delta A-BK_u)^{\mathrm{T}}P+P(A+\Delta A-BK_u)]Z(t)\\&+\gamma^{-2}Z^{\mathrm{T}}(t)PHH^{\mathrm{T}}PZ(t)+Z^{\mathrm{T}}(t)\varGamma^{\mathrm{T}}\varGamma Z(t)<0\end{aligned}\tag{7.19}$$

由式(7.14)知，式(7.19)是成立的，由前面的推导可知，式(7.19)是式(7.16)成立的充分条件，所以系统具有鲁棒 H_∞ 性能指标。因此，根据定义 1 得证定理。证毕。

定理 2　给定常数 $\gamma>0$，对于不确定线性系统[式(7.8)]和性能指标[式(7.3)]，闭环系统鲁棒 H_∞ 最优的一个充分条件是存在常数 $\varepsilon>0$、矩阵 $N=N^{\mathrm{T}}>0$ 和 Y，使得如下的线性矩阵不等式成立

$$\begin{bmatrix}\varPhi & N & Y^{\mathrm{T}} & H & N\varGamma^{\mathrm{T}} & NE^{\mathrm{T}}\\ * & -Q^{-1} & 0 & 0 & 0 & 0\\ * & * & -R^{-1} & 0 & 0 & 0\\ * & * & * & -\gamma^2 I & 0 & 0\\ * & * & * & * & -I & 0\\ * & * & * & * & * & -\varepsilon^{-1}I\end{bmatrix}<0\tag{7.20}$$

式中，$\varPhi=NA^{\mathrm{T}}-Y^{\mathrm{T}}B^{\mathrm{T}}+AN-BY+\varepsilon^{-1}DD^{\mathrm{T}}$。

若式(7.20)成立，则对应的鲁棒 H_∞ 最优控制律为

$$U(t)=-K_uZ(t)=-YN^{-1}Z(t)\tag{7.21}$$

证明　由于

$$\begin{aligned}\Delta A^{\mathrm{T}}P+P\Delta A&=E^{\mathrm{T}}F^{\mathrm{T}}D^{\mathrm{T}}P+PDFE\\&\leqslant\varepsilon E^{\mathrm{T}}F^{\mathrm{T}}FE+\varepsilon^{-1}PDD^{\mathrm{T}}P\\&\leqslant\varepsilon E^{\mathrm{T}}E+\varepsilon^{-1}PDD^{\mathrm{T}}P\end{aligned}$$

所以式(7.14)成立的一个充分条件为

$$\begin{aligned}&(A-BK_u)^{\mathrm{T}}P+P(A-BK_u)+Q\\&+K_u^{\mathrm{T}}RK_u+\gamma^{-2}PHH^{\mathrm{T}}P+\varGamma^{\mathrm{T}}\varGamma+\varepsilon E^{\mathrm{T}}E+\varepsilon^{-1}PDD^{\mathrm{T}}P<0\end{aligned}$$

分别用 P^{-1} 和 $P^{-\mathrm{T}}$ 左乘、右乘上式两端，注意到 $P^{-\mathrm{T}} = P^{-1}$ ，可得

$$
\begin{aligned}
& P^{-1}A^{\mathrm{T}} - P^{-1}K_u^{\mathrm{T}}B^{\mathrm{T}} + AP^{-1} - BK_uP^{-1} + P^{-1}QP^{-1} \\
& +P^{-1}K_u^{\mathrm{T}}RK_uP^{-1} + \gamma^{-2}HH^{\mathrm{T}} + P^{-1}\Gamma^{\mathrm{T}}\Gamma P^{-1} + \varepsilon P^{-1}E^{\mathrm{T}}EP^{-1} + \varepsilon^{-1}DD^{\mathrm{T}} < 0
\end{aligned}
$$

令 $P^{-1} = N$ ， $K_uP^{-1} = Y$ ，则有 $K_u = YN^{-1}$ ，并得

$$
\begin{aligned}
& NA^{\mathrm{T}} - Y^{\mathrm{T}}B^{\mathrm{T}} + AN - BY + NQN \\
& +Y^{\mathrm{T}}RY + \gamma^{-2}HH^{\mathrm{T}} + N\Gamma^{\mathrm{T}}\Gamma N + \varepsilon NE^{\mathrm{T}}EN + \varepsilon^{-1}DD^{\mathrm{T}} < 0
\end{aligned}
$$

应用 Schur 补性质[15]，可得式(7.20)。另外，由于式(7.20)是式(7.14)的充分条件，所以由定理 1 和定义 1 即得证本定理。证毕。

7.5 数 值 分 析

为验证本章所提方法的有效性，现采用图 6.2 所示的三层剪切型建筑结构模型进行数值分析。结构参数如下：结构各层集中质量 $m_i = 4\times10^5\,\mathrm{kg}$ ；水平刚度 $k_i = 2\times10^8\,\mathrm{N/m}$ ，结构阻尼矩阵可按 Rayleigh 阻尼由前两阶振型阻尼比确定。假定结构前两阶振型阻尼比 $\xi_1 = \xi_2 = 5\%$ 。输入地震波采用 El Centro 地震波，持续时间为 8s，最大地面运动加速度调整为 200cm/s^2，采样周期为 0.02s。假定在结构各层均安装有 ABS 作为作动器。

设权矩阵

$$
Q = \begin{bmatrix} \alpha_1 \mathrm{diag}(K_{ii}) & 0 \\ 0 & \alpha_2 \mathrm{diag}(M_i) \end{bmatrix}
$$

$$
R = \beta I (i = 1, \cdots, n)
$$

式中，α_1、α_2 和 β 为待定系数；I 为一定维数的单位矩阵； K_{ii} 和 M_i 分别为结构刚度矩阵和质量矩阵的对角线元素。根据线性矩阵不等式求解器 feasp 可得到矩阵 N。

7.5.1 鲁棒 H_∞ 最优控制与 LQR 控制方法比较

由于本章所提鲁棒 H_∞ 最优控制方法同传统的 LQR 控制方法采用相同的二次型性能指标，因而为了和 LQR 控制方法进行对比，对于性能指标[即式(7.3)]中加权矩阵的选取分为两种情况：

(1) 选取 $Q = \mathrm{diag}(4\times10^8, 4\times10^8, 2\times10^8, 4\times10^5, 4\times10^5, 4\times10^5)$， $R = \mathrm{diag}(10^{-6}, 10^{-6}, 10^{-6})$ ，当采用 LQR 控制算法时，由式(7.5)和式(7.6)可得控制增益矩阵为

$$K_u = 10^5 \begin{bmatrix} 7.9024 & 8.3760 & 8.5264 & 4.9116 & 5.0702 & 5.1113 \\ -2.0809 & 6.5194 & 8.3533 & 0.1568 & 4.9329 & 5.0577 \\ -0.1976 & -3.4494 & 4.9582 & 0.0412 & 0.1659 & 4.8526 \end{bmatrix}$$

这种情况对应的工况用 LQR-1 表示。

当采用鲁棒 H_∞最优控制算法时，假设结构刚度和阻尼变化的幅值分别为20%，取$\gamma = 2.66\times10^4$，$\varepsilon = 5.94\times10^4$，$E = \Gamma = I_6$，则由式(7.20)和式(7.21)可得控制器增益矩阵为

$$K_u = -10^6 \begin{bmatrix} -1.3067 & -1.3621 & -1.4057 & -0.8715 & -0.8906 & -0.8993 \\ 0.1727 & -1.2101 & -1.3423 & -0.0191 & -0.8789 & -0.8884 \\ 0.0007 & 0.2951 & -1.0583 & -0.0087 & -0.0182 & -0.8670 \end{bmatrix}$$

这种情况对应的工况用 H_∞-1 表示。

(2) 保持权矩阵 Q 不变，取 $R = \mathrm{diag}(10^{-7}, 10^{-7}, 10^{-7})$，当采用 LQR 控制算法时，可得控制增益矩阵为

$$K_u = 10^6 \begin{bmatrix} 7.8377 & 7.6190 & 7.8309 & 2.4197 & 2.1047 & 2.0317 \\ -1.9979 & 6.4611 & 7.4532 & -0.3149 & 2.3144 & 2.0691 \\ -0.5962 & -3.2627 & 4.6537 & -0.0730 & -0.3183 & 2.3101 \end{bmatrix}$$

这种情况对应的工况用 LQR-2 表示。

当采用鲁棒 H_∞最优控制算法时，假设结构刚度和阻尼变化幅值同样为 20%，取$\varepsilon = 2.93\times10^4$，其余参数取值同情况(1)，则可得控制器增益矩阵为

$$K_u = -10^7 \begin{bmatrix} -1.7490 & -1.5336 & -1.4446 & -0.4599 & -0.3715 & -0.3598 \\ 0.4781 & -1.4883 & -1.5000 & -0.0884 & -0.4439 & -0.3661 \\ 0.0901 & 0.6227 & -1.3509 & 0.0118 & 0.0896 & -0.4451 \end{bmatrix}$$

这种情况对应的工况用 H_∞-2 表示。

各种不同工况下，结构各层最大层间位移、最大加速度(相对于地面)和所对应的最大控制力如图 7.1 所示。从图 7.1 中可以看出：①对于标称结构，传统 LQR 控制算法与本章提出的鲁棒 H_∞最优控制算法均有很好的控制效果。②在权矩阵 Q 不变的情况下，随着权矩阵 R 的减小，控制力增大，结构反应减小；若对权矩阵进行归一化处理，即$Q = \alpha\bar{Q}$，$R = \beta\bar{R}$，则可认为是随着 α/β 的增大，控制力增大，结构反应减小，这一点与文献[2]中的描述是相吻合的。③在选取相同权矩阵的情况下，鲁棒 H_∞控制算法比传统 LQR 控制算法拥有更优的性能指标。④在选取相同权矩阵的情况下，鲁棒 H_∞控制算法比传统 LQR 控制算法拥有更优的控制效果，当然这是通过对结构施加更大的控制力来获得的。

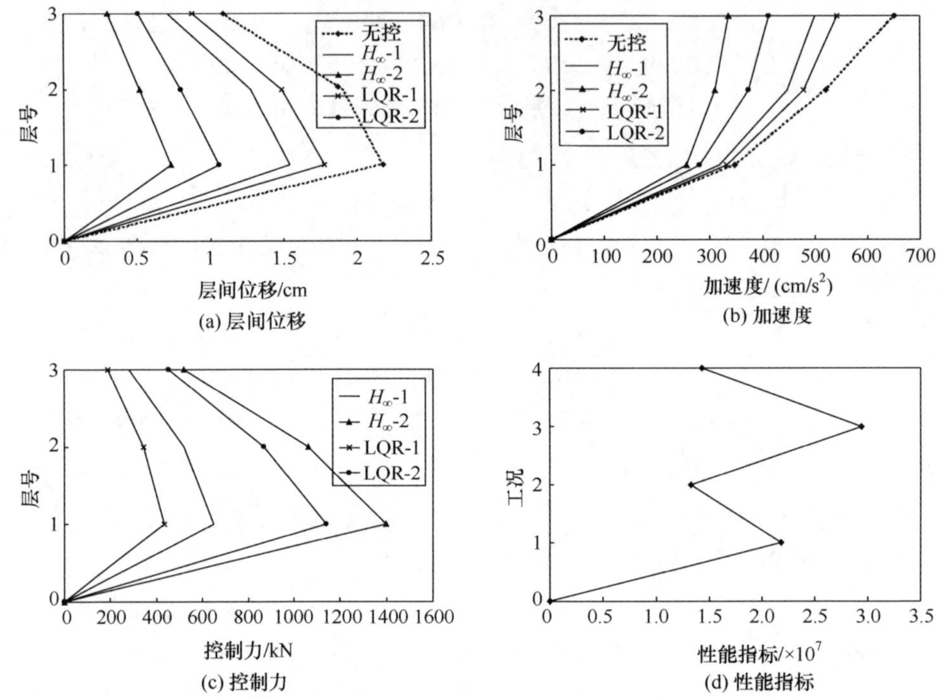

图 7.1　结构最大地震反应

图 7.1(d)中，工况 1 为 H_∞-1；工况 2 为 H_∞-2；工况 3 为 LQR-1；工况 4 为 LQR-2

为了比较鲁棒 H_∞最优控制算法和传统 LQR 控制算法的鲁棒性，分别调整相应控制算法的权矩阵等控制参数，使两者在控制效果和控制力基本接近的情况下进行比较。不同工况的参数设计为：

(1) 工况 H_∞-3，为了与工况 LQR-2 在控制效果接近的情况下进行鲁棒性的比较，选取 $Q=\mathrm{diag}(4\times10^8,\ 4\times10^8,\ 2\times10^8,\ 4\times10^6,\ 4\times10^6,\ 4\times10^6)$，$R=0.45\times\mathrm{diag}(10^{-6},\ 10^{-6},\ 10^{-6})$，假设结构刚度和阻尼变化的幅值分别为 20%，取 $\gamma=2.66\times10^4$，$\varepsilon=5.87\times10^4$，$E=\Gamma=I_6$，可得控制器增益矩阵为

$$K_u=10^7\begin{bmatrix}1.1563 & 0.1732 & 0.1908 & 0.4344 & 0.1920 & 0.1624\\ -1.0014 & 1.1610 & 0.1702 & -0.2424 & 0.4044 & 0.1914\\ 0.0172 & -1.0104 & 1.1286 & -0.0296 & -0.2425 & 0.4332\end{bmatrix}$$

(2) 工况 LQR-3，为了获得优于工况 LQR-2 的控制效果，调整权矩阵，选取 $Q=\mathrm{diag}(4\times10^8,\ 4\times10^8,\ 2\times10^8,\ 4\times10^5,\ 4\times10^5,\ 4\times10^5)$，$R=1.45\times\mathrm{diag}(10^{-8},\ 10^{-8},\ 10^{-8})$，可得控制器增益矩阵为

$$K_u = 10^7\begin{bmatrix} 4.9061 & 3.8766 & 3.6436 & 0.7090 & 0.5382 & 0.4936 \\ -1.3325 & 3.9881 & 3.5233 & -0.1707 & 0.6498 & 0.5074 \\ -0.6888 & -2.0319 & 2.6328 & -0.0446 & -0.1870 & 0.6297 \end{bmatrix}$$

(3) 工况 H_∞-4，为了与工况 LQR-3 在控制效果接近的情况下进行鲁棒性的比较，假设结构刚度和阻尼变化幅值同样为 20%，取 $Q=\mathrm{diag}(4\times10^8,\ 4\times10^8,\ 2\times10^8,\ 0.8\times10^8,\ 0.8\times10^8,\ 0.8\times10^8)$，$R=\mathrm{diag}(10^{-6},\ 10^{-6},\ 10^{-6})$，$\gamma=2.66\times10^4$，$\varepsilon=9.85\times10^4$，$E=\Gamma=I_6$，可得控制增益矩阵为

$$K_u = 10^8\begin{bmatrix} 1.0850 & -0.1096 & -0.0362 & 0.1592 & 0.0464 & 0.0413 \\ -1.1958 & 1.1559 & -0.1119 & -0.1128 & 0.1540 & 0.0462 \\ 0.0725 & -1.1970 & 1.0768 & -0.0051 & -0.1129 & 0.1588 \end{bmatrix}$$

(4) 工况 H_∞-5，为了与工况 LQR-3 在控制效果接近的情况下进行鲁棒性的比较，且研究参数幅值变化对控制效果的影响取一种理想情况，假设结构刚度和阻尼变化幅值为 110%，取 $Q=\mathrm{diag}(4\times10^8,\ 4\times10^8,\ 2\times10^8,\ 0.63\times10^8,\ 0.63\times10^8,\ 0.63\times10^8)$，$R=\mathrm{diag}(10^{-6},\ 10^{-6},\ 10^{-6})$，$\gamma=2.66\times10^4$，$\varepsilon=0.54\times10^6$，$E=\Gamma=I_6$，可得控制增益矩阵为

$$K_u = 10^8\begin{bmatrix} 1.0424 & -0.0588 & -0.0407 & 0.1492 & 0.0453 & 0.0396 \\ -1.1031 & 1.0587 & -0.0607 & -0.1040 & 0.1435 & 0.0451 \\ 0.0176 & -1.1039 & 1.0368 & -0.0056 & -0.1040 & 0.1489 \end{bmatrix}$$

不同工况下结构各层最大层间位移对比如图 7.2～图 7.4 所示。图中，0 表示标称结构，−20%表示结构体系刚度和阻尼同时减小 20%，−80%表示结构体系刚度和阻尼同时减小 80%，−110%表示结构体系刚度和阻尼同时减小 110%。

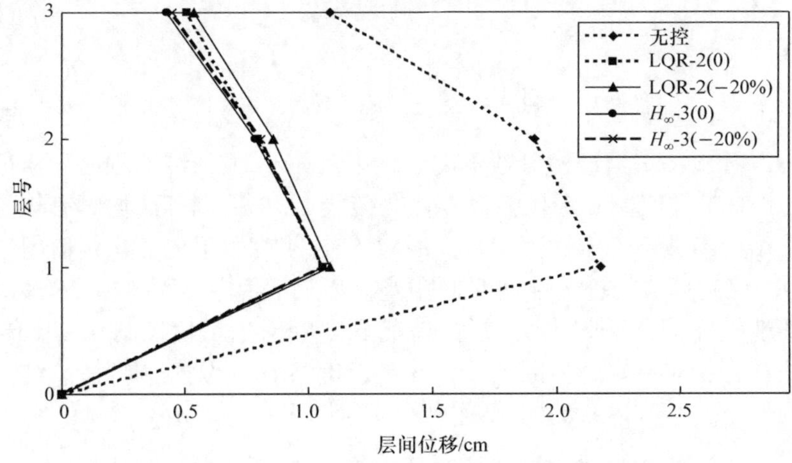

图 7.2　LQR-2 和 H_∞-3 工况下最大地震反应对比

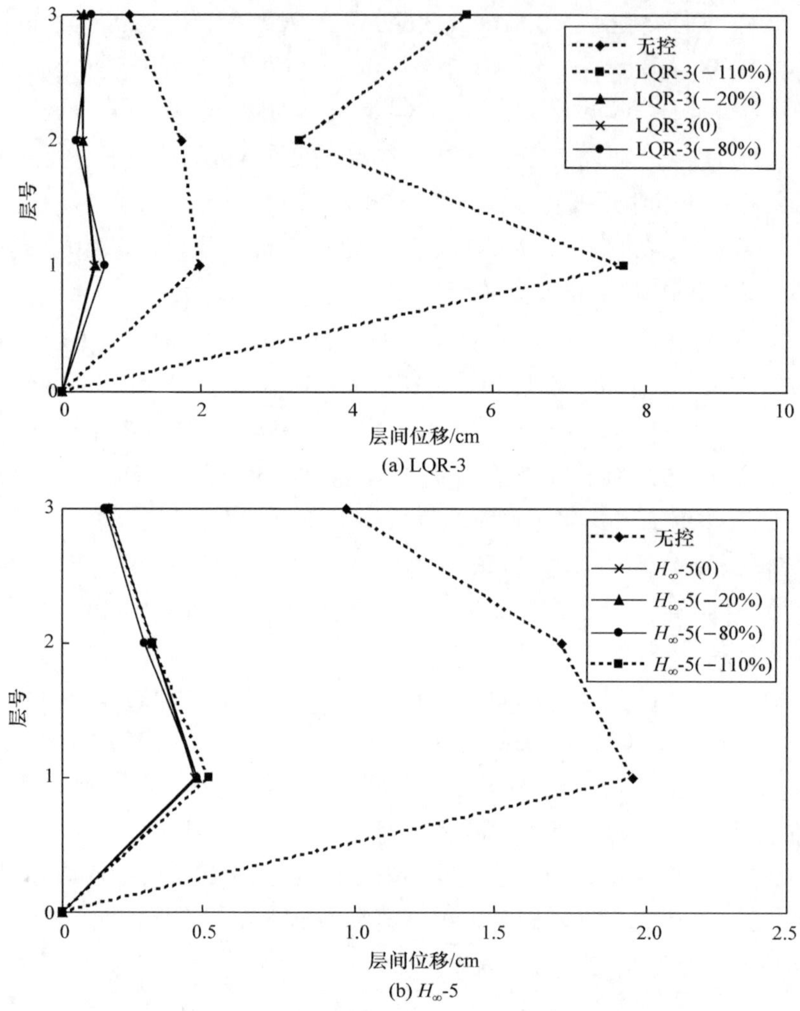

(a) LQR-3

(b) H_∞-5

图 7.3　LQR-3 和 H_∞-5 工况下最大地震反应对比

从图中可以看出：①当结构参数不确定性因素较小时(如结构刚度和阻尼变化幅值不超过 20%)，鲁棒 H_∞最优控制算法与传统 LQR 控制算法均具有较好的鲁棒性；②当结构参数不确定性因素较大时(如结构刚度和阻尼变化幅值超过 80%)，传统 LQR 控制算法的鲁棒性就明显变差，甚至不稳定，而鲁棒 H_∞最优控制算法的鲁棒性较好；③在控制力接近的情况下，鲁棒 H_∞最优控制算法比传统 LQR 控制算法具有相对更好的控制效果；④对于鲁棒 H_∞最优控制算法，结构参数幅值范围的设定对结构体系的控制效果影响不大。

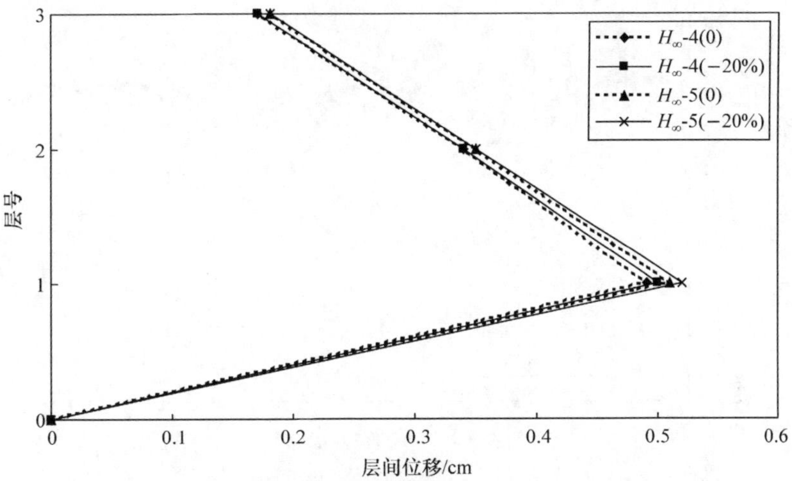

图 7.4　H_∞-4 和 H_∞-5 工况下最大地震反应对比

LQR-3 和 H_∞-5 工况下，结构顶层位移(相对于地面)的反应时程如图 7.5 所示。

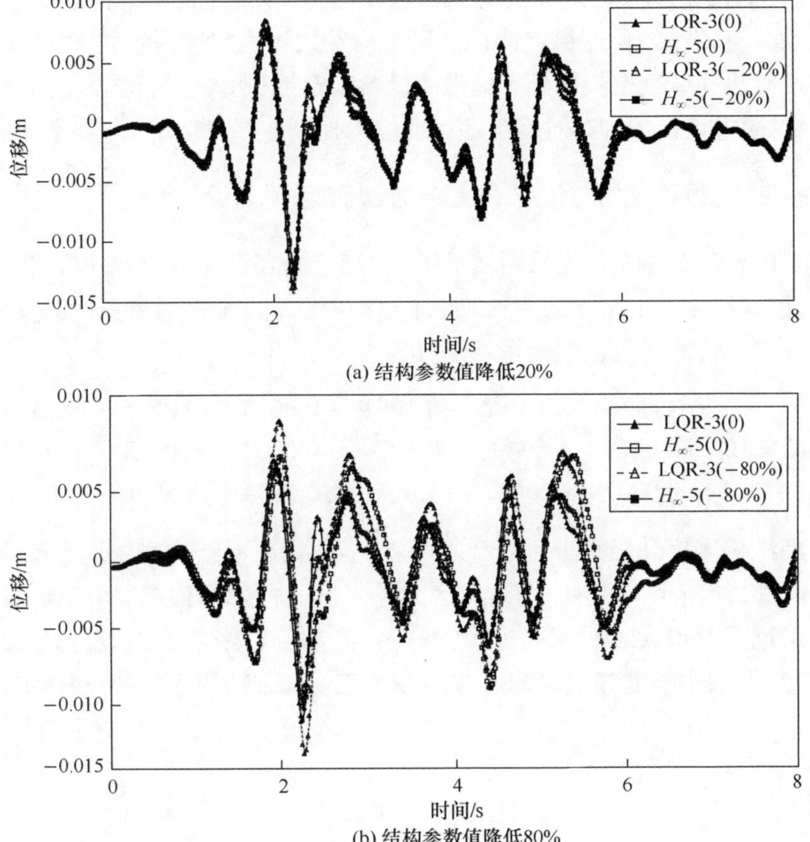

(a) 结构参数值降低20%

(b) 结构参数值降低80%

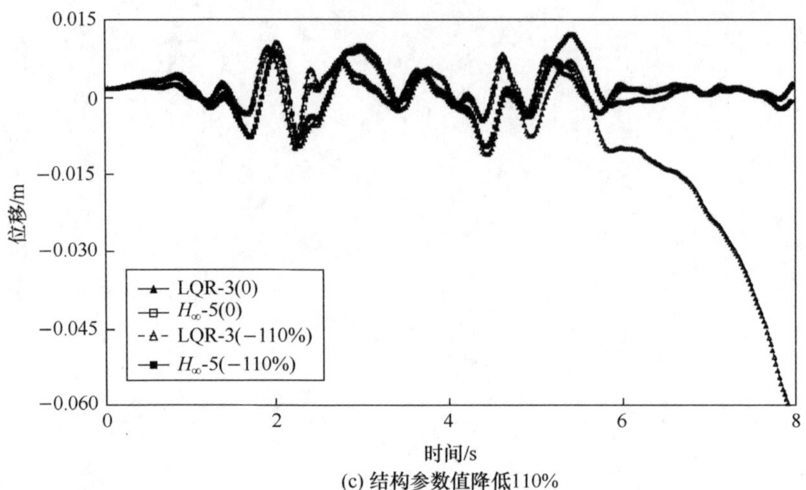

(c) 结构参数值降低110%

图 7.5　LQR-3 和 H_∞-5 工况下结构顶层位移反应时程对比

可以看出：①当结构参数不确定性因素较小时，LQR 控制算法和鲁棒 H_∞最优控制算法均具有较好的鲁棒稳定性；②当结构参数不确定性因素较大时，鲁棒 H_∞最优控制器比 LQR 控制器具有更强的鲁棒稳定性；③在外部输入能量接近的情况下，鲁棒 H_∞最优控制器对峰值地震反应的控制效果要优于 LQR 控制器。

7.5.2　鲁棒 H_∞最优控制与传统 H_∞控制方法比较

(1) 工况 1(H_∞-1)，首先采用文献[16]中相应内容设计传统 H_∞控制器，为了和鲁棒 H_∞控制器在基本相同的控制效果下进行对比，以显示后者更好的鲁棒性，取 $\gamma = 0.40,\ \Gamma = I_6$，则可得控制器增益矩阵为

$$K_u = 10^8 \begin{bmatrix} 1.8949 & -0.1082 & -0.1091 & -0.0613 & -0.0675 & -0.0679 \\ -2.0029 & 1.8949 & -0.1070 & -0.0061 & -0.0612 & -0.0688 \\ -0.0007 & -2.0027 & -1.8961 & -0.0004 & -0.006 & -0.0605 \end{bmatrix}$$

考虑结构刚度和阻尼分别变化 20%，不同工况下结构底层地震反应时程如图 7.6 和图 7.7 所示。其中，图 7.6 为无控工况、标称结构工况[0%(k, c)]和结构刚度和阻尼同时增大 20%工况[+20%(k, c)]下，结构底层的位移和加速度反应时程；图 7.7 为结构刚度和阻尼同时减小 20%工况下，结构底层的位移和加速度反应时程。

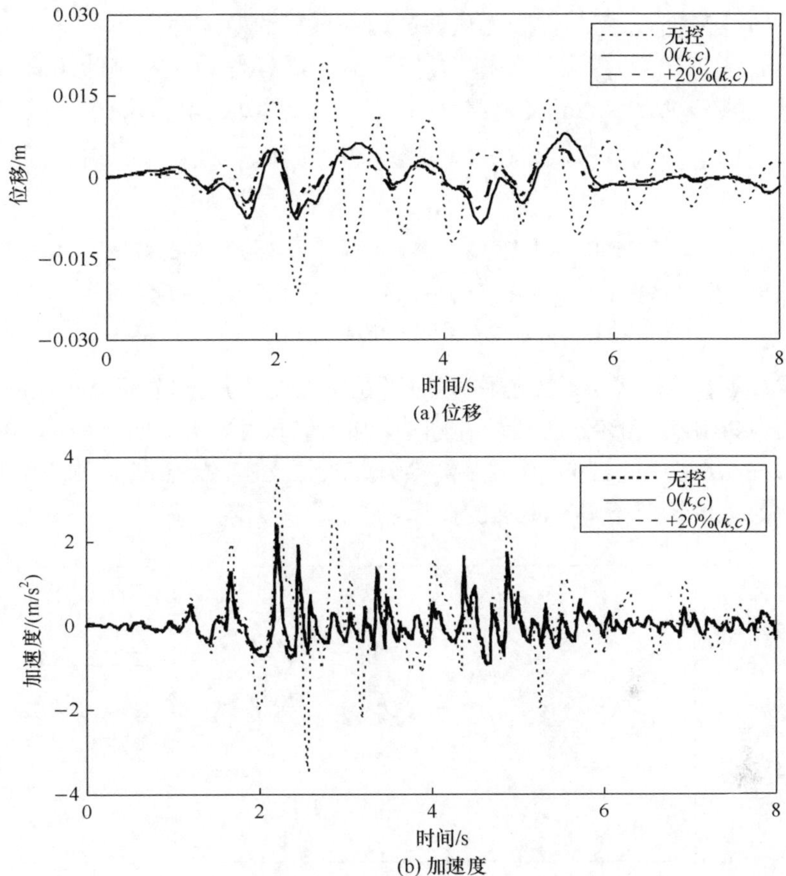

(a) 位移

(b) 加速度

图 7.6　结构底层地震反应时程(H_∞-1、无控和参数增大 20%)

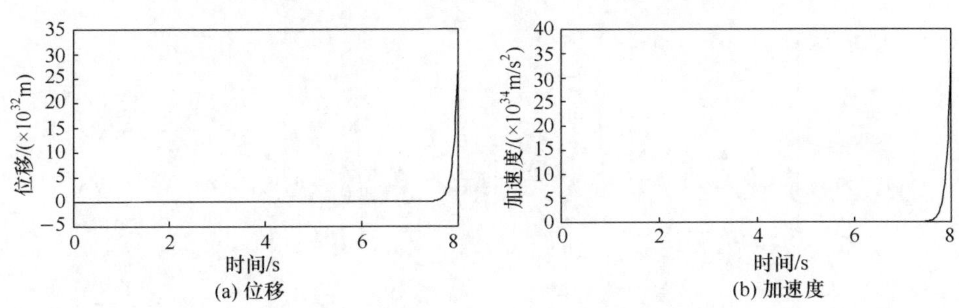

(a) 位移　　(b) 加速度

图 7.7　结构底层地震反应时程(参数减小 20%)

从图 7.6 中可以看出，当结构参数无摄动或增大 20%时，传统 H_∞控制方法具有较好的控制效果和一定的鲁棒性；但是从图 7.7 中可以看出，当结构参数减小 20%时，控制系统失去稳定性，结构反应急剧放大。因而，当结构参数存在较大不确定性时，传统 H_∞控制方法无法保证结构系统的稳定性。

(2) 工况 2(H_∞-2)，设计鲁棒 H_∞控制器，同样假设结构刚度和阻尼变化幅值同样为 20%，取 $Q=\mathrm{diag}(4\times10^8,\ 4\times10^8,\ 2\times10^8,\ 4\times10^5,\ 4\times10^5,\ 4\times10^5)$, $R=\mathrm{diag}(10^{-7},\ 10^{-7},\ 10^{-7})$，$\gamma=2.66\times10^4$，$\varepsilon=2.93\times10^4$，$E=\Gamma=I_6$，可得控制增益矩阵为

$$K_u=-10^7\begin{bmatrix}-1.7490 & -1.5336 & -1.4446 & -0.4599 & -0.3715 & -0.3598\\ 0.4781 & -1.4883 & -1.5000 & -0.0884 & -0.4439 & -0.3661\\ 0.0901 & 0.6227 & -1.3509 & 0.0118 & 0.0896 & -0.4451\end{bmatrix}$$

工况 2 下，结构底层最大位移(相对于地面)、最大加速度(相对于地面)如图 7.8 所示，图中 20%和–20%分别表示结构刚度和阻尼同时增大 20%和减小 20%的两种不同情况。从图中可以看出，所提鲁棒 H_∞控制方法与传统 H_∞控制方法相比，在控制效果接近的情况下具有更强的鲁棒性。

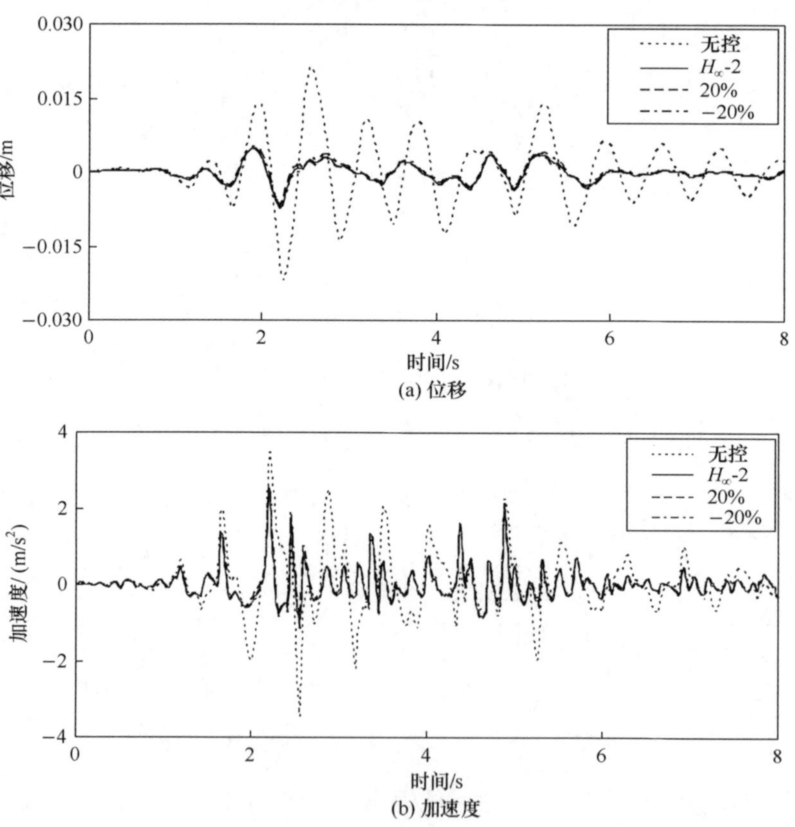

(a) 位移

(b) 加速度

图 7.8 结构底层地震反应时程(H_∞-2)

(3) 工况 3(H_∞-3)，由工况 2 中可以看出，所设计鲁棒 H_∞ 控制器对结构体系加速度的控制效果不太好，可以通过调整权矩阵的值来改善其控制效果，同样假设结构刚度和阻尼变化幅值同样为 20%，取 $Q=\text{diag}(4\times10^8,\ 4\times10^8,\ 2\times10^8,\ 0.8\times10^8,\ 0.8\times10^8,\ 0.8\times10^8)$，$R=\text{diag}(10^{-6},\ 10^{-6},\ 10^{-6})$，$\gamma=2.66\times10^4$，$\varepsilon=9.85\times10^4$，$E=\Gamma=I_6$，可得控制增益矩阵为

$$K_u=10^8\begin{bmatrix}1.0850 & -0.1096 & -0.0362 & 0.1592 & 0.0464 & 0.0413\\ -1.1958 & 1.1559 & -0.1119 & -0.1128 & 0.1540 & 0.0462\\ 0.0725 & -1.1970 & 1.0768 & -0.0051 & -0.1129 & 0.1588\end{bmatrix}$$

工况 3 下，结构底层最大位移(相对于地面)、最大加速度(相对于地面)如图 7.9 所示，图中 20%和–20%分别表示结构刚度和阻尼同时增大 20%和减小 20%的两种不同情况。从图中可以看出，通过调整结构的权矩阵，可使结构体系在具有较好鲁棒性的前提下具有相对更优的控制效果。

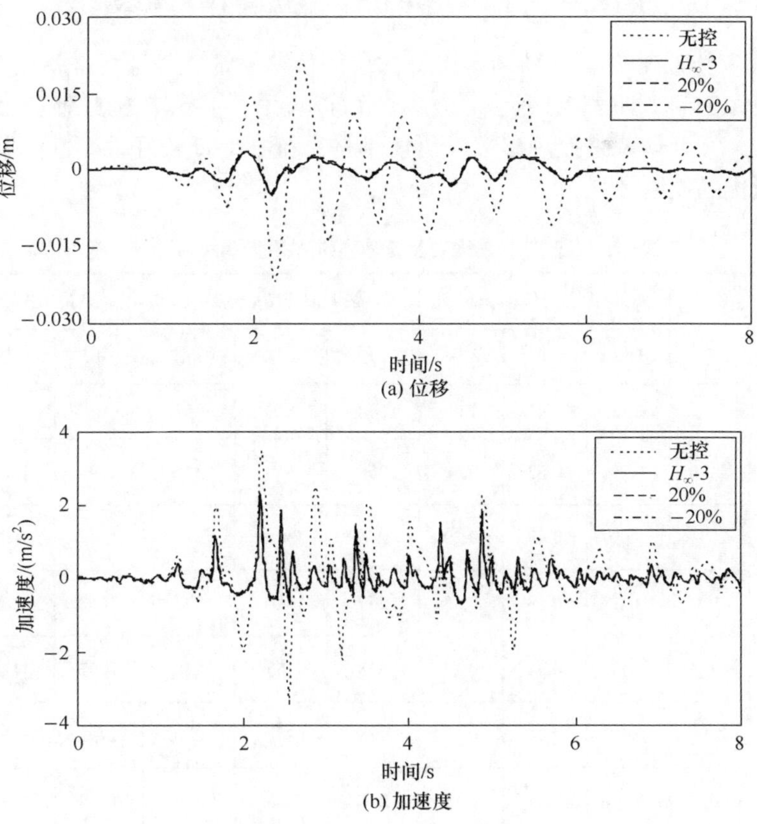

(a) 位移

(b) 加速度

图 7.9　结构底层位移和加速度反应时程(H_∞-3)

不同工况下，标称结构体系各层的最大控制力比较如图 7.10 所示。从图中可以看出，与传统 H_∞控制器相比，所提鲁棒 H_∞控制器在相对较小的控制力作用下具有更优的控制效果。

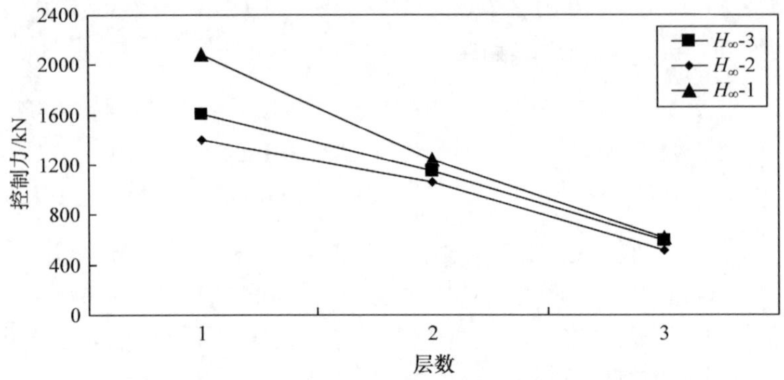

图 7.10　不同工况下结构各层最大控制力比较(鲁棒 H_∞最优控制)

工况 2 和工况 3 下，结构各层最大层间位移、最大加速度(相对于地面)和所对应的最大控制力如表 7.1 所示。从表中可以看出：①鲁棒 H_∞控制方法具有很好的鲁棒性；②合理调整控制参数，可使结构系统在保证较好鲁棒性的前提下，具有相对最优的控制效果。

表 7.1　结构最大地震反应和控制力(鲁棒 H_∞最优控制)

工况		最大层间位移/cm			最大加速度/(cm/s^2)			最大控制力/kN		
		1 层	2 层	3 层	1 层	2 层	3 层	1 层	2 层	3 层
无控制		2.18	1.91	1.09	348	520	651	—	—	—
工况 2	0	0.73	0.52	0.30	256	310	336	1395	1060	519
	20%	0.69	0.49	0.29	254	306	333	1247	947	546
	−20%	0.77	0.53	0.33	257	310	333	1533	1164	578
工况 3	0	0.49	0.34	0.17	228	255	280	1607	1147	593
	20%	0.48	0.34	0.17	228	257	280	1491	1068	554
	−20%	0.50	0.34	0.17	228	253	279	1718	1217	628

7.6 本章小结

针对传统 LQR 控制方法需要研究对象精确模型且鲁棒稳定性相对较差的不足，基于鲁棒 H_∞控制的优点，通过将工程中常用的二次型最优指标结合于鲁棒 H_∞控制系统的分析中，提出一种基于 LMI 的鲁棒 H_∞最优控制方法，并应用线性矩阵不等式减小求解的复杂度，使所提控制方法便于工程应用。

以一个三层框架结构体系为例来验证所提控制方法的有效性，并与传统 LQR 控制方法的分析结果进行对比，仿真结果初步表明：①在选取相同权矩阵的情况下，鲁棒 H_∞最优控制方法比传统 LQR 控制方法拥有更优的性能指标和控制效果；②鲁棒 H_∞最优控制比传统 LQR 控制方法具有更强的鲁棒稳定性；③对于鲁棒 H_∞最优控制方法，结构参数幅值范围的设定对结构体系的控制效果影响不大；④在外部输入能量接近的情况下，鲁棒 H_∞最优控制方法比传统 LQR 控制方法具有相对更好的控制效果；⑤所提鲁棒 H_∞最优控制方法应用于实际结构振动控制工程是可行且有效的，具有较好的控制效果和鲁棒性。

与传统 H_∞控制方法的数值分析结果的对比初步表明：①在控制效果接近的情况下，鲁棒 H_∞控制算法比传统 H_∞控制算法具有更强的鲁棒性；②合理调整控制参数，可使结构系统在保证较好鲁棒性的前提下，具有相对最优的控制效果；③所提方法应用于实际结构振动控制工程是可行且有效的，具有较好的控制效果和鲁棒性。

参考文献

[1] 欧进萍. 结构振动控制：主动、半主动和智能控制[M]. 北京：科学出版社, 2003.

[2] FISCO N O, ADELI H. Smart structures:Part Ⅰ-Active and semi-active control[J]. Scientia iranica, 2011, 18(3): 275-284.

[3] HOUSNER C W, BERGMAN L A, CAUGHEY T K. Structural control: past, present, and future[J]. Journal of engineering mechanics, 1997,123 (9): 897-971.

[4] CALISE A J, SWERIDUK G D. Active attenuation of building structural response using robust control [J]. Journal of engineering mechanics, 1998, 124(5): 520-528.

[5] WANG S G, ROSCHKE P N, YEH H Y. Robust control for structural systems with unstructured uncertainties[J]. Journal of engineering mechanics, 2004, 130(3): 337-346.

[6] 贾英民. 鲁棒 H_∞控制[M]. 北京：科学出版社, 2007.

[7] 薛安克. 鲁棒最优控制理论与应用[M]. 北京：科学出版社, 2008.

[8] YANG J N, WU J C. Experimental verifications of H_∞ and sliding-mode control for seismically excited buildings[J]. Journal of structural engineering, 1996, 122(1): 69-75.

[9] 张远勤, 林桐. 基于线性矩阵不等式(LMI)的建筑结构抗震 H_∞控制[J]. 地震工程与工程振动,

2003, 23(5): 169-173.
[10] DU H P, LAM J, SZE K Y. Non-fragile H_∞ vibration control for uncertain structural systems[J]. Journal of sound and vibration, 2004, 273(4-5): 1031-1045.
[11] 李文章,吴凌尧,郭雷.基于 LMI 的结构振动鲁棒 H_∞控制[J].振动工程学报,2008, 21(2): 157-161.
[12] 徐洋, 姜洪洲, 叶正茂, 等. H_∞控制在 AMD Benchmark 结构主动控制中的应用研究[J]. 振动与冲击, 2005, 24(5): 14-22.
[13] WU J C, CHIH H H, CHEN C H. A robust method for seismic protection of civil frame building[J]. Journal of sound and vibration, 2006, 294(1-2): 314-328.
[14] 李志军, 王社良. 建筑结构的鲁棒 H_∞最优控制[J].地震工程与工程振动, 2013, 33(2): 176-184.
[15] BOYD S P, GHAOUI L E, FERON E, et al. Linear Matrix Inequality in Systems and Control Theory[M]. Philadelphia: SIAM, 1994.
[16] 俞立. 鲁棒控制-线性矩阵不等式处理方法[M]. 北京: 清华大学出版社, 2002.

第 8 章　建筑结构基于 LMI 的鲁棒非脆弱 H_∞控制

8.1 引　　言

结构的主动控制相对于被动控制具有控制效果好、精度高、能够有效处理外部干扰等诸多优点，近年来，随着智能材料、信息处理和计算机技术的迅速发展，使得主动控制技术得到更为广泛的应用[1,2]。实际结构控制工程中，不仅结构的刚度、阻尼难以用数学模型精确描述，而且计算控制力值与作动器实际施加的控制力值也不可避免地存在误差，因而研究结构的鲁棒非脆弱控制方法具有重要的工程应用价值[3]。

尽管 H_∞控制方法在鲁棒控制中占有主流地位[4-7]，但 H_∞性能指标不能很好地反映工程品质，加上结构系统综合的复杂性，使得 H_∞控制方法在结构振动控制工程中应用较少[4]。为了使鲁棒 H_∞方法能尽快应用于实际结构振动控制工程中，许多学者进行了大量的研究工作，但仍存在许多问题。文献[7]和[8]需求解两个 Riccati 方程，求解不易收敛；文献[9]～[11]考虑了结构参数和控制器的不确定性，提出了相应的鲁棒非脆弱控制方法，但需要待定的控制器参数过多，控制性能不易衡量，且设计过程烦琐，工程应用十分困难；文献[12]和[13]基于频域方法设计了鲁棒控制器，但计算过程烦琐，应用十分困难。

本章将工程中常用的二次型最优性能指标结合于鲁棒 H_∞最优控制系统的分析中，并应用线性矩阵不等式减小求解的复杂度，设计一种便于工程应用的鲁棒非脆弱 H_∞控制方法[14]。以一个三层剪切型结构体系为例，利用 MATLAB 软件编制相应的程序，进行相应的数值分析，并与传统 H_∞控制方法的鲁棒性进行对比。

8.2 结构的运动方程

对于一个自由度数为 n 的层间剪切型受控建筑结构，设地面运动的加速度分量为 $\ddot{x}_{\mathrm{g}}(t)$，其运动方程可表示为

$$M\ddot{X}+C\dot{X}+KX=-M\{1\}\ddot{x}_{\mathrm{g}}(t)+B_{\mathrm{s}}U(t) \tag{8.1}$$

式中，X、$\dot{X}$、$\ddot{X}$ 分别为结构的位移向量、速度向量和加速度向量，且 $X=[x_1,\ x_2,\ \cdots,\ x_{n-1},\ x_n]^{\mathrm{T}}$ 为 n 维位移列向量(x_i 为第 i 层相对于地面的位移)；$M=\mathrm{diag}(m_1,m_2,\cdots,m_n)$ 为 $n\times n$ 维结构的质量矩阵(m_i 为第 i 层的集中质量)；B_{s} 为 $n\times r$ 维控制力位置矩阵；$U(t)$ 为 r 维控制力列向量；C 和 K 分别为 $n\times n$ 维结构阻尼和刚度矩阵；$\{-1\}$ 是元素为−1 的列向量。

8.3　H_∞控制器设计

将式(8.1)化为状态方程：

$$\dot{Z}(t)=AZ(t)+BU(t)+Hw(t) \tag{8.2}$$

系统输出矩阵为

$$Y_{\mathrm{s}}=\Gamma Z(t)=C_{\mathrm{d}}v+C_{\mathrm{v}}\dot{v} \tag{8.3}$$

其中

$$Z(t)=\begin{bmatrix}\dot{X}\\ X\end{bmatrix},\quad A=\begin{bmatrix}0 & I\\ -M^{-1}K & -M^{-1}C\end{bmatrix},\quad B=\begin{bmatrix}0\\ M^{-1}B_{\mathrm{s}}\end{bmatrix}$$

$$H=\begin{bmatrix}0\\ -\{1\}\end{bmatrix},\quad \Gamma=\begin{bmatrix}C_{\mathrm{d}} & C_{\mathrm{v}}\end{bmatrix},\quad w(t)=\ddot{x}_{\mathrm{g}}(t) \tag{8.4}$$

式中，$Z(t)$ 为 $2n$ 维状态列向量；A 为 $2n\times 2n$ 维系统矩阵；B 为 $2n\times r$ 维矩阵；H 为 $2n\times 1$维矩阵。

由文献[6]中定理 4.1.1 可得，对于结构系统式(8.1)，给定常数 $\gamma>0$，存在一个状态反馈 γ-次优 H_∞控制器，当且仅当存在一个对称正定矩阵 N 和矩阵 Y，使得如下的线性矩阵不等式

$$\begin{bmatrix}NA^{\mathrm{T}}-Y^{\mathrm{T}}B^{\mathrm{T}}+AN-BY & H & N\Gamma^{\mathrm{T}}\\ H^{\mathrm{T}} & -I & 0\\ \Gamma N & 0 & -\gamma^2 I\end{bmatrix}<0 \tag{8.5}$$

成立。若式(8.5)成立，则对应的状态反馈 γ–次优 H_∞控制律为

$$U(t)=-K_u Z(t)=-YN^{-1}Z(t) \tag{8.6}$$

8.4　鲁棒非脆弱 H_∞控制器设计

考虑结构质量、刚度、阻尼和控制力具有不确定性的影响，式(8.1)可以重新

描述为

$$(M+\varDelta_M)\ddot{X}+(C+\varDelta_C)\dot{X}+(K+\varDelta_K)X=-(M+\varDelta_M)\{1\}w(t)+(B_s+\varDelta_{B_s})U(t) \quad (8.7)$$

式中，$\varDelta_M$、$\varDelta_K$、$\varDelta_C$、$\varDelta_{B_s}$ 分别表示质量、刚度、阻尼和控制力的不确定性矩阵。其中质量不确定性矩阵 $\varDelta_M$ 有界且满足条件

$$\left\|\varDelta_M M^{-1}\right\| \leqslant \|\delta\| < 1 \quad (8.8)$$

令 $(I+\delta)(I+\delta')=I$，则式(8.7)可化为

$$\begin{aligned}&\ddot{X}+(I+\delta')M^{-1}(C+\varDelta_C)\dot{X}+(I+\delta')M^{-1}(K+\varDelta_K)X\\&=-\{1\}w(t)+(I+\delta')M^{-1}(B_s+\varDelta_{B_s})U(t)\end{aligned} \quad (8.9)$$

式(8.9)可化为以下状态方程：

$$\dot{Z}(t)=(A+\Delta A)Z(t)+(B+\Delta B)U(t)+Hw(t) \quad (8.10)$$

式中，$\Delta A=\begin{bmatrix}0 & 0\\ -M^{-1}\delta_K & -M^{-1}\delta_C\end{bmatrix}$；$\Delta B=\begin{bmatrix}0\\ M^{-1}\delta_{B_s}\end{bmatrix}$；其余参数的表达式同标称结构系统，即式(8.2)。其中

$$\delta_K=(I+\delta')\varDelta_K+\delta' K \quad (8.11)$$

$$\delta_C=(I+\delta')\varDelta_C+\delta' C \quad (8.12)$$

$$\delta_{B_s}=(I+\delta')\varDelta_{B_s}+\delta' B_s \quad (8.13)$$

假设不确定性参数矩阵 δ_K 和 δ_C 可以表示为

$$\delta_K=L_k F_k E_k \quad (8.14)$$

$$\delta_C=L_c F_c E_c \quad (8.15)$$

式中，$\|F_k\|\leqslant 1$，$\|F_c\|\leqslant 1$；L_k、E_k、L_c、E_c 是表示相应结构参数变化的已知定常矩阵。

则结构参数不确定性矩阵 ΔA 和控制力不确定性矩阵 ΔB 具有如下形式：

$$\begin{cases}\Delta A=DF(t)E_1\\ \Delta B=DF(t)E_2\end{cases} \quad (8.16)$$

其中

$$D=\begin{bmatrix}0 & 0\\ -M^{-1}L_k & -M^{-1}L_c\end{bmatrix},\quad F=\begin{bmatrix}F_k & 0\\ 0 & F_c\end{bmatrix},\quad E_1=\begin{bmatrix}E_k & 0\\ 0 & E_c\end{bmatrix},\quad E_2=-\begin{bmatrix}0\\ (\delta_c E_c^{-1})^{-1}\delta_{B_s}\end{bmatrix}$$

定义系统的二次型性能泛函为

$$J = \int_0^\infty \left(Z^{\mathrm{T}}(t) Q Z(t) + U^{\mathrm{T}}(t) R U(t) \right) \mathrm{d}t \tag{8.17}$$

式中，Q 为相应维数的半正定矩阵；R 为相应维数的正定矩阵。

定义 1 对于不确定线性系统[式(8.10)]以及相应的性能指标[式(8.17)]，如果存在一个状态反馈 $U(t) = -K_u Z(t)$，使得闭环系统对于所有容许的不确定性满足下面三个条件：

(1) 闭环系统是渐进稳定的；

(2) 闭环系统是 LQ 意义下最优的；

(3) 当初始条件 $Z(0) = 0$ 时，从系统外部扰动输入 $w(t)$ 到系统输出 $Y_{\mathrm{s}}(t)$ 的传递函数 $T_{Y_{\mathrm{s}}w}(s)$ 的 H_∞ 范数 $\left\| T_{Y_{\mathrm{s}}w}(s) \right\|_\infty < \gamma$，其中 γ 为一给定的正数。

则称系统[式(8.10)]是在反馈 $U(t) = -K_u Z(t)$ 下鲁棒 H_∞ 最优的，$U(t) = -K_u Z(t)$ 为鲁棒 H_∞ 最优控制律。

由文献[15]给出以下引理：

引理 1 设 X_C、Y_C 和 Z_C 为具有适当维数的向量或矩阵，则对任意正数 $\eta>0$，以下不等式总成立

$$X_C^{\mathrm{T}} Y_C + Y_C^{\mathrm{T}} X_C \leqslant \eta X_C^{\mathrm{T}} X_C + \eta^{-1} Y_C^{\mathrm{T}} Y_C \tag{8.18}$$

定理 1 给定常数 $\gamma > 0$，对于不确定系统线性系统[式(8.10)]和性能指标[式(8.17)]，如果存在 $P = P^{\mathrm{T}} > 0$，使得下面的矩阵不等式成立

$$\begin{aligned} &(A + \Delta A - BK_u - \Delta BK_u)^{\mathrm{T}} P + P(A + \Delta A - BK_u - \Delta BK_u) + Q \\ &+ K_u^{\mathrm{T}} R K_u + \gamma^{-2} P H H^{\mathrm{T}} P + \varGamma^{\mathrm{T}} \varGamma < 0 \end{aligned} \tag{8.19}$$

则称系统[式(8.10)]是在反馈 $U(t) = -K_u Z(t)$ 下鲁棒 H_∞ 最优的。

证明 引入 Lyapunov 函数 $V(Z(t)) = Z^{\mathrm{T}}(t) P Z(t)$，则有

$$\begin{aligned} \dot{V}(Z(t)) &= \dot{Z}^{\mathrm{T}}(t) P Z(t) + Z^{\mathrm{T}}(t) P \dot{Z}(t) \\ &= Z^{\mathrm{T}}(t) \left[(A + \Delta A - BK_u - \Delta BK_u)^{\mathrm{T}} P + P(A + \Delta A - BK_u - \Delta BK_u) \right] Z(t) \end{aligned}$$

由式(8.19)可知

$$\dot{V}(Z(t)) < -Z^{\mathrm{T}}(t)(Q + K_u^{\mathrm{T}} R K_u + \gamma^{-2} P H H^{\mathrm{T}} P + \varGamma^{\mathrm{T}} \varGamma) Z(t) < 0$$

所以闭环系统是渐进稳定的。

限于篇幅，定义 1 中的第二个条件可参看文献[5]中相应定理的证明过程。

要证明当 $w(t) \neq 0$ 且系统的初始条件为 $Z(0) = 0$ 时，满足式(8.19)，则在反馈 $U(t) = -K_u Z(t)$ 下，闭环系统具有鲁棒 H_∞ 性能指标，即

$$\left\| Y_{\mathrm{s}} \right\|_2 < \gamma \left\| w \right\|_2 \tag{8.20}$$

注意到式(8.20)等价于

$$\int_0^\infty (Y_s^{\mathrm{T}} Y_s - \gamma^2 w^{\mathrm{T}} w)\mathrm{d}t < 0 \tag{8.21}$$

因此只需证明式(8.21)成立。考虑到

$$\int_0^\infty [Y_s^{\mathrm{T}} Y_s - \gamma^2 w^{\mathrm{T}} w + \dot{V}(Z(t))]\mathrm{d}t = \int_0^\infty (Y_s^{\mathrm{T}} Y_s - \gamma^2 w^{\mathrm{T}} w)\mathrm{d}t + V(Z(\infty)) - V(Z(0))$$

由于系统是渐进稳定的，有 $V(Z(\infty)) = 0$ ，且系统的初始条件为 $Z(0) = 0$ ，所以式(8.21)成立的一个充分条件为

$$Y_s^{\mathrm{T}} Y_s - \gamma^2 w^{\mathrm{T}} w + \dot{V}(Z(t)) < 0 \tag{8.22}$$

即

$$\begin{aligned} & Y_s^{\mathrm{T}} Y_s - \gamma^2 w^{\mathrm{T}} w + \dot{V}(Z(t)) \\ = & Z^{\mathrm{T}}(t)[(A + \Delta A - BK_u - \Delta BK_u)^{\mathrm{T}} P + P(A + \Delta A - BK_u - \Delta BK_u)]Z(t) \\ & + w^{\mathrm{T}} H^{\mathrm{T}} PZ(t) + Z^{\mathrm{T}}(t)PHw + Z^{\mathrm{T}}(t)\Gamma^{\mathrm{T}}\Gamma Z(t) - \gamma^2 w^{\mathrm{T}} w < 0 \end{aligned} \tag{8.23}$$

由引理 1 可知

$$w^{\mathrm{T}} H^{\mathrm{T}} PZ(t) + Z^{\mathrm{T}}(t)PHw \leqslant \gamma^{-2} Z^{\mathrm{T}}(t)PHH^{\mathrm{T}} PZ(t) + \gamma^2 w^{\mathrm{T}} w$$

式(8.23)成立的一个充分条件为

$$\begin{aligned} & Z^{\mathrm{T}}(t)[(A + \Delta A - BK_u - \Delta BK_u)^{\mathrm{T}} P + P(A + \Delta A - BK_u - \Delta BK_u)]Z(t) \\ & + \gamma^{-2} Z^{\mathrm{T}}(t)PHH^{\mathrm{T}} PZ(t) + Z^{\mathrm{T}}(t)\Gamma^{\mathrm{T}}\Gamma Z(t) < 0 \end{aligned} \tag{8.24}$$

由式(8.19)可知，式(8.24)是成立的，由前面的推导可知，式(8.24)是式(8.19)成立的充分条件，所以系统具有鲁棒 H_∞性能指标。因此，根据定义 1 得证定理。证毕。

定理 2　给定常数 $\gamma > 0$ ，对于不确定线性系统[式(8.10)]和性能指标[式(8.17)]，闭环系统鲁棒 H_∞最优的一个充分条件是存在常数 $\varepsilon > 0$ 、矩阵 $N = N^{\mathrm{T}} > 0$ 和 Y，使得如下的线性矩阵不等式成立

$$\begin{bmatrix} \Pi_1 & N & Y^{\mathrm{T}} & H & N\Gamma^{\mathrm{T}} & \Pi_2 \\ * & -Q^{-1} & 0 & 0 & 0 & 0 \\ * & * & -R^{-1} & 0 & 0 & 0 \\ * & * & * & -\gamma^2 I & 0 & 0 \\ * & * & * & * & -I & 0 \\ * & * & * & * & * & -\varepsilon^{-1} I \end{bmatrix} < 0 \tag{8.25}$$

其中，$\Pi_1 = NA^{\mathrm{T}} - Y^{\mathrm{T}} B^{\mathrm{T}} + AN - BY + \varepsilon^{-1} DD^{\mathrm{T}}$ ，$\Pi_2 = (E_1 N - E_2 Y)^{\mathrm{T}}$ ，“*”代表矩阵中相应项的转置。若式(8.25)成立，则对应的鲁棒 H_∞最优控制律为

$$U(t) = -K_u Z(t) = -YN^{-1}Z(t) \tag{8.26}$$

证明　由于

$$\begin{aligned}(\Delta A - \Delta BK_u)^{\mathrm{T}} P + P(\Delta A - \Delta BK_u) &= (E_1 - E_2 K_u)^{\mathrm{T}} F^{\mathrm{T}} D^{\mathrm{T}} P + PDF(E_1 - E_2 K_u) \\ &\leqslant \varepsilon (E_1 - E_2 K_u)^{\mathrm{T}} F^{\mathrm{T}} F(E_1 - E_2 K_u) + \varepsilon^{-1} PDD^{\mathrm{T}} P \\ &\leqslant \varepsilon (E_1 - E_2 K_u)^{\mathrm{T}} (E_1 - E_2 K_u) + \varepsilon^{-1} PDD^{\mathrm{T}} P\end{aligned}$$

所以式(8.19)成立的一个充分条件为

$$\begin{aligned}&(A - BK_u)^{\mathrm{T}} P + P(A - BK_u) + Q + K_u^{\mathrm{T}} RK_u + \gamma^{-2} PHH^{\mathrm{T}} P + \varGamma^{\mathrm{T}} \varGamma \\ &+ \varepsilon (E_1 - E_2 K_u)^{\mathrm{T}} (E_1 - E_2 K_u) + \varepsilon^{-1} PDD^{\mathrm{T}} P < 0\end{aligned}$$

分别用 P^{-1} 和 $P^{-\mathrm{T}}$ 左乘、右乘上式两端，注意到 $P^{-\mathrm{T}} = P^{-1}$，可得

$$\begin{aligned}&P^{-1} A^{\mathrm{T}} - P^{-1} K_u^{\mathrm{T}} B^{\mathrm{T}} + AP^{-1} - BK_u P^{-1} + P^{-1} QP^{-1} + P^{-1} K_u^{\mathrm{T}} RK_u P^{-1} + \gamma^{-2} HH^{\mathrm{T}} \\ &+ P^{-1} \varGamma^{\mathrm{T}} \varGamma P^{-1} + \varepsilon P^{-1} (E_1 - E_2 K_u)^{\mathrm{T}} (E_1 - E_2 K_u) P^{-1} + \varepsilon^{-1} DD^{\mathrm{T}} < 0\end{aligned}$$

令 $P^{-1} = N$， $K_u P^{-1} = Y$，则有 $K_u = YN^{-1}$，并得

$$\begin{aligned}&NA^{\mathrm{T}} - Y^{\mathrm{T}} B^{\mathrm{T}} + AN - BY + NQN + Y^{\mathrm{T}} RY + \gamma^{-2} HH^{\mathrm{T}} \\ &+ N\varGamma^{\mathrm{T}} \varGamma N + \varepsilon (E_1 N - E_2 Y)^{\mathrm{T}} (E_1 N - E_2 Y) + \varepsilon^{-1} DD^{\mathrm{T}} < 0\end{aligned}$$

应用 Schur 补性质[15]，可得式(8.25)。另外，由于式(8.25)是式(8.19)的充分条件，所以由定理 1 和定义 1 即得证本定理。证毕。

8.5　数 值 分 析

为验证所提方法的有效性，本节采用与 7.5 节相同的结构模型。采用 8.3 节所述方法设计 H_∞控制器，为了和鲁棒 H_∞控制方法在基本相同的控制效果下进行对比，以显示后者更好的鲁棒性，取 $\gamma = 0.40$， $\varGamma = I_6$，则由式(8.5)和式(8.6)可得控制器增益矩阵为

$$K_u = 10^8 \begin{bmatrix} 1.8949 & -0.1082 & -0.1091 & -0.0613 & -0.0675 & -0.0679 \\ -2.0029 & 1.8949 & -0.1070 & -0.0061 & -0.0612 & -0.0688 \\ -0.0007 & -2.0027 & -1.8961 & -0.0004 & -0.006 & -0.0605 \end{bmatrix}$$

假设结构刚度和阻尼分别变化 20%，不同工况下结构底层地震反应时程如图 8.1 和图 8.2 所示。其中，图 8.1 为无控工况、标称结构工况(即结构刚度和阻尼未发生变化，以 0(k,c)表示)及结构刚度和阻尼同时增大 20%工况[+20%(k,c)]下，结构底层的位移和加速度反应时程；图 8.2 为结构刚度和阻尼同时减小 20%工况下，

结构底层的位移和加速度反应时程。

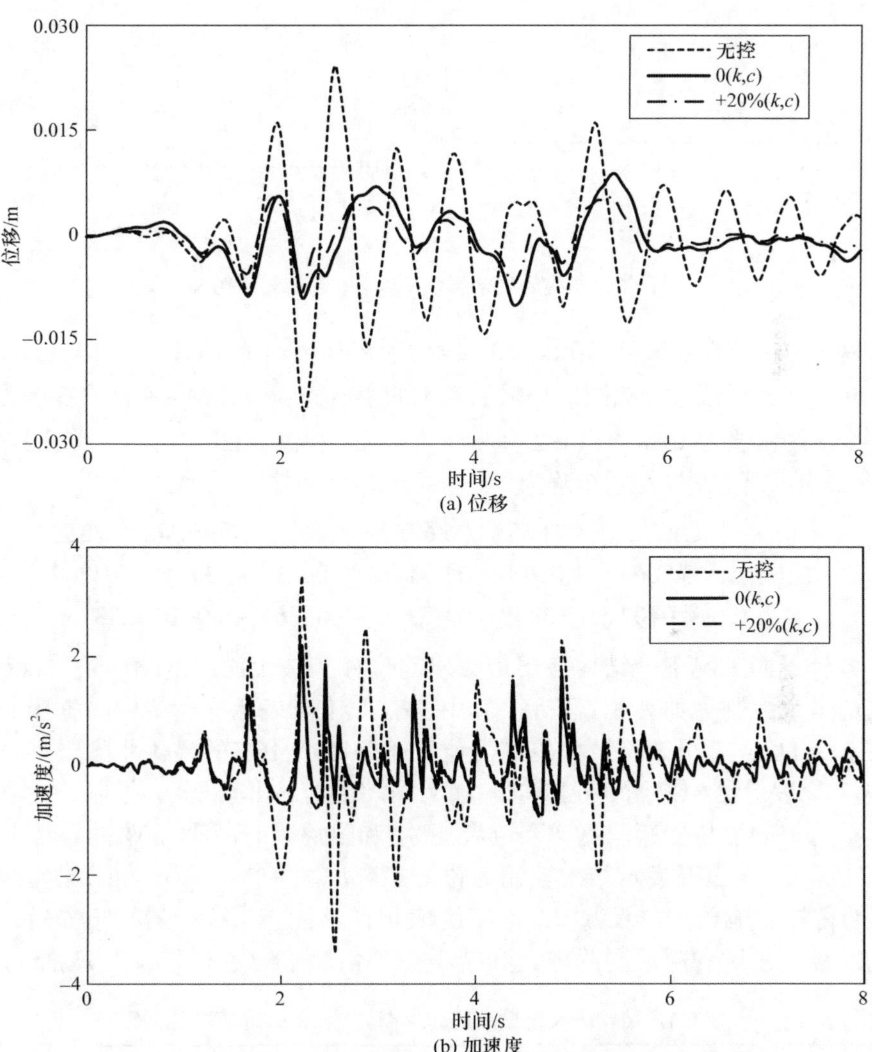

图 8.1　结构底层地震反应时程(无控、标称、参数增大 20%)

从图 8.1 中可以看出，当结构参数无摄动或增大 20%时，H_∞控制方法具有较好的控制效果和一定的鲁棒性；但是从图 8.2 中看到，当结构参数减小 20%时，控制系统失去稳定性，结构反应急剧放大。因此，当结构参数存在的不确定性因素较大时，H_∞控制方法无法保证结构系统的稳定性。

为了克服传统 H_∞控制器的不足，设计鲁棒非脆弱 H_∞控制器，根据 8.4 节所

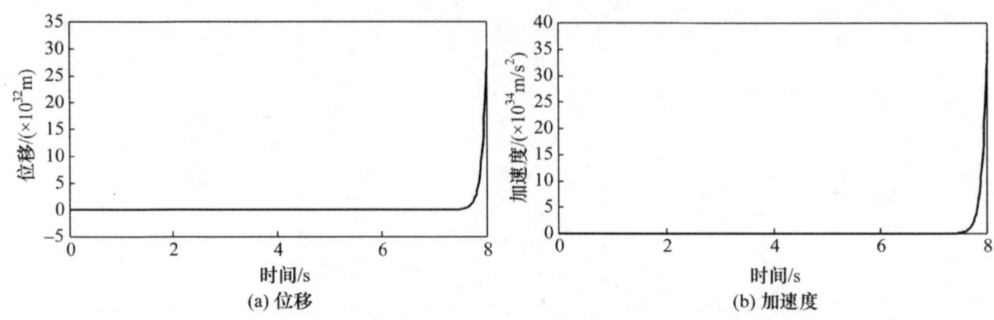

图 8.2　结构底层地震反应时程(参数减小 20%)

述方法，选取 $Q=\mathrm{diag}(4\times10^8,4\times10^8,2\times10^8,4\times10^5,4\times10^5,4\times10^5)$，$R=\mathrm{diag}(10^{-7},10^{-7},10^{-7})$，同样假设结构刚度和阻尼变化的幅值分别为 20%，并假设控制力位置矩阵变化的幅值为 10%，取 $\gamma=2.66\times10^4$，$\varepsilon=2.84\times10^4$，$E_1=\Gamma=I_6$，则由式(8.25)和式(8.26)可得控制器增益矩阵为

$$K_u=10^7\begin{bmatrix}1.1182 & 0.8868 & 0.8685 & 0.3818 & 0.2877 & 0.2810\\ -0.3065 & 1.0208 & 0.8947 & -0.0941 & 0.3721 & 0.2869\\ -0.0407 & -0.3438 & 0.9793 & -0.0066 & -0.0919 & 0.3759\end{bmatrix}$$

各种不同工况下，结构各层最大层间位移、最大加速度(相对于地面)和所对应的最大控制力如表 8.1 所示。其中，H_∞-1 工况表示标称结构的鲁棒非脆弱 H_∞控制；H_∞-2 工况表示结构控制力位置矩阵减小 10%的鲁棒非脆弱 H_∞控制；H_∞-3 工况表示结构控制力位置矩阵增大 10%的鲁棒非脆弱 H_∞控制；H_∞-4 工况表示结构控制力位置矩阵增大 10%、刚度和阻尼同时减小 20%的鲁棒非脆弱 H_∞控制；H_∞-5 工况表示结构控制力位置矩阵增大 10%、刚度和阻尼同时增大 20%的鲁棒非脆弱 H_∞控制；H_∞-6 工况表示调整性能指标中的权矩阵后，标称结构及结构刚度和阻尼同时增大和减小 20%情况下的鲁棒非脆弱 H_∞控制。

表 8.1　结构最大地震反应和控制力(鲁棒 H_∞非脆弱控制)

工况	最大层间位移/cm			最大加速度/(cm/s^2)			最大控制力/kN		
	1层	2层	3层	1层	2层	3层	1层	2层	3层
无控制	2.18	1.91	1.09	348	520	651	—	—	—
H_∞-1	0.88	0.63	0.34	265	337	362	1247	978	513
H_∞-2	0.91	0.66	0.37	269	345	372	1339	1042	547
H_∞-3	0.85	0.60	0.31	262	330	354	1187	921	483

续表

工况		最大层间位移/cm			最大加速度/(cm/s²)			最大控制力/kN		
		1 层	2 层	3 层	1 层	2 层	3 层	1 层	2 层	3 层
H_∞-4		0.87	0.60	0.34	261	327	347	1313	1015	535
H_∞-5		0.80	0.59	0.30	261	327	353	1058	826	481
H_∞-6	0	0.47	0.33	0.16	227	253	276	1636	1163	597
	20%	0.46	0.32	0.16	227	254	275	1523	1088	559
	–20%	0.48	0.33	0.16	227	252	275	1746	1233	631

从表 8.1 中可以看出：①在设定的参数变化范围内，所提方法具有较好的鲁棒性；②所提控制方法对各层层间位移的控制效果要优于各层加速度(可通过调整权矩阵来改进对加速度的控制效果，具体数值见表 8.1 中的 H_∞-6 工况)；③从 H_∞-1 工况、H_∞-2 工况和 H_∞-3 工况中可以看出，随着控制力位置矩阵增益的增大，结构体系具有更好的反应品质且结构的控制力峰值减小，反之则相反；④从 H_∞-3 工况、H_∞-4 工况和 H_∞-5 工况中可以看出，在其他结构参数维持不变的情况下，增大结构的刚度和阻尼(H_∞-5 工况)可使结构系统在较小控制力作用下获得更好的反应品质。由以上结果可得出，在实际中利用所提方法设计结构控制系统时，应尽可能在条件许可的情况下，较为合理地计算结构的刚度、阻尼和控制力等参数。

以结构底层为例，不同工况下结构的地震反应时程如图 8.3 和图 8.4 所示。从图中可以看出：①所提鲁棒 H_∞控制方法具有很好的控制效果和鲁棒性；②当结构参数存在不确定性时，鲁棒 H_∞控制器(图 8.3 和图 8.4)的鲁棒性明显优于传统 H_∞控制器(图 8.1 和图 8.2)。但从图 8.3(b)和图 8.4(b)和表 8.1 中相应工况的数值中可以看出，对加速度的控制效果略差一些。

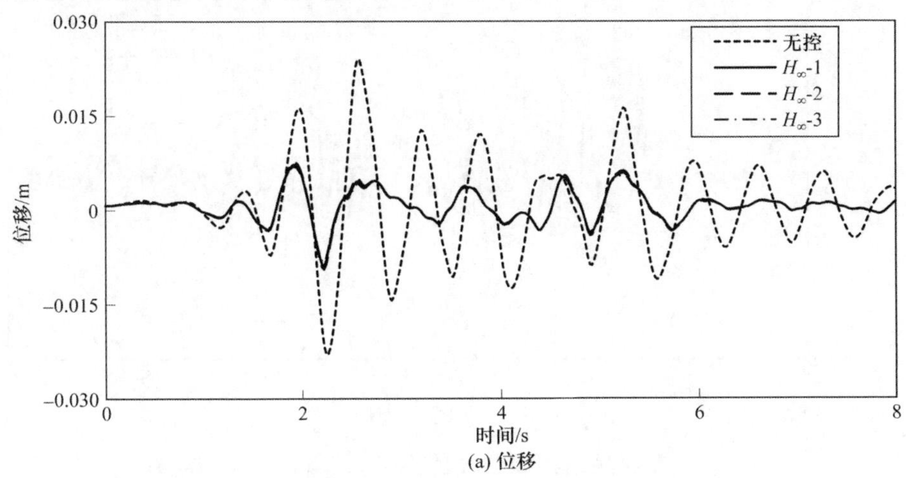

(a) 位移

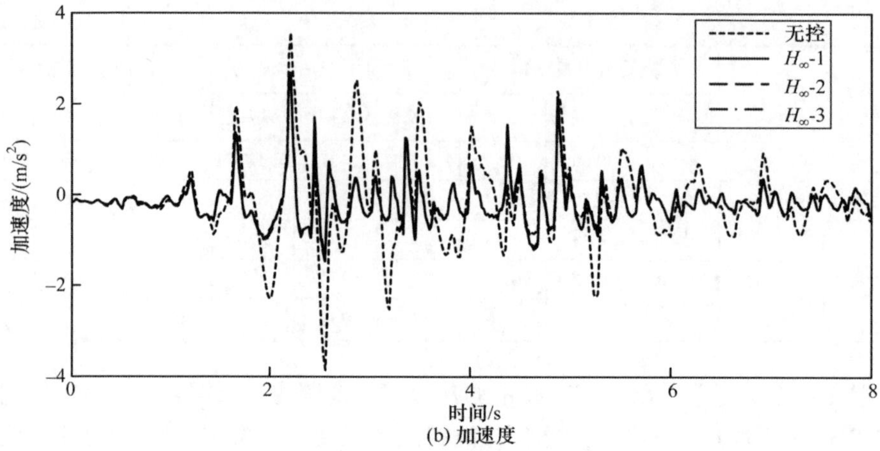

(b) 加速度

图 8.3　结构底层地震反应时程(无控、H_∞-1、H_∞-2、H_∞-3)

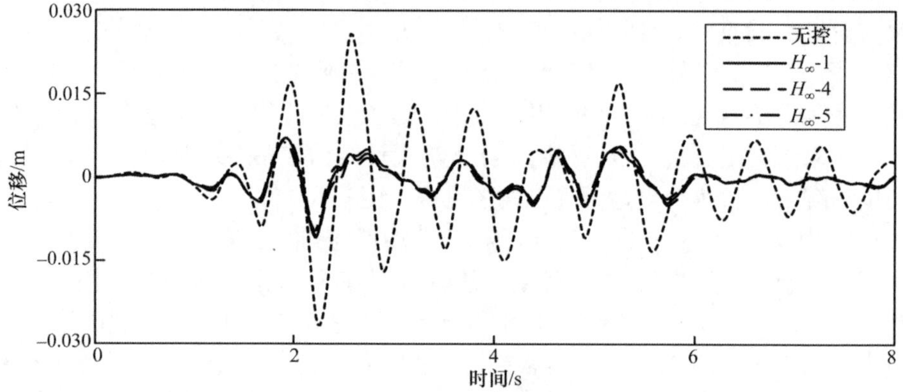

(a) 位移

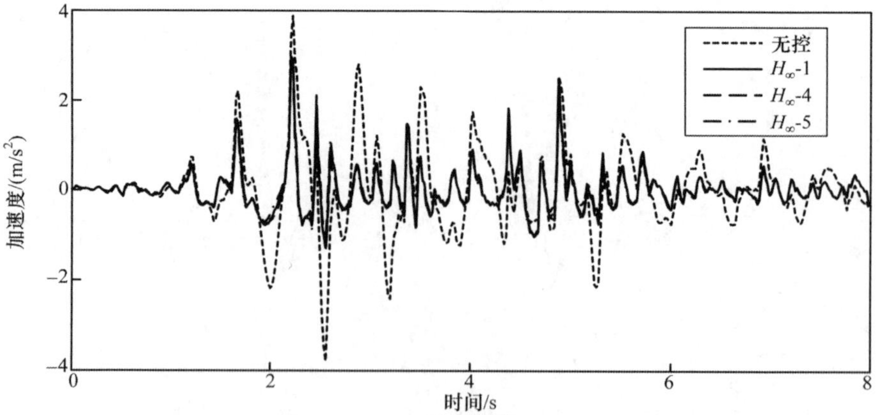

(b) 加速度

图 8.4　结构底层地震反应时程(无控、H_∞-1、H_∞-4、H_∞-5)

为了改善结构体系的控制效果，调整鲁棒非脆弱 H_∞控制系统的权矩阵，选取 $R=\mathrm{diag}(10^{-6},10^{-6},10^{-6})$，$Q=\mathrm{diag}(4\times10^{8},4\times10^{8},2\times10^{8},0.8\times10^{8},0.8\times10^{8},0.8\times10^{8})$，取 $\gamma=2.66\times10^{4}$，$\varepsilon=9.85\times10^{4}$，$E_1=\Gamma=I_6$，则由式(8.25)和式(8.26)可得控制器增益矩阵为

$$K_u=10^{8}\begin{bmatrix}1.2789 & -0.0692 & -0.0902 & 0.1688 & 0.05 & 0.0417\\ -1.3336 & 1.2490 & -0.0677 & -0.1188 & 0.1610 & 0.0498\\ -0.0467 & -1.3429 & 1.2776 & -0.0082 & -0.1194 & 0.1691\end{bmatrix}$$

标称结构及结构刚度和阻尼同时增大 20%和减小 20%的两种不同情况下结构体系的最大地震反应如表 8.1 中的 H_∞-6 工况所示，从中可以看出，通过调整结构的权矩阵，可使结构体系在具有较好鲁棒性的前提下具有相对更优的控制效果。

不同工况下，标称结构体系各层的最大控制力比较如图 8.5 所示，图中 H_∞-0 工况表示传统 H_∞控制方法。从图 8.5 中可以看出，与传统 H_∞控制器相比，所提鲁棒非脆弱 H_∞控制器在相对较小的控制力作用下具有更优的控制效果。

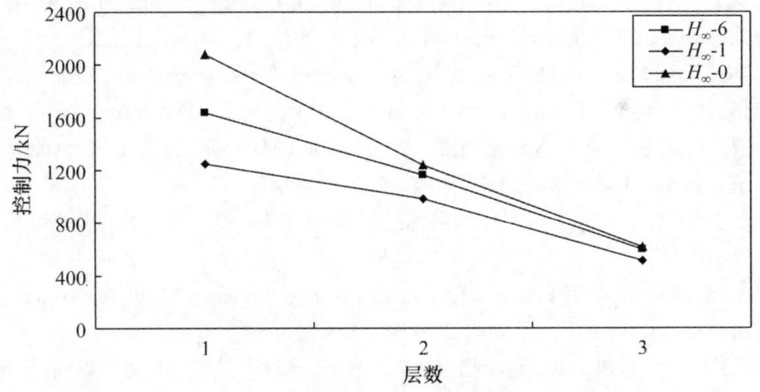

图 8.5 不同工况下结构各层最大控制力比较(鲁棒非脆弱 H_∞ 控制)

8.6 本 章 小 结

为了使鲁棒 H_∞控制方法能尽快应用于实际的结构振动控制工程中，减小结构的震害，考虑一维地震动作用和结构参数不确定性的影响，提出一种基于 LMI 的鲁棒非脆弱 H_∞控制方法。通过将工程中常用的二次型最优指标结合于鲁棒 H_∞最优控制系统的分析中，并应用线性矩阵不等式减小求解的复杂度，使控制器的设计较为简单，便于工程应用。以一个三层剪切型结构体系为例进行了相应的数值分析，并与传统 H_∞控制方法进行对比，仿真结果表明：①在结构参数存在不确定

性影响的情况下，鲁棒非脆弱 H_∞控制算法比传统 H_∞控制算法具有更优的鲁棒性；②合理地计算结构参数值，可使控制系统在具有最优反应品质的前提下，获得相对更好的鲁棒性和非脆弱性。

参 考 文 献

[1] HOUSNER C W, BERGMAN L A, CAUGHEY T K, et al. Structural control: past, present, and future[J]. Journal of engineering mechanics, 1997,123 (9):897-971.

[2] FISCO N O, ADELI H. Smart structures:Part I -Active and semi-active control[J]. Scientia iranica, 2011, 18(3):275-284.

[3] 欧进萍. 结构振动控制: 主动、半主动和智能控制[M]. 北京: 科学出版社, 2003.

[4] 贾英民. 鲁棒 H_∞控制[M]. 北京: 科学出版社, 2007.

[5] 薛安克. 鲁棒最优控制理论与应用[M]. 北京: 科学出版社, 2008.

[6] 俞立. 鲁棒控制-线性矩阵不等式处理方法[M]. 北京: 清华大学出版社, 2002.

[7] YANG J N, Wu J C. Experimental verifications of H_∞ and sliding-mode control for seismically excited buildings[J]. Journal of structural engineering, 1996, 122(1): 69-75.

[8] CALISE A J, SWERIDUK G D. Active attenuation of building structural response using robust control[J]. Journal of engineering mechanics, 1998, 124(5):520-528.

[9] WANG S G, Roschke P N, Yeh H Y. Robust control for structural systems with unstructured uncertainties[J]. Journal of engineering mechanics, 2004, 130(3):337-346.

[10] DU H P, LAM J, SZE K Y. Non-fragile H_∞ vibration control for uncertain structural systems[J]. Journal of sound and vibration, 2004, 273(4-5):1031-1045.

[11] 李文章，吴凌尧，郭雷. 基于 LMI 的结构振动鲁棒 H_∞控制[J]. 振动工程学报，2008, 21(2):157-161.

[12] WU J C, CHIH H H, CHEN C H. A robust method for seismic protection of civil frame building[J]. Journal of sound and vibration, 2006, 294(1-2):314-328.

[13] 徐洋, 姜洪洲, 叶正茂, 等. H_∞控制在 AMD Benchmark 结构主动控制中的应用研究[J]. 振动与冲击, 2005, 24(5):14-22.

[14] 李志军, 王社良. 建筑结构基于 LMI 的鲁棒非脆弱 H_∞控制[J]. 工程力学，2013, 30(4):204-210.

[15] BOYD S P, GHAOUI L E, FERON E, et al. Linear Matrix Inequality in Systems and Control Theory[M]. Philadelphia: SIAM, 1994.

第 9 章　ATMD-偏心结构基于 LMI 的鲁棒 H_∞控制

随着国民经济的发展和城市化进程的加快，出现了大量的复杂结构体系，如偏心结构、大跨空间结构等，应用新的控制技术保证该类结构体系的安全性和功能性是结构振动控制研究的一个重要方面[1,2]。

鲁棒控制研究的主要内容是系统存在模型不确定性和外界干扰时如何设计控制器使得相应的闭环系统具有期望的性能[3-5]。系统综合的复杂性、无穷范数形式与工程评价指标间的差异等限制了鲁棒控制理论在结构振动工程中的应用。文献[6]需求解两个 Raccati 方程，求解不易收敛；文献[7]～[9]需要待定的控制器参数过多，设计过程烦琐，不便于工程实际应用；文献[10]基于频域方法设计了鲁棒控制器，但计算过程烦琐，应用十分困难。

由于地震动的本质是多维的，对于非对称结构，地震时作用在质量中心的惯性力将对刚度中心产生扭转力矩，迫使结构产生扭转耦联空间振动[11,12]。考虑到 ATMD 控制装置已经在结构振动控制工程中得到了广泛应用，为解决鲁棒 H_∞方法在复杂结构振动控制工程应用上的问题，本章以装有 ATMD 控制系统的多层偏心结构作为研究对象，将工程中常用的二次型最优指标结合于鲁棒 H_∞最优控制系统的分析中，并应用线性矩阵不等式减小求解的复杂度，设计两种便于工程应用的鲁棒 H_∞控制方法[13,14]。以一个三层 ATMD-偏心结构体系为例进行相应的数值分析。

9.1　ATMD-偏心结构的运动方程

多层 ATMD-偏心结构的计算模型如图 6.7 所示，其中 M 和 S 分别为结构的质量和刚度中心，结构坐标系的坐标原点取在质心处。为简单起见，采用以下基本假定：

(1) 结构各层的质量和转动惯量集中于各楼层顶板处。

(2) 各楼层采用刚性楼板假定。

(3) 结构各层的质心和刚心位置沿竖向不改变。

(4) 地震动输入考虑两个水平分量。

假设在结构顶层沿 x、y 方向分别放置一个 ATMD 装置，控制结构平动和扭转振动，则可导得 ATMD-结构的运动方程为

$$M\ddot{X}+C\dot{X}+KX=-M_{\rm g}\ddot{X}_{\rm g}(t)+B_{\rm s}U(t) \tag{9.1}$$

式中，X、$\dot{X}$、$\ddot{X}$ 分别为ATMD-结构系统的位移向量、速度向量和加速度向量，$X=[x\quad y\quad \theta\quad \Delta x_{\rm a}\quad \Delta y_{\rm a}]^{\rm T}$ (x、y 分别为结构各层相对于地面沿 x、y 方向的位移向量；θ 为结构各层绕质心的转角向量；$\Delta x_{\rm a}$、$\Delta y_{\rm a}$ 表示ATMD惯性质量相对结构顶部沿 x、y 方向的位移)；$B_{\rm s}$ 为控制力作用位置矩阵；$U(t)=[U_{\rm a1}\quad U_{\rm a2}]^{\rm T}$ 为作动器作用在结构和ATMD惯性质量上的驱动力；M、C 和 K 分别为结构-ATMD系统的质量矩阵、阻尼矩阵和刚度矩阵；$\ddot{X}_{\rm g}(t)=[\ddot{x}_{\rm g}\quad \ddot{y}_{\rm g}]^{\rm T}$ 为二维地震动输入向量。其中

$$M=\begin{bmatrix} M_{结构} & 0 \\ M_{耦联}^{\rm T} & M_{\rm AMD}\end{bmatrix}_{(3n+2)\times(3n+2)},\quad K=\begin{bmatrix} K_{结构} & K_{耦联} \\ 0 & K_{\rm AMD}\end{bmatrix}_{(3n+2)\times(3n+2)}$$

$$M_{结构}=\begin{bmatrix} M_{xx} & 0 & 0 \\ 0 & M_{yy} & 0 \\ 0 & 0 & M_{\theta\theta}\end{bmatrix}_{3n\times 3n},\quad M_{xx}=\begin{bmatrix} m_1 & & & \\ & m_2 & & \\ & & \ddots & \\ & & & m_n\end{bmatrix}_{n\times n},\quad M_{yy}=M_{xx}$$

$$M_{\theta\theta}=\begin{bmatrix} J_1 & & & \\ & J_2 & & \\ & & \ddots & \\ & & & J_n\end{bmatrix}_{n\times n},\quad M_{\rm AMD}=\begin{bmatrix} m_{\rm a1} & \\ & m_{\rm a2}\end{bmatrix}_{2\times 2}$$

$$M_{耦联}^{\rm T}=\begin{bmatrix} 0 & \cdots & m_{\rm a1} & 0 & \cdots & 0 & 0 & \cdots & m_{\rm a1}l_{y1}+m_{\rm a2}l_{y2} \\ 0 & \cdots & 0 & 0 & \cdots & m_{\rm a2} & 0 & \cdots & m_{\rm a2}l_{x2}+m_{\rm a1}l_{x1}\end{bmatrix}_{2\times 3n}$$

$$K_{结构}=\begin{bmatrix} K_{xx} & 0 & K_{x\theta} \\ 0 & K_{yy} & K_{y\theta} \\ K_{\theta x} & K_{\theta y} & K_{\theta\theta}\end{bmatrix}_{3n\times 3n},\quad K_{xx}=\begin{bmatrix} k_{x_1x_1} & k_{x_1x_2} & 0 & \cdots & \\ k_{x_2x_1} & k_{x_2x_2} & k_{x_2x_3} & 0 & \\ & & \vdots & \vdots & \\ & & k_{x_{n-1}x_{n-2}} & k_{x_{n-1}x_{n-1}} & k_{x_{n-1}x_n} \\ & & & k_{x_nx_{n-1}} & k_{x_nx_n}+k_{\rm a1}\end{bmatrix}_{n\times n}$$

$$K_{yy}=\begin{bmatrix} k_{y_1y_1} & k_{y_1y_2} & 0 & \cdots & \\ k_{y_2y_1} & k_{y_2y_2} & k_{y_2y_3} & 0 & \\ & & \vdots & \vdots & \\ & & k_{y_{n-1}y_{n-2}} & k_{y_{n-1}y_{n-1}} & k_{y_{n-1}y_n} \\ & & & k_{y_ny_{n-1}} & k_{y_ny_n}+k_{\rm a2}\end{bmatrix}_{n\times n}$$

$$K_{\theta\theta}=\begin{bmatrix} k_{\theta_1\theta_1} & k_{\theta_1\theta_2} & 0 & \cdots & & \\ k_{\theta_2\theta_1} & k_{\theta_2\theta_2} & k_{\theta_2\theta_3} & 0 & & \\ & & \vdots & \vdots & & \\ & & k_{\theta_{n-1}\theta_{n-2}} & k_{\theta_{n-1}\theta_{n-1}} & k_{\theta_{n-1}\theta_n} \\ & & & k_{\theta_n\theta_{n-1}} & k_{\theta_n\theta_n}+k_{a1}l_{y1}^2+k_{a2}l_{x2}^2 \end{bmatrix}_{n\times n},\quad K_{x\theta}=K_{\theta x}^{\mathrm{T}}=K_{xx}e_y$$

$$K_{y\theta}=K_{\theta y}^{\mathrm{T}}=K_{yy}e_x$$

$$K_{耦联}^{\mathrm{T}}=\begin{bmatrix} 0 & \cdots & -k_{a1} & 0 & \cdots & 0 & 0 & \cdots & -k_{a1}l_{y1} \\ 0 & \cdots & 0 & 0 & \cdots & -k_{a2} & 0 & \cdots & -k_{a2}l_{x2} \end{bmatrix}_{2\times 3n},\quad K_{\mathrm{AMD}}=\begin{bmatrix} k_{a1} & \\ & k_{a2} \end{bmatrix}_{2\times 2}$$

地震动影响系数矩阵为

$$M_{\mathrm{g}}=\begin{bmatrix} m_1 & \cdots & m_n & 0 & \cdots & 0 & 0 & \cdots & 0 & m_{a1} & 0 \\ 0 & \cdots & 0 & m_1 & \cdots & m_n & 0 & \cdots & 0 & 0 & m_{a2} \end{bmatrix}_{2\times(3n+2)}^{\mathrm{T}} \tag{9.2}$$

控制力作用位置矩阵为

$$B_{\mathrm{s}}=\begin{bmatrix} 0 & \cdots & -1 & 0 & \cdots & 0 & 0 & \cdots & l_{y1} & 1 & 0 \\ 0 & \cdots & 0 & 0 & \cdots & -1 & 0 & \cdots & l_{x2} & 0 & 1 \end{bmatrix}_{2\times(3n+2)}^{\mathrm{T}} \tag{9.3}$$

采用 Rayleigh 阻尼，即

$$C=\alpha M+\beta K \tag{9.4}$$

式中，α、β 为与体系圆频率有关的系数，可以通过结构体系的任意两振型频率 ω_i 、ω_j 和阻尼比 ξ_i 、ξ_j 确定[15]：

$$\alpha=\frac{2\omega_i\omega_j(\xi_i\omega_j-\xi_j\omega_i)}{\omega_j^2-\omega_i^2} \tag{9.5}$$

$$\beta=\frac{2(\xi_j\omega_j-\xi_i\omega_i)}{\omega_j^2-\omega_i^2} \tag{9.6}$$

9.2　鲁棒 H_∞控制器设计

考虑结构刚度和阻尼具有不确定性的影响，式(9.1)可以重新描述为

$$M\ddot{X}+(C+\varDelta_C)\dot{X}+(K+\varDelta_K)X=-M_{\mathrm{g}}\ddot{X}_{\mathrm{g}}(t)+B_{\mathrm{s}}U(t) \tag{9.7}$$

式中，$\varDelta_K$ 、$\varDelta_C$ 分别表示刚度和阻尼的不确定性矩阵。

式(9.7)可化为以下状态方程：

$$\dot{Z}(t)=(A+\Delta A)Z(t)+BU(t)+Hw(t) \tag{9.8}$$

系统输出矩阵为

$$Y_s = \Gamma Z(t) = C_{\mathrm{d}}X + C_{\mathrm{v}}\dot{X} \tag{9.9}$$

式中，$Z(t)=\begin{bmatrix} X \\ \dot{X} \end{bmatrix}$；$A=\begin{bmatrix} 0 & I \\ -M^{-1}K & -M^{-1}C \end{bmatrix}$；$B=\begin{bmatrix} 0 \\ M^{-1}B_{\mathrm{s}} \end{bmatrix}$；$H=\begin{bmatrix} 0 \\ -M^{-1}M_{\mathrm{g}} \end{bmatrix}$；

$\Delta A=\begin{bmatrix} 0 & 0 \\ -M^{-1}\varDelta_K & -M^{-1}\varDelta_C \end{bmatrix}$；$\Gamma=\begin{bmatrix} C_{\mathrm{d}} & C_{\mathrm{v}} \end{bmatrix}$；$w(t)=[\ddot{x}_{\mathrm{g}} \quad \ddot{y}_{\mathrm{g}}]^{\mathrm{T}}$ 为考虑附加地震动分量的结构外部激励向量。

刚度和阻尼不确定性矩阵可以表示为

$$\varDelta_K = L_k F_k E_k \tag{9.10}$$

$$\varDelta_C = L_c F_c E_c \tag{9.11}$$

式中，$\|F_k\| \leqslant 1$；$\|F_c\| \leqslant 1$；L_k、E_k、L_c、E_c 是表示相应结构刚度和阻尼变化的已知定常矩阵。

参照第 7 章所述方法，可设计相应的鲁棒 H_∞ 控制器，在此不再赘述。

9.3 鲁棒非脆弱 H_∞ 控制器设计

考虑结构质量、刚度、阻尼和控制力具有不确定性的影响，则式(9.1)可以重新描述为

$$(M+\varDelta_M)\ddot{v}+(C+\varDelta_C)\dot{v}+(K+\varDelta_K)v=-(M+\varDelta_M)\{1\}w(t)+(B_{\mathrm{s}}+\varDelta_{B_{\mathrm{s}}})u(t) \tag{9.12}$$

式中，$\varDelta_M$、$\varDelta_K$、$\varDelta_C$、$\varDelta_{B_{\mathrm{s}}}$ 分别表示质量、刚度、阻尼和控制力的不确定性矩阵。其中质量不确定性矩阵 $\varDelta_M$ 有界且满足条件

$$\|\varDelta_M M^{-1}\| \leqslant \|\delta\| < 1 \tag{9.13}$$

令 $(I+\delta)(I+\delta')=I$，则式(9.12)可化为

$$\begin{aligned} &\ddot{v}+(I+\delta')M^{-1}(C+\varDelta_C)\dot{v}+(I+\delta')M^{-1}(K+\varDelta_K)v \\ &=-\{1\}w(t)+(I+\delta')M^{-1}(B_{\mathrm{s}}+\varDelta_{B_{\mathrm{s}}})u(t) \end{aligned} \tag{9.14}$$

式(9.14)可化为以下状态方程：

$$\dot{Z}(t)=(A+\Delta A)Z(t)+(B+\Delta B)u(t)+Hw(t) \tag{9.15}$$

系统输出矩阵为

$$Y_{\mathrm{s}} = \Gamma Z(t) = C_{\mathrm{d}}v + C_{\mathrm{v}}\dot{v} \tag{9.16}$$

式中

$$Z(t)=\begin{bmatrix} v \\ \dot{v} \end{bmatrix},\quad A=\begin{bmatrix} 0 & I \\ -M^{-1}K & -M^{-1}C \end{bmatrix},\quad B=\begin{bmatrix} 0 \\ M^{-1}B_{\mathrm{s}} \end{bmatrix},\quad H=\begin{bmatrix} 0 \\ -\{1\} \end{bmatrix}$$

$$\Delta A=\begin{bmatrix}0 & 0\\ -M^{-1}\delta_K & -M^{-1}\delta_C\end{bmatrix},\quad \Delta B=\begin{bmatrix}0\\ M^{-1}\delta_{B_s}\end{bmatrix},\quad \varGamma=\begin{bmatrix}C_d & C_v\end{bmatrix}$$

其中

$$\delta_K=(I+\delta')\varDelta_K+\delta' K$$
$$\delta_C=(I+\delta')\varDelta_C+\delta' C$$
$$\delta_{B_s}=(I+\delta')\varDelta_{B_s}+\delta' B_s$$

假设不确定性参数矩阵 δ_K 和 δ_C 可以表示为

$$\delta_K=L_kF_kE_k$$
$$\delta_C=L_cF_cE_c$$

式中，$\|F_k\|\leqslant 1$；$\|F_c\|\leqslant 1$；L_k、E_k、L_c、E_c是表示相应结构参数变化的已知定常矩阵。

第 8 章中对相应的鲁棒非脆弱性 H_∞控制器设计方法进行了详细介绍，在此不再重复。

9.4 数 值 分 析

以一个三层偏心结构为例来验证所提方法的有效性。结构的层间质量 $m=5.0\times10^5\text{kg}$，楼板对质心的转动惯量 $J=3.0\times10^5\text{kg}\cdot\text{m}^2$，结构 x 方向的刚度系数 $k_x=4.9\times10^8\text{N/m}$，结构 y 方向的刚度系数 $k_y=9.8\times10^7\text{N/m}$，扭转刚度 $k_t=3.5\times10^{10}\text{N}\cdot\text{m/rad}$；结构在 x 方向的偏心距 $e_x=3\text{m}$，y 方向的偏心距 $e_y=2\text{m}$；结构阻尼比 $\xi=0.01$。分别在 x 方向和 y 方向各设置一个 ATMD，两个 ATMD 参数相同，取值如下：$m_a=5.0\times10^4\text{kg}$，$k_a=1.97\times10^6\text{N/m}$。考虑在 El Centro 双向地震动作用下的结构反应，地震波加速度峰值调整为 200cm/s^2，采样周期为 0.02s。

9.4.1 鲁棒 H_∞控制器

选取性能指标中加权矩阵为

$$Q=\text{diag}(10^5,10^5,0.5\times10^5,2\times10^4,2\times10^4,10^4,5\times10^6,5\times10^6,2.5\times10^6,200,200,\\50,50,50,50,50,50,30,30,30,1,1)$$

$$R=\text{diag}(10^{-7},10^{-7})$$

假设结构刚度和阻尼变化的幅值分别为 10%，取 $\gamma=2.78\times10^4$，$\varepsilon=6\times10^4$，$E=\varGamma=I_{22}$，则可得控制器增益矩阵为

$$K_u = 10^6 \begin{bmatrix} 0.66 & 7.77 & 13.00 & -0.77 & -1.44 & -0.33 & -11.32 & -40.06 \\ -1.26 & -2.57 & -0.38 & -4.23 & -4.92 & 17.79 & -17.38 & -60.93 \end{bmatrix}$$

$$\begin{matrix} -49.58 & -2.74 & 0.16 & 0.04 & 0.3 & -0.43 & -0.003 \\ -75.95 & 0.11 & -2.73 & -0.05 & -0.09 & -0.07 & -0.21 \end{matrix}$$

$$\begin{matrix} -0.03 & -0.02 & -0.28 & -0.59 & -3.82 & -1.46 & -0.01 \\ -0.26 & -0.51 & -0.42 & -0.87 & -5.91 & -0.02 & -1.53 \end{matrix}\Bigg]$$

结构各层最大地震反应及相应的 ATMD 系统的最大控制力如表 9.1 所示。其中，工况 1 表示无控制；工况 2 表示标称结构的鲁棒 H_∞控制；工况 3 表示结构刚度和阻尼同时增大 5%的鲁棒 H_∞控制；工况 4 表示结构刚度和阻尼同时增大 10%的鲁棒 H_∞控制。

表 9.1　结构最大地震反应和控制力(鲁棒 H_∞控制)

工况	层数	层间位移			加速度			最大控制力/kN	
		x /cm	y /cm	θ /(×10⁻²rad)	$\ddot{x}$ /(cm/s²)	$\ddot{y}$ /(cm/s²)	$\ddot{\theta}$ /(×10⁻²rad/s²)	ATMD1	ATMD2
1	1	2.46	6.07	0.13	546	417	23.54	—	—
	2	1.84	4.24	0.11	796	519	36.28		
	3	0.95	2.00	0.06	889	677	41.34		
2	1	1.40(43)	4.17(31)	0.08(38)	369(32)	323(23)	16.21(31)	339	263
	2	1.02(45)	3.05(28)	0.06(45)	494(38)	373(28)	20.86(43)		
	3	0.52(45)	1.50(25)	0.04(33)	597(33)	474(30)	25.44(38)		
3	1	1.39(43)	4.19(31)	0.08(38)	328(40)	327(22)	15.03(36)	329	254
	2	1.02(45)	2.96(30)	0.06(45)	468(41)	384(26)	20.91(42)		
	3	0.51(46)	1.48(26)	0.04(33)	560(37)	486(28)	24.38(41)		
4	1	1.88	4.09(33)	0.08(38)	323(41)	322(23)	15.23(35)	319	256
	2	3.60	2.90(32)	0.06(45)	437(45)	421(19)	20.43(44)		
	3	4.63	1.46(27)	0.04(33)	528(41)	487(28)	24.78(40)		

注：括号内数值表示减震率(%)。

从表 9.1 中可以看出，在设定的参数变化范围内，所提方法具有很好的鲁棒性，当参数变化越大(如工况 4)时，鲁棒性相对而言略差一些；从控震效果来看，工况 4 具有相对最好的效果，这是因为在控制力近似相同的情况下，工况 4 下结构的刚度相对最大。

设计 LQR 控制器[16]，将其与鲁棒 H_∞控制器在基本相同的控制效果下进行对比，以显示后者更好的鲁棒性，取

$$\begin{aligned} Q = \mathrm{diag}(&10^7, 10^7, 0.5\times10^7, 2\times10^6, 2\times10^6, 10^6, 5\times10^8, 5\times10^8, \\ &2.5\times10^8, 2\times10^4, 2\times10^4, 5\times10^3, 5\times10^3, 5\times10^3, 5\times10^3, \\ &5\times10^3, 5\times10^3, 3\times10^3, 3\times10^3, 3\times10^3, 100, 100) \end{aligned}$$

$R=\mathrm{diag}(1.07\times10^{-7},1.07\times10^{-7})$，可得 LQR 控制器增益矩阵为

$$
K_u=10^6\left[\begin{matrix}
-0.38 & -0.79 & -1.14 & 0.04 & 0.03 & -0.05 & 0.14 & 0.31\\
-0.013 & -0.045 & -0.085 & -0.55 & -1.26 & -2.246 & 0.218 & 0.48
\end{matrix}\right.
$$

$$
\begin{matrix}
0.59 & 0.04 & -0.001 & -0.14 & -0.28 & -0.33 & 0.01\\
0.84 & -0.01 & 0.03 & -0.0025 & -0.01 & -0.02 & 0.065
\end{matrix}
$$

$$
\left.\begin{matrix}
0.01 & 0.005 & 0.014 & 0.03 & 0.20 & 0.08 & -0.0015\\
0.05 & 0.04 & 0.016 & 0.03 & 0.49 & -0.00 & 0.15
\end{matrix}\right]
$$

各种不同工况下，结构各层最大地震反应时程曲线如图 9.1 所示。其中，

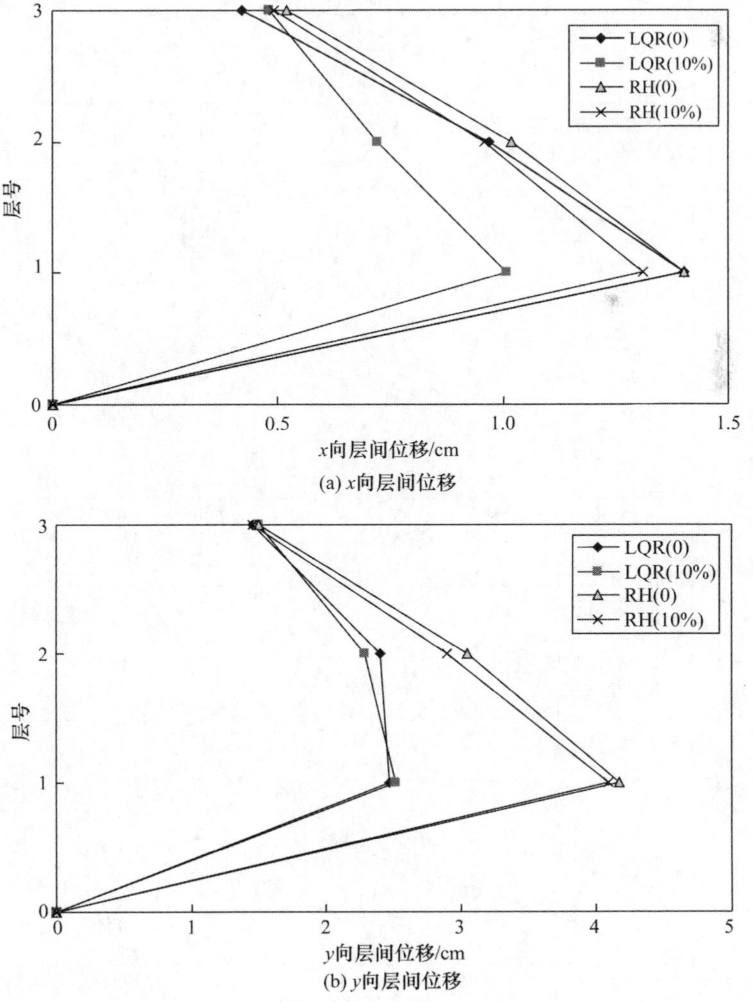

(a) x向层间位移

(b) y向层间位移

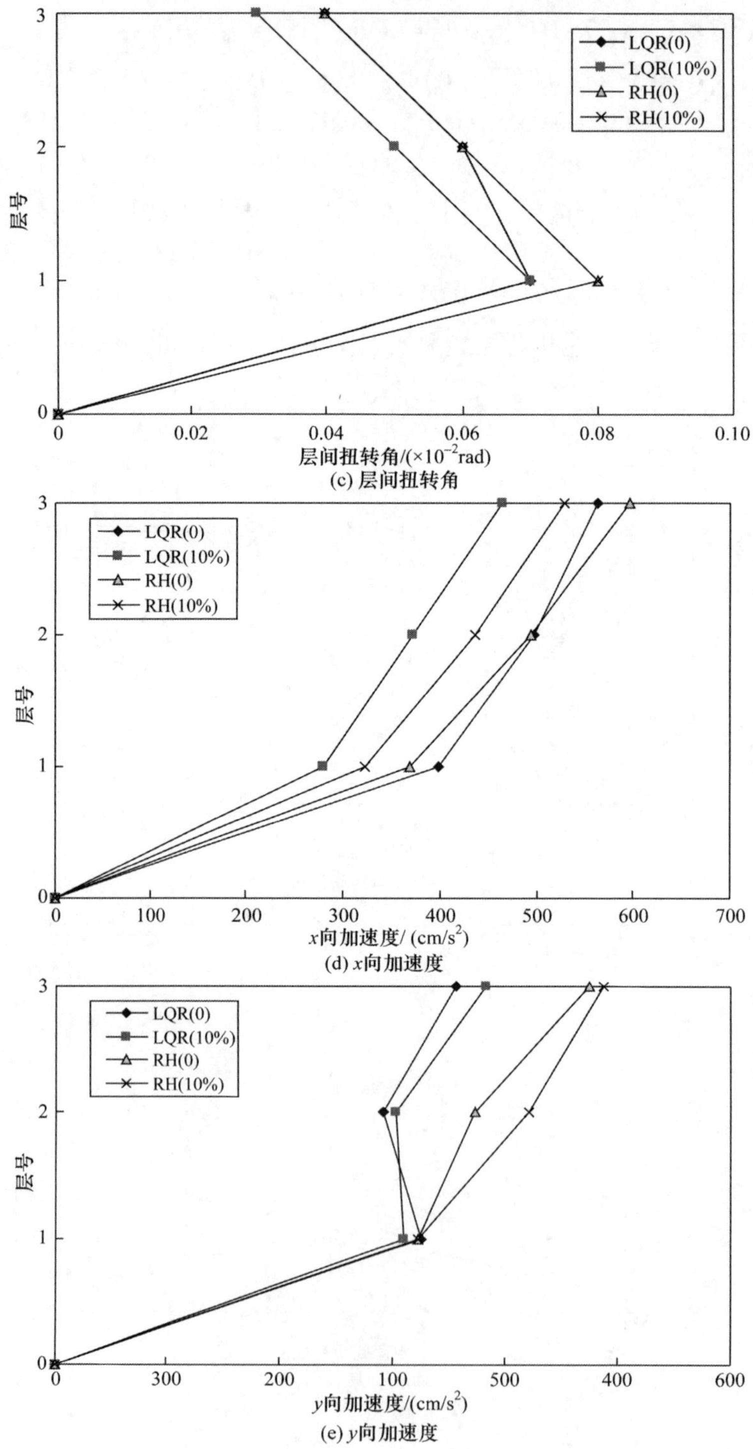

(c) 层间扭转角

(d) x向加速度

(e) y向加速度

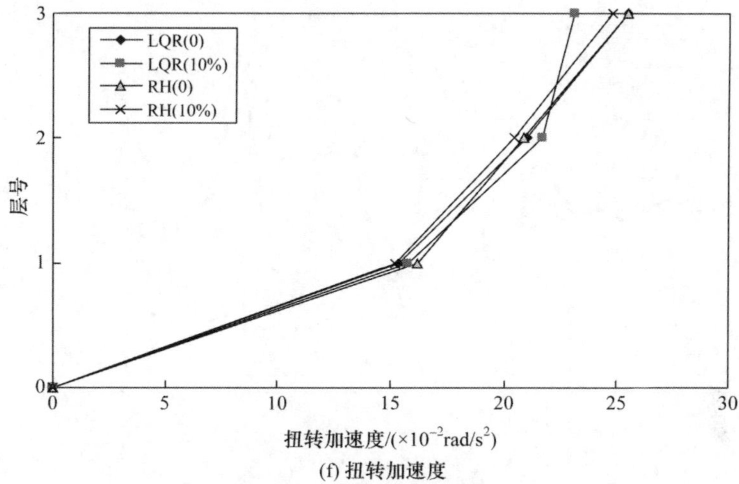

(f) 扭转加速度

图 9.1　不同工况下结构最大地震反应时程曲线

LQR(0)表示标称结构的 LQR 控制；RH(0)表示标称结构的鲁棒 H_∞控制；LQR(10%)表示结构刚度和阻尼同时增大 10%的 LQR 控制；RH(10%)表示结构刚度和阻尼同时增大 10%的鲁棒 H_∞控制。从图 9.1 中可以看出，与传统 LQR 控制算法相比，所提方法在保证控制效果的前提下具有更好的鲁棒稳定性。

工况 2 下偏心结构底层地震反应时程曲线如图 9.2 所示。由图中可以看出，所提鲁棒 H_∞控制方法具有很好的控制效果。

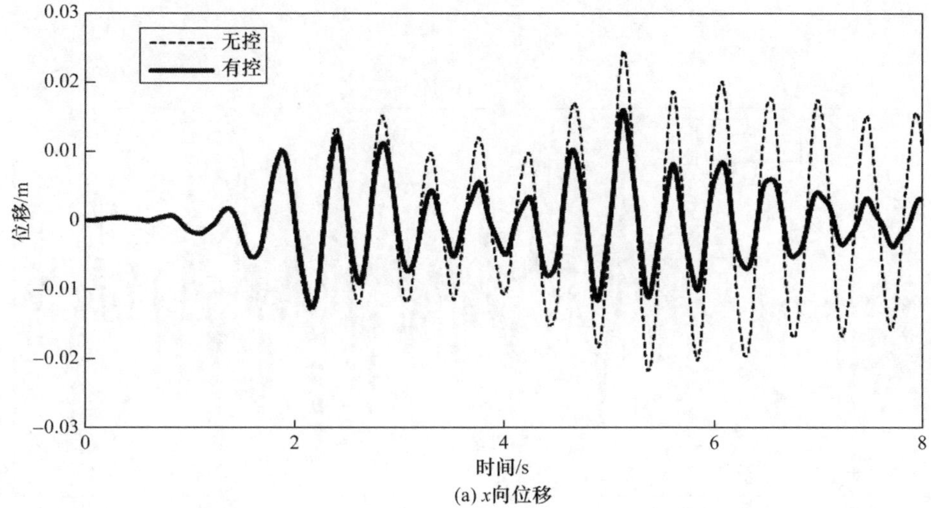

(a) x向位移

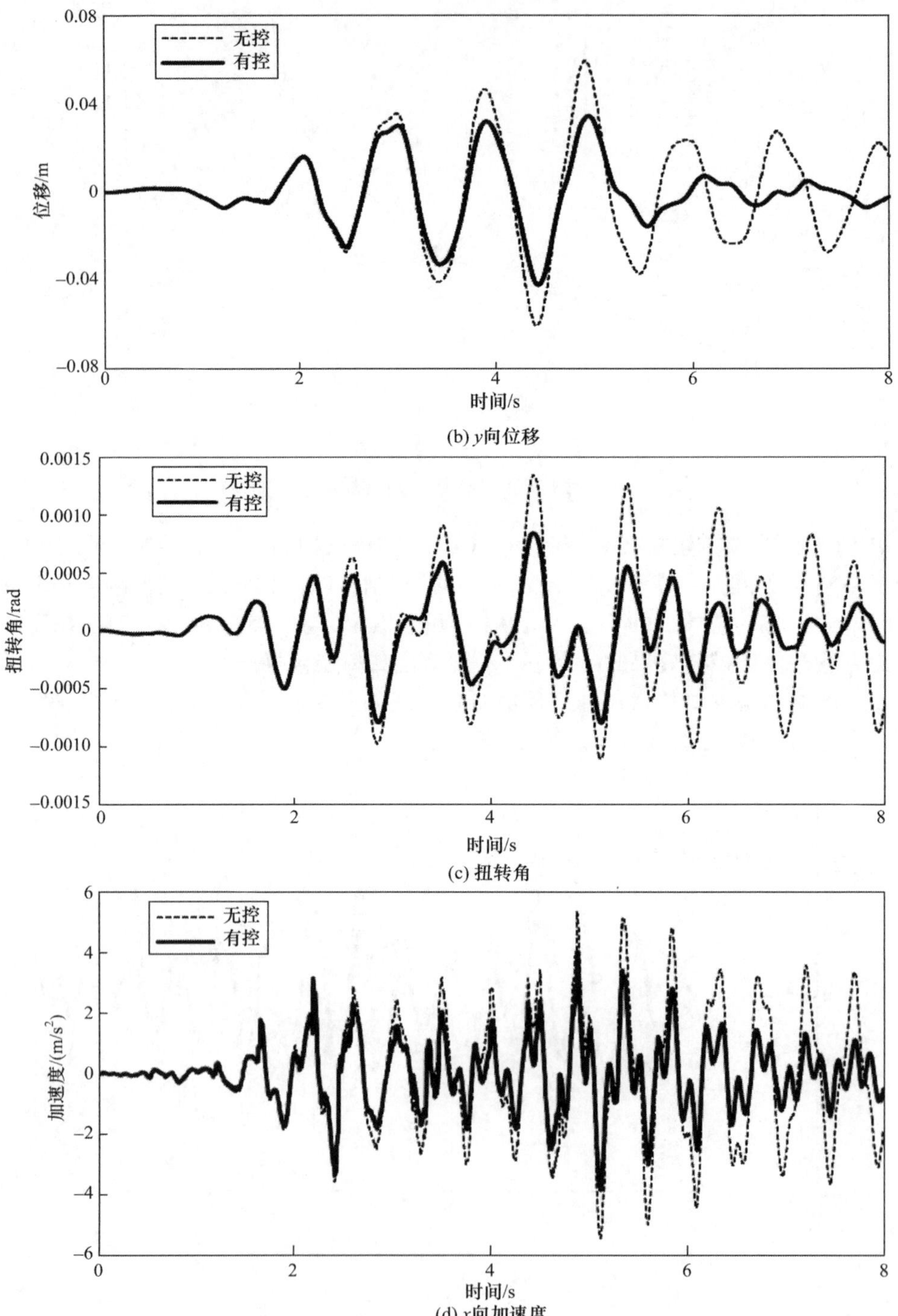

(b) y向位移

(c) 扭转角

(d) x向加速度

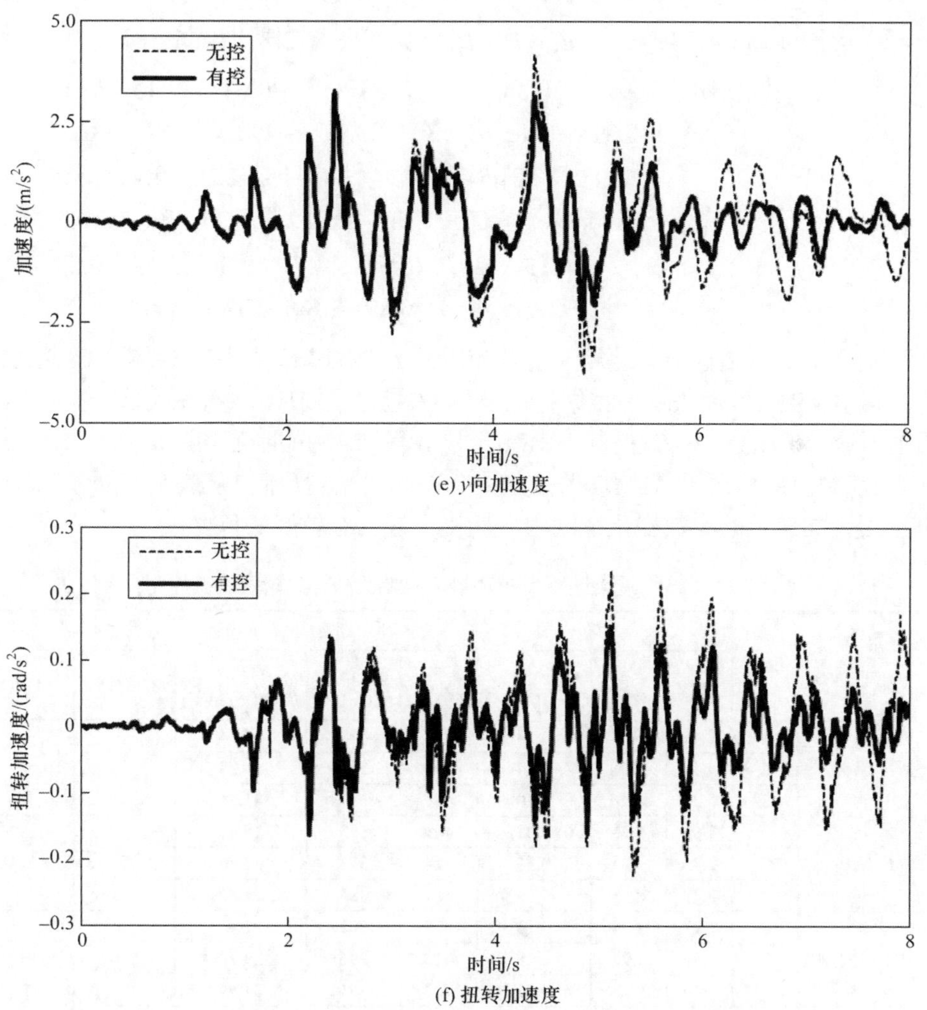

(e) y向加速度

(f) 扭转加速度

图 9.2　工况 2 下结构底层地震反应时程曲线

9.4.2　鲁棒非脆弱 H_∞控制器

选取性能指标中加权矩阵为

$$Q = 10^{-4} \times \mathrm{diag}(10^9, 10^9, 0.5\times10^9, 2\times10^8, 2\times10^8, 10^8, 5\times10^{10}, 5\times10^{10}, 2.5\times10^{10}, 2\times10^6, 2\times10^6, 5\times10^7, 5\times10^7, 5\times10^7, 5\times10^7, 5\times10^7, 5\times10^7, 3\times10^7, 3\times10^7, 3\times10^7, 10^6, 10^6)$$

$$R = \mathrm{diag}(10^{-5}, 10^{-5})$$

为了便于讨论，假设 $\Delta_M = 0.05M$ ， $\Delta_K = 0.5K$ ， $\Delta_C = 0.5C$, $\Delta_{B_s} = 0.25B_s$ ，取

$\gamma=2.79\times10^4$，$\varepsilon=1.38\times10^6$，$E_1=\Gamma=I_{22}$，则可得控制器增益矩阵为

$$K_u=10^5\left[\begin{matrix}-0.1882 & -44 & 20.38 & 3.07 & 3.67 & -0.63 & 12.15 & 55.80\\ 0.49 & 0.31 & -5.83 & 2.92 & -23.97 & -49.68 & 18.23 & 83.99\end{matrix}\right.$$

$$\begin{matrix}128.53 & 14.54 & -0.04 & -0.91 & -2.25 & 4.42 & 0.07\\ 198.39 & -0.09 & 15.12 & 0.10 & 0.11 & 0.01 & 0.67\end{matrix}$$

$$\left.\begin{matrix}0.13 & 0.10 & 0.62 & 1.27 & 19.38 & 7.59 & 0.08\\ -0.16 & 4.55 & 0.89 & 1.84 & 30.19 & 0.09 & 8.04\end{matrix}\right]$$

不同工况下结构最大地震反应及相应的 ATMD 系统的最大控制力如表 9.2 所示。其中，RH1(0%)表示标称结构的鲁棒 H_∞控制；RH1(–20%)表示结构的刚度和阻尼减小 20%的鲁棒 H_∞控制；RH1(–50%)表示结构的刚度和阻尼减小 50%的鲁棒 H_∞控制。结构顶层 ATMD 的控制力时程如图 9.3 所示。从表 9.2 和图 9.3 中可以看出，在设定的参数变化范围内，所提方法具有较好的鲁棒性。

表 9.2　结构最大地震反应和最大控制力(鲁棒非脆弱 H_∞控制)

工况	层数	位移			加速度			最大控制力/kN	
		x /cm	y /cm	θ /($\times10^{-2}$rad)	$\ddot{x}$ /(cm/s²)	$\ddot{y}$ /(cm/s²)	$\ddot{\theta}$ /($\times10^{-2}$rad/s²)	ATMD1	ATMD2
无控制	1	2.46	6.07	0.13	546	417	23.54	—	—
	2	4.30	10.31	0.24	796	519	36.28		
	3	5.25	12.31	0.30	889	677	41.34		
RH1(0)	1	1.63	4.11	0.08	409	323	15.47	253	213
	2	2.80	7.04	0.15	524	373	22.46		
	3	3.38	8.55	0.19	621	484	25.86		
RH1(–20%)	1	1.93	3.14	0.11	439	302	21.01	276	138
	2	3.36	5.90	0.18	615	296	29.78		
	3	4.10	7.83	0.22	717	391	31.90		
RH1(–50%)	1	2.12	2.92	0.10	364	292	17.47	245	179
	2	4.00	5.33	0.17	502	236	25.25		
	3	5.03	7.15	0.21	641	400	29.78		
RH2(0)	1	1.30	3.98	0.07	349	320	21.42	399	307
	2	2.23	6.90	0.13	470	366	26.15		
	3	2.71	8.29	0.17	573	460	24.47		
RH2(–20%)	1	1.78	3.06	0.09	410	282	22.38	482	208
	2	3.11	5.75	0.16	576	306	31.51		
	3	3.82	7.46	0.20	609	362	29.37		
RH2(–50%)	1	1.88	2.99	0.09	333	286	19.27	444	306
	2	3.60	5.35	0.14	485	235	25.34		
	3	4.63	6.75	0.17	572	375	32.55		

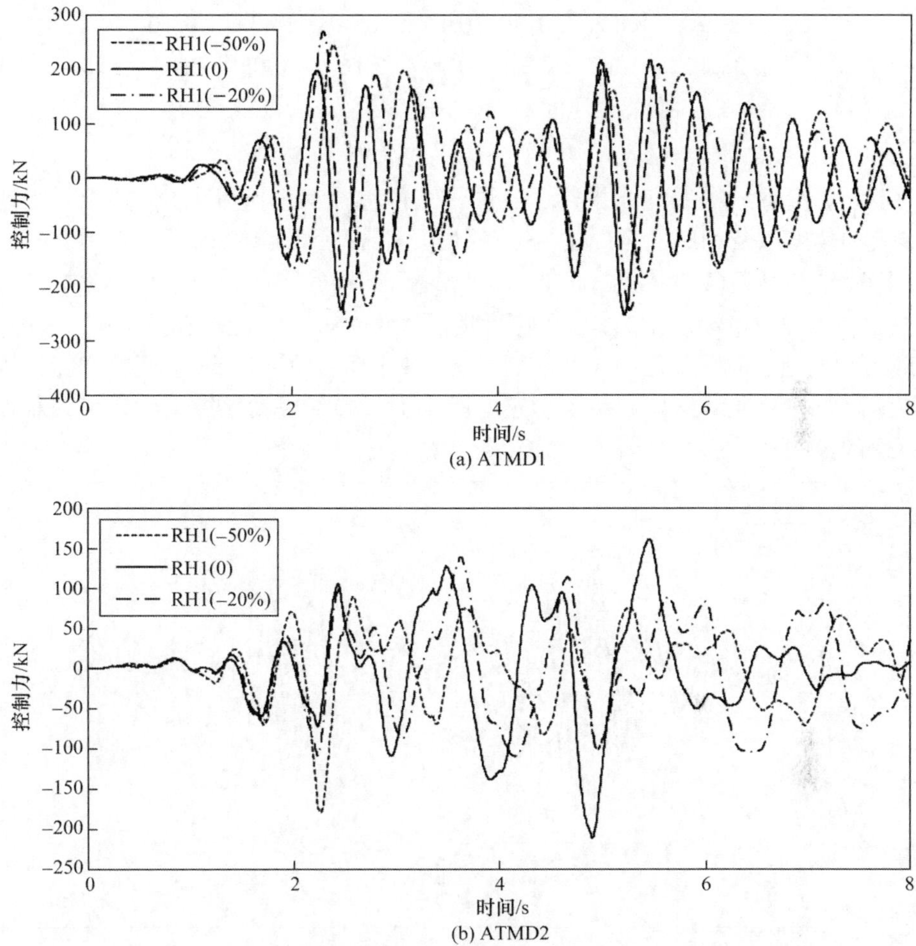

图 9.3　结构顶层 ATMD 控制力时程(RH1 工况)

与 RH1 工况相比，在相同的结构参数变化范围内，为了得到相对更好的控制效果，选取性能指标中加权矩阵为

$$Q = 10^{-3} \times \mathrm{diag}(10^9, 10^9, 0.5\times10^9, 2\times10^8, 2\times10^8, 10^8, 5\times10^{10}, 5\times10^{10}, 2.5\times10^{10}, 2\times10^6, 2\times10^6, 5\times10^7, 5\times10^7, 5\times10^7, 5\times10^7, 5\times10^7, 5\times10^7, 3\times10^7, 3\times10^7, 3\times10^7, 10^6, 10^6)$$

$$R = \mathrm{diag}(10^{-8}, 10^{-8})$$

取 $\gamma = 2.79\times10^4$， $\varepsilon = 3.08\times10^5$， $E_1 = \Gamma = I_{22}$，则可得控制器增益矩阵为

$$K_u = 10^6 \left[\begin{matrix} 14.15 & -27.03 & -53.28 & 0.55 & 2.19 & 5.79 & -2.14 & -0.43 \\ 2.36 & 5.96 & 4.28 & 11.34 & 25.46 & -57.69 & -2.71 & -1.74 \end{matrix}\right.$$

$$\begin{array}{ccccccc}
228.70 & 8.84 & -1.39 & 0.16 & -0.49 & 1.43 & -0.10 \\
334.12 & -1.18 & 7.85 & 0.09 & 0.16 & -0.03 & 0.47 \\
-0.03 & -0.19 & -0.03 & -0.04 & 8.56 & 3.41 & -0.19 \\
0.70 & 1.72 & -0.05 & -0.07 & 13.04 & -0.15 & 3.33
\end{array}\Bigg]$$

不同工况下结构的性能指标、各层最大位移(相对于地面)、各层相对于地面的最大加速度以及相应的 ATMD 系统的最大控制力如表 9.2 所示。其中，RH2(0)表示标称结构的鲁棒 H_∞控制；RH2(−20%)表示结构的刚度和阻尼减小 20%的鲁棒 H_∞控制；RH2(−50%)表示结构的刚度和阻尼减小 50%的鲁棒 H_∞控制。结构顶层 ATMD 的控制力时程如图 9.4 所示。从表 9.2 中可以看出，通过调整性能指标中的权矩阵，在保证结构控制系统稳定的前提下，施加更大的控制力后可以获得相对更优的控制效果。

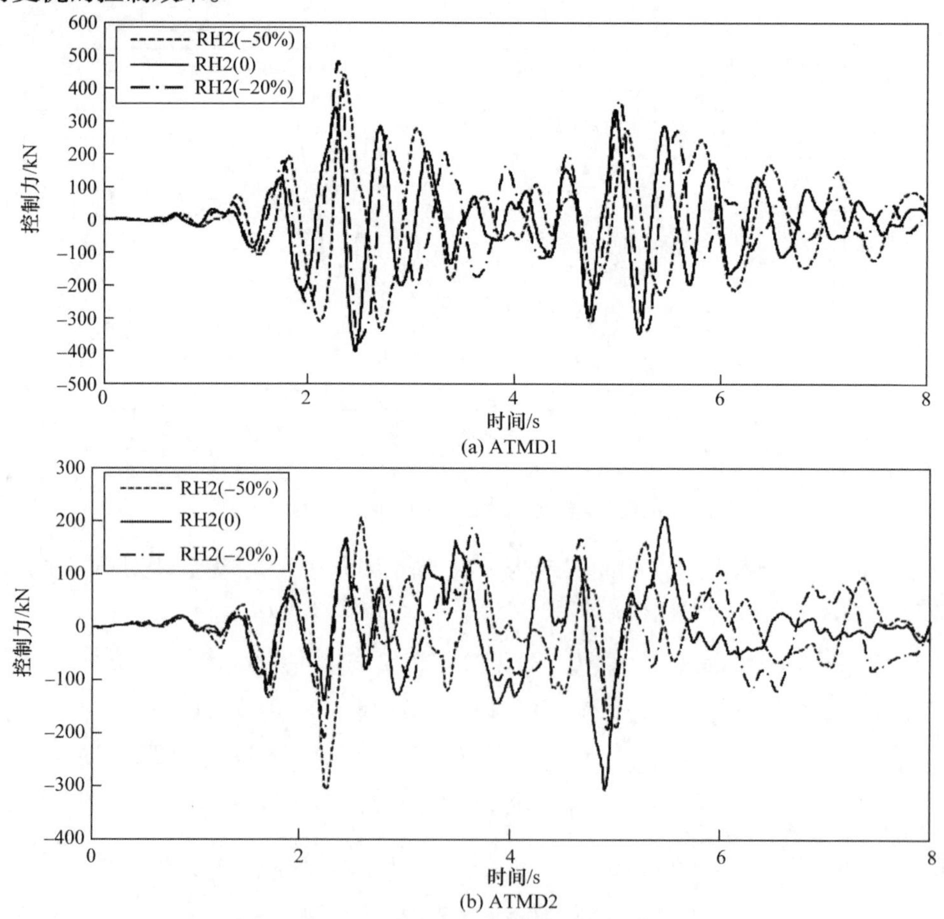

(a) ATMD1

(b) ATMD2

图 9.4　结构顶层 ATMD 控制力时程(RH2 工况)

以标称结构为例，RH1 工况和 RH2 工况下偏心结构顶层的地震反应时程曲线如图 9.5 所示。从图中可以看出，所提鲁棒 H_∞控制方法具有较好的控制效果。

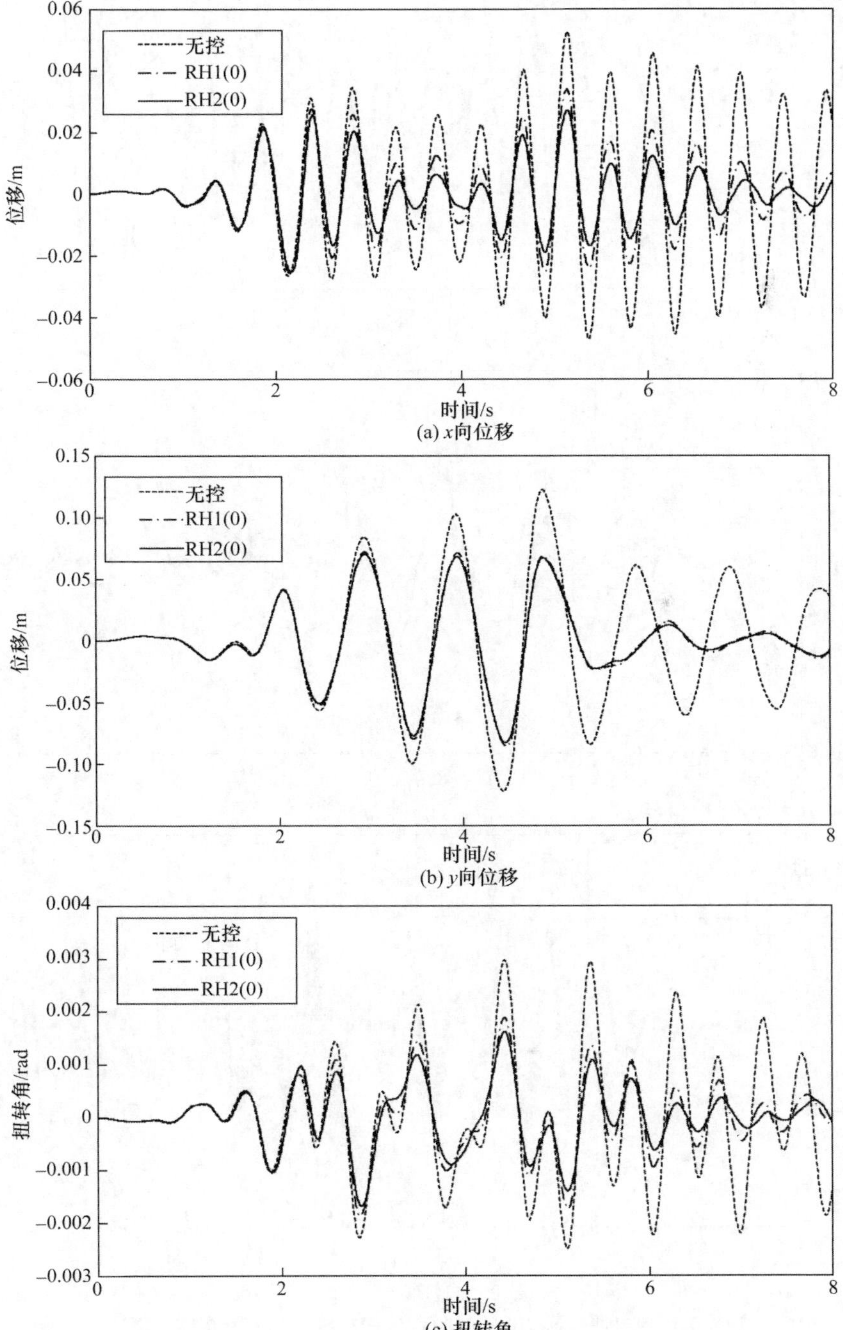

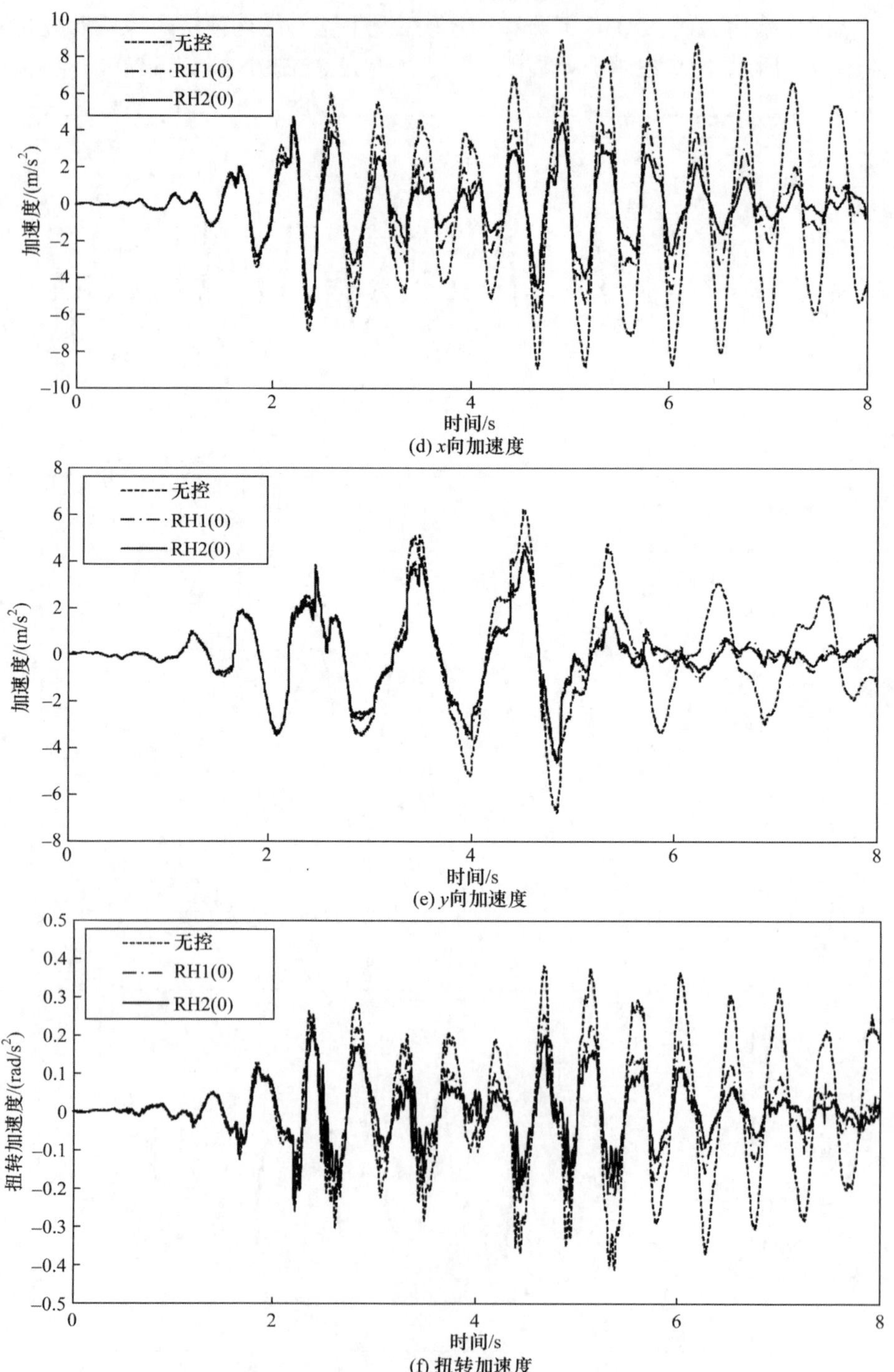

(d) x向加速度

(e) y向加速度

(f) 扭转加速度

图 9.5　结构顶层地震反应时程比较(RH1 工况和 RH2 工况)

通过合理调整性能指标的权矩阵，可以获得相对更优的控制效果。

9.5 本章小结

扭转反应是造成偏心结构震害的主要因素之一，偏心结构在实际的多维地震动作用下，将发生扭转耦联空间振动。为了使鲁棒 H_∞控制方法能尽快应用于实际的非对称偏心结构振动控制工程中，针对传统线性二次型最优控制等主动控制方法存在鲁棒性较差的不足，考虑到实际中地震动的不确定性、结构参数的不确定性以及结构体型的非对称性影响，设计了两种基于线性矩阵不等式的鲁棒 H_∞控制方法。为了使控制器的设计能较为简单，便用工程应用：①将工程中常用的二次型最优指标结合于鲁棒 H_∞控制系统的分析中；②应用线性矩阵不等式方法减小求解的复杂度。以一个多层偏心结构作为研究对象，在结构顶层沿两个主轴方向正交设置两个 ATMD 控制装置来控制结构在水平双向地震动作用下的扭转耦联振动，其中 ATMD 系统的主动控制力由鲁棒 H_∞控制算法获得。仿真结果初步表明，所提方法应用于实际结构振动控制工程是可行且有效的，具有较好的控制效果和鲁棒性。

参考文献

[1] 欧进萍. 结构振动控制：主动、半主动和智能控制[M]. 北京：科学出版社, 2003.

[2] 马乾英，王社良，朱军强. 大跨空间结构智能监测优化设计及信号处理[J]. 振动、测试与诊断, 2011, 31(3):285-290.

[3] 贾英民. 鲁棒 H_∞控制[M]. 北京：科学出版社, 2007:144-178.

[4] 薛安克. 鲁棒最优控制理论与应用[M]. 北京：科学出版社, 2008:97-123.

[5] YANG J N, WU J C. Experimental verifications of H_∞ and sliding-mode control for seismically excited buildings[J]. Journal of structural engineering, 1996, 122(1): 69-75.

[6] CALISE A J, SWERIDUK G D. Active attenuation of building structural response using robust control[J]. Journal of engineering mechanics, 1998, 124(5):520-528.

[7] WANG S G, ROSCHKE P N, YEH H Y. Robust control for structural systems with unstructured uncertainties[J]. Journal of engineering mechanics, 2004, 130(3):337-346.

[8] DU H P, LAM J, SZE K Y. Non-fragile H_∞ vibration control for uncertain structural systems[J]. Journal of sound and vibration, 2004, 273(4-5):1031-1045.

[9] 李文章，吴凌尧，郭雷. 基于 LMI 的结构振动鲁棒 H_∞控制[J]. 振动工程学报, 2008, 21(2):157-161.

[10] WU J C, CHIH H H, CHEN C H. A robust method for seismic protection of civil frame building[J]. Journal of sound and vibration, 2006, 294(1-2):314-328.

[11] 李宏男，金峤. 遗传 BP 神经网络主动 AMD 对偏心结构的减震控制[J]. 地震工程与工程振动, 2003, 23(2):134-142.

[12] 霍林生，李宏男. 调液阻尼器对偏心结构扭转耦联振动控制的研究[J]. 工程力学, 2010,

27(1):84-90.

[13] LI Z J, WANG S L. Robust optimal H_∞ control for irregular buildings with AMD via LMI approach[J]. Nonlinear analysis: modelling and control, 2014, 19(2):256-271.

[14] 李志军, 刘园园,王社良,等. 偏心结构基于LMI的鲁棒H_∞控制[J]. 振动、测试与诊断,2014, 34(5):857-863.

[15] CHOPRA A K. Dynamics of Structures: Theory and Applications to Earthquake Engineering[M]. Upper Saddle River: Prentice-Hall, 2001.

[16] BOYD S P, GHAOUI, L E, FERON E, ET AL. Linear Matrix Inequality in Systems and Control Theory[M]. Philadelphia: SIAM, 1994.

第 10 章　建筑结构基于 LMI 的离散鲁棒 H_2/H_∞控制

降低结构的峰值反应(如加速度和位移)是结构抗震及抗风设计中非常重要的一个方面。土木工程结构振动控制的研究与应用已有四十余年的历史，其研究和应用大体上分为三个领域：被动控制，如 TMD[1,2]；主动控制[3,4]；半主动控制[5]和混合控制[6-8]。与被动控制相比，结构的主动控制具有控制效果好、精度高、能够有效处理外部干扰等诸多优点，而且主动控制算法是半主动和混合控制的基础[9]。目前，已有多种适合于建筑结构振动控制的主动控制算法，如二次型最优控制法(LQR)[10]、LQG 控制法[11]、滑移模态控制法[12-14]、H_∞控制法[15]、PID 控制法[16]等。在运用主动、半主动和混合控制技术时，传统控制算法难以保证对结构参数不确定性影响具有较好鲁棒性，从而影响控制系统的性能，为此研究对结构参数和外部扰动具有较好鲁棒性、调节简单的控制算法是土木工程结构振动控制研究的一个重要方面[17]。考虑到外部激励频率接近结构固有频率时会放大结构的动力反应，Kim 等[18]提出了基于最小均方反馈的自适应控制算法，并且引入小波变换，对该方法进行了改进[6]。通过一个不规则高层建筑[19]和一个大跨斜拉桥[3]仿真模型，他们验证了所提方法的有效性。

H_∞方法理论系统完善，是可用于结构振动控制工程的有效方法，但必须解决其系统复杂性与常用工程评价指标间的差异等问题。Yang 等[15]等通过试验验证了其所提 H_∞控制方法的有效性，但该方法未考虑结构参数的不确定；Calise 等[21]基于频域空间提出了一种考虑结构参数不确定性的鲁棒 H_∞控制方法，但由频域空间确定结构的参数不确定性相对困难且不直观；Wang 等[22]考虑不确定参数的有界条件，通过求解 Riccati 方程，提出了一种鲁棒 H_∞控制方法。上述几种方法均需要求解 Riccati 方程来设计相应的控制器，对于待定参数较多的控制器设计，求解 Riccati 方程存在很大的困难。

线性矩阵不等式是一种有效求解 Riccati 方程的工具[23]。一些学者基于 LMI 求解方法设计了相应的 H_∞控制器[24-26]，但是这些方法都存在未考虑结构参数不确定性影响或基于频域空间考虑结构参数不确定性的不足。

考虑到实际工程中计算机实时控制均为离散系统，基于离散界实定理和 LMI 方法，本章设计一种便于工程应用的离散鲁棒 H_2/H_∞控制方法，以一个三层剪切型结构模型和一个十层 ATMD-结构模型为例进行相应的数值分析[27]。

10.1 结构参数不确定性的模拟

对于一个自由度数为 n 的层间剪切型受控建筑结构，设地面运动的加速度分量为 $w(t)$，其运动方程可表示为

$$M\ddot{X}+C\dot{X}+KX=-M\bar{I}w(t)+B_{\mathrm{s}}U(t) \tag{10.1}$$

式中，X、$\dot{X}$、$\ddot{X}$ 分别是结构的位移向量、速度向量和加速度向量，且 $X=[x_1,x_2,\cdots,x_{n-1},x_n]^{\mathrm{T}}$ 为 n 维位移列向量(x_i 为第 i 层相对于地面的位移)；$M=\mathrm{diag}(m_1,m_2,\cdots,m_n)$ 为 $n\times n$ 维结构的质量矩阵(m_i 为第 i 层的集中质量)；B_{s} 为 $n\times r$ 维控制力位置矩阵；$U(t)$ 为 r 维控制力列向量；C 和 K 分别为 $n\times n$ 维结构阻尼和刚度矩阵；$\bar{I}$ 是元素为-1 的列向量。

考虑结构质量、刚度、阻尼和控制力具有不确定性的影响，式(10.1)可以重新描述为

$$(M+\varDelta_M)\ddot{X}+(C+\varDelta_C)\dot{X}+(K+\varDelta_K)X=-(M+\varDelta_M)\bar{I}w(t)+(B_{\mathrm{s}}+\varDelta_{B_{\mathrm{s}}})U(t) \tag{10.2}$$

式中，$\varDelta_M$、$\varDelta_K$、$\varDelta_C$、$\varDelta_{B_{\mathrm{s}}}$ 分别表示质量、刚度、阻尼和控制力的不确定性矩阵。其中质量不确定性矩阵 $\varDelta_M$ 有界且满足条件

$$\left\|\varDelta_M M^{-1}\right\|\leqslant\|\delta\|<1 \tag{10.3}$$

式中，δ 为 $n\times n$ 维对角矩阵，且对角线元素 $0<\delta_i<1$。

为了避免矩阵 $M+\varDelta_M$ 的逆矩阵出现，引入纯量矩阵 δ 和 δ'，令 $(I+\delta)(I+\delta')=I$，则式(10.2)可化为

$$\begin{aligned}&\ddot{X}+(I+\delta')M^{-1}(C+\varDelta_C)\dot{X}+(I+\delta')M^{-1}(K+\varDelta_K)X\\&=-\bar{I}w(t)+(I+\delta')M^{-1}(B_{\mathrm{s}}+\varDelta_{B_{\mathrm{s}}})U(t)\end{aligned} \tag{10.4}$$

式(10.4)可化为以下状态方程：

$$\dot{Z}(t)=(A+\Delta A)Z(t)+(B+\Delta B)U(t)+Hw(t) \tag{10.5}$$

式中

$$\Delta A=\begin{bmatrix}0 & 0\\ -M^{-1}\delta_K & -M^{-1}\delta_C\end{bmatrix},\quad \Delta B=\begin{bmatrix}0\\ M^{-1}\delta_{B_{\mathrm{s}}}\end{bmatrix},\quad Z(t)=\begin{bmatrix}\dot{X}\\ X\end{bmatrix}$$

$$A=\begin{bmatrix}0 & I\\ -M^{-1}K & -M^{-1}C\end{bmatrix},\quad B=\begin{bmatrix}0\\ M^{-1}B_{\mathrm{s}}\end{bmatrix},\quad H=\begin{bmatrix}0\\ -\bar{I}\end{bmatrix}$$

其中

$$\delta_K = (I+\delta')\varDelta_K + \delta' K$$

$$\delta_C = (I+\delta')\varDelta_C + \delta' C$$

$$\delta_{B_s} = (I+\delta')\varDelta_{B_s} + \delta' B_s$$

$Z(t)$ 为 $2n$ 维状态列向量；A 为 $2n\times 2n$ 维系统矩阵；B 为 $2n\times r$ 维矩阵；H 为 $2n\times 1$ 维矩阵。

根据文献[20]，方程(10.5)解的离散化形式为

$$\begin{aligned} Z(t) = \mathrm{e}^{(A+\Delta A)(t-t_0)}Z(t_0) + \int_{t_0}^{t}\mathrm{e}^{(A+\Delta A)(t-\tau)}(B+\Delta B)u(\tau)\mathrm{d}\tau \\ + \int_{t_0}^{t}\mathrm{e}^{(A+\Delta A)(t-\tau)}Hw(\tau)\mathrm{d}\tau \end{aligned} \tag{10.6}$$

令 $t_0 = kT$ ， $t=(k+1)T$ ，则式(10.6)变为

$$\begin{aligned} Z[(k+1)T] = \mathrm{e}^{(A+\Delta A)T}Z(kT) + \int_{kT}^{(k+1)T}\mathrm{e}^{(A+\Delta A)[(k+1)T-\tau]}(B+\Delta B)U(kT)\mathrm{d}\tau \\ + \int_{kT}^{(k+1)T}\mathrm{e}^{(A+\Delta A)[(k+1)T-\tau]}Hw(kT)\mathrm{d}\tau \end{aligned} \tag{10.7}$$

式中，T 为采样周期。

对式(10.7)进行积分变换，令 $\eta = (k+1)T-\tau$ ，则式(10.7)变为

$$\begin{aligned} Z[(k+1)T] = \mathrm{e}^{(A+\Delta A)T}Z(kT) + \int_{0}^{T}\mathrm{e}^{(A+\Delta A)\eta}(B+\Delta B)U(kT)\mathrm{d}\eta \\ + \int_{0}^{T}\mathrm{e}^{(A+\Delta A)\eta}Hw(kT)\mathrm{d}\eta \end{aligned} \tag{10.8}$$

忽略高阶微量，且记

$$\begin{aligned} A_\mathrm{d} = \mathrm{e}^{AT}, \quad B_\mathrm{d} = \int_0^T \mathrm{e}^{A\eta}B\mathrm{d}\eta, \quad H_\mathrm{d} = \int_0^T \mathrm{e}^{A\eta}H\mathrm{d}\eta \\ \Delta A_\mathrm{d} = \mathrm{e}^{AT}T\Delta A, \quad \Delta B_\mathrm{d} = \left(\int_0^T \mathrm{e}^{A\eta}\mathrm{d}\eta\right)\Delta B \end{aligned} \tag{10.9}$$

于是，结构控制系统的离散状态方程可表示为

$$Z(k+1) = (A_\mathrm{d}+\Delta A_\mathrm{d})Z(k) + (B_\mathrm{d}+\Delta B_\mathrm{d})U(k) + H_\mathrm{d}w(k) \tag{10.10}$$

式中，$Z(k)$ 和 $Z(k+1)$ 分别表示控制系统第 k 步(对应时间为 $t=kT$)和第 $k+1$ 步(对应时间为 $t=kT+T$)的状态反应；$U(k)$为第 k 步的主动控制力； $w(k)$ 为第 k 步的地震输入。

系统控制输出矩阵为

$$z_1(k)=\begin{bmatrix}0\\Q^{1/2}\end{bmatrix}Z(k)+\begin{bmatrix}R^{1/2}\\0\end{bmatrix}U(k) \tag{10.11}$$

式中，Q 为相应维数的半正定矩阵；R 为相应维数的正定矩阵。

系统观测输出矩阵为

$$Y_{\mathrm{s}}(k)=\Gamma\, Z(k)=C_{\mathrm{d}}X(k)+C_{\mathrm{v}}\dot{X}(k) \tag{10.12}$$

式中，$\Gamma=\begin{bmatrix}C_{\mathrm{d}} & C_{\mathrm{v}}\end{bmatrix}$。

10.2　基于 LMI 的鲁棒 H_2/H_∞控制器设计

假设不确定性参数矩阵 δ_K 和 δ_C 可以表示为

$$\delta_K=L_kF_kE_k \tag{10.13}$$

$$\delta_C=L_cF_cE_c \tag{10.14}$$

$$\delta_{B_{\mathrm{s}}}=L_bF_bE_b \tag{10.15}$$

式中，$\|F_k\|\leqslant 1$；$\|F_c\|\leqslant 1$；$\|F_b\|\leqslant 1$；L_k、E_k、L_c、E_c、L_b、E_b 是表示相应结构参数变化的已知定常矩阵。则结构参数不确定性矩阵 ΔA_{d} 和控制力不确定性矩阵 ΔB_{d} 具有如下形式：

$$\begin{cases}\Delta A_{\mathrm{d}}=DF(t)E_1\\ \Delta B_{\mathrm{d}}=DF(t)E_2\end{cases} \tag{10.16}$$

式中

$$\left[D=-T\mathrm{e}^{AT}\begin{bmatrix}0 & 0\\ M^{-1}L_k & M^{-1}L_c\end{bmatrix}\left(\int_0^T \mathrm{e}^{A\eta}\mathrm{d}\eta\right)\begin{bmatrix}0\\ M^{-1}L_b\end{bmatrix}\right],\quad F=\begin{bmatrix}F_k & 0 & 0\\ 0 & F_c & 0\\ 0 & 0 & F_b\end{bmatrix}$$

$$E_1=\begin{bmatrix}E_k & 0\\ 0 & E_c\\ 0 & 0\end{bmatrix},\qquad E_2=-\begin{bmatrix}0\\0\\E_b\end{bmatrix}.$$

定义 1　对于不确定线性系统[式(10.10)]，如果存在一个状态反馈控制律 $U(k)=K_uZ(k)$，使得闭环系统对于所有容许的不确定性满足下面的设计指标：

(1) 闭环系统是渐进稳定的；

(2) 从系统外部扰动输入 $w(k)$ 到 $Y_{\mathrm{s}}(k)$ 的传递函数 $T_{Y_{\mathrm{s}}w}(s)$ 的 H_∞范数 $\left\|T_{Y_{\mathrm{s}}w}(s)\right\|_\infty<\gamma$，其中 γ 为给定的正数；

(3) 要求性能指标

$$J = \sup_{F} \lim_{t\to\infty} E\left\{z_1^{\mathrm{T}}(k) z_1(k)\right\} \leqslant \bar{J} \tag{10.17}$$

式中，$\bar{J}$ 为一个确定的常数，它表示闭环系统最坏情况下的 H_2 性能指标的一个上界，式中的 $E\{\cdot\}$ 表示矩阵的期望算子。

则称控制律 $U(k) = K_u Z(k)$ 是系统[式(10.10)]的一个鲁棒 H_2/H_∞保性能控制律。

应用控制律 $U(k) = K_u Z(k)$，得到如下的闭环系统：

$$Z(k+1) = \bar{A}_{\mathrm{d1}} Z(k) + H_{\mathrm{d}} w(k) \tag{10.18}$$

$$z_1(k) = C_{\mathrm{d1}} Z(k) \tag{10.19}$$

式中，$\bar{A}_{\mathrm{d1}} = A_{\mathrm{d1}} + DFE$；$C_{\mathrm{d1}} = \begin{bmatrix} 0 \\ Q^{1/2} \end{bmatrix} + \begin{bmatrix} R^{1/2} \\ 0 \end{bmatrix} K_u$；$A_{\mathrm{d1}} = A_{\mathrm{d}} + B_{\mathrm{d}} K_u$；$E = E_1 + E_2 K_u$。

如果 $\bar{A}_{\mathrm{d1}}$ 是渐进稳定的，则 J 表示成

$$J = \sup_{F} \mathrm{Trace}\left\{H_{\mathrm{d}}^{\mathrm{T}} \tilde{P} H_{\mathrm{d}}\right\} \tag{10.20}$$

式中，$\tilde{P} = \tilde{P}^{\mathrm{T}} \geqslant 0$ 是由以下的离散时间 Lyapunov 方程

$$\bar{A}_{\mathrm{d1}}^{\mathrm{T}} \tilde{P} \bar{A}_{\mathrm{d1}} - \tilde{P} + C_{\mathrm{d1}}^{\mathrm{T}} C_{\mathrm{d1}} = 0 \tag{10.21}$$

确定的矩阵。

由文献[28]给出以下引理：

引理 1　给定适当维数的矩阵 X_C、Y_C 和 Z_C，其中 X_C 是对称的，则

$$X_C + Y_C F Z_C + Z_C^{\mathrm{T}} F^{\mathrm{T}} Y_C^{\mathrm{T}} < 0$$

对所有满足 $F^{\mathrm{T}} F \leqslant I$ 的矩阵 F 成立，当且仅当存在一个常数 $\eta>0$，使得

$$X_C + \eta Y_C Y_C^{\mathrm{T}} + \eta^{-1} Z_C^{\mathrm{T}} Z_C < 0$$

定理 1　对于给定常数 $\gamma > 0$ 和闭环系统[式(10.10)]，$\bar{A}_{\mathrm{d1}}$ 是渐进稳定的，且 $\left\|T_{Y_s w}(s)\right\|_\infty < \gamma$ 当且仅当存在常数 $\alpha > 0$，使得

$$\bar{A}_{\mathrm{d1}}^{\mathrm{T}} P \bar{A}_{\mathrm{d1}} - P + \bar{A}_{\mathrm{d1}}^{\mathrm{T}} P H_{\mathrm{d}} \left(\gamma^2 \alpha^{-1} I - H_{\mathrm{d}}^{\mathrm{T}} P H_{\mathrm{d}}\right)^{-1} H_{\mathrm{d}}^{\mathrm{T}} P \bar{A}_{\mathrm{d1}} + \alpha^{-1} \Gamma^{\mathrm{T}} \Gamma + C_{\mathrm{d1}}^{\mathrm{T}} C_{\mathrm{d1}} < 0 \tag{10.22}$$

有一个正定解矩阵 $P = P^{\mathrm{T}} > 0$，且使得 $\gamma^2 \alpha^{-1} I - H_{\mathrm{d}}^{\mathrm{T}} P H_{\mathrm{d}} > 0$。进而，对这样的解矩阵 P，有

$$0 \leqslant \tilde{P} \leqslant P \tag{10.23}$$

其中，$\tilde{P} = \tilde{P}^{\mathrm{T}} \geqslant 0$ 是 Lyapunov 方程(10.20)的解矩阵。

证明　由离散时间系统的界实定理[29]：矩阵 $\bar{A}_{\mathrm{d1}}$ 渐进稳定，且 $\left\|T_{Y_s w}(s)\right\|_\infty < \gamma$ 当

且仅当存在满足矩阵不等式

$$\overline{A}_{\mathrm{d1}}^{\mathrm{T}}\overline{P}\overline{A}_{\mathrm{d1}}-\overline{P}+\overline{A}_{\mathrm{d1}}^{\mathrm{T}}\overline{P}H_{\mathrm{d}}(\gamma^{2}I-H_{\mathrm{d}}^{\mathrm{T}}\overline{P}H_{\mathrm{d}})^{-1}H_{\mathrm{d}}^{\mathrm{T}}\overline{P}\overline{A}_{\mathrm{d1}}+\Gamma^{\mathrm{T}}\Gamma<0 \tag{10.24}$$

的对称正定矩阵 $\overline{P}$，且使得 $\gamma^{2}I-H_{\mathrm{d}}^{\mathrm{T}}\overline{P}H_{\mathrm{d}}>0$。

式(10.22)等价于存在常数 $\alpha>0$，使得

$$\overline{A}_{\mathrm{d1}}^{\mathrm{T}}\overline{P}\overline{A}_{\mathrm{d1}}-\overline{P}+\overline{A}_{\mathrm{d1}}^{\mathrm{T}}\overline{P}H_{\mathrm{d}}(\gamma^{2}I-H_{\mathrm{d}}^{\mathrm{T}}\overline{P}H_{\mathrm{d}})^{-1}H_{\mathrm{d}}^{\mathrm{T}}\overline{P}\overline{A}_{\mathrm{d1}}+\Gamma^{\mathrm{T}}\Gamma+\alpha C_{\mathrm{d1}}^{\mathrm{T}}C_{\mathrm{d1}}<0 \tag{10.25}$$

在式(10.25)两边分别乘以正常数 α^{-1}，并记 $P=\alpha^{-1}\overline{P}$，则 $P>0$，且满足 $\gamma^{2}\alpha^{-1}I-H_{\mathrm{d}}^{\mathrm{T}}PH_{\mathrm{d}}>0$ 和矩阵不等式(10.22)。即得证定理的第一部分。

进而，假定矩阵不等式(10.22)有一个对称正定解矩阵 P，且满足 $\gamma^{2}\alpha^{-1}I-H_{\mathrm{d}}^{\mathrm{T}}PH_{\mathrm{d}}>0$。记

$$M_{\mathrm{d}}=\overline{A}_{\mathrm{d1}}^{\mathrm{T}}PH_{\mathrm{d}}(\gamma^{2}I-H_{\mathrm{d}}^{\mathrm{T}}PH_{\mathrm{d}})^{-1}H_{\mathrm{d}}^{\mathrm{T}}P\overline{A}_{\mathrm{d1}}+\alpha^{-1}\Gamma^{\mathrm{T}}\Gamma$$

则 $M_{\mathrm{d}}\geqslant 0$。式(10.22)减去式(10.21)，可得

$$\overline{A}_{\mathrm{d1}}^{\mathrm{T}}(P-\tilde{P})\overline{A}_{\mathrm{d1}}-(P-\tilde{P})+M_{\mathrm{d}}<0$$

由 $M_{\mathrm{d}}\geqslant 0$、$\overline{A}_{\mathrm{d1}}$ 的稳定性及 Lyapunov 稳定性理论可得：$P-\tilde{P}\geqslant 0$，即 $\tilde{P}\leqslant P$。证毕。

定理 2　给定常数 $\gamma>0$ 和不确定线性系统[式(10.10)]，存在一个保性能控制律 $U(k)=K_{u}Z(k)$ 当且仅当存在常数 $\alpha>0$、$\beta>0$ 以及对称正定矩阵 $N=N^{\mathrm{T}}>0$ 和 Y，使得

$$\begin{bmatrix} -N & 0 & (A_{\mathrm{d}}N+B_{\mathrm{d}}Y)^{\mathrm{T}} & (E_{1}N+E_{2}Y)^{\mathrm{T}} & (\Gamma N)^{\mathrm{T}} & \left(\begin{bmatrix}0\\ Q^{1/2}\end{bmatrix}N\right)^{\mathrm{T}}+\left(\begin{bmatrix}R^{1/2}\\ 0\end{bmatrix}Y\right)^{\mathrm{T}} \\ * & -\alpha\gamma^{2}I & \alpha H_{\mathrm{d}}^{\mathrm{T}} & 0 & 0 & 0 \\ * & * & -N+\beta DD^{\mathrm{T}} & 0 & 0 & 0 \\ * & * & * & -\beta I & 0 & 0 \\ * & * & * & * & -\alpha I & 0 \\ * & * & * & * & * & -I \end{bmatrix}<0 \tag{10.26}$$

式中，“*”代表矩阵中相应项的转置。若式(10.26)成立，则状态反馈控制律

$$U(k)=K_{u}Z(t)=YN^{-1}Z(k) \tag{10.27}$$

是系统[式(10.10)]的一个保性能控制律，且闭环系统的一个 H_2 保性能上界是 $\overline{J}=\mathrm{Trace}\left\{H_{\mathrm{d}}^{\mathrm{T}}N^{-1}H_{\mathrm{d}}\right\}$。

证明　根据矩阵的 Schur 补性质[29],矩阵不等式(10.22)和 $\gamma^{2}\alpha^{-1}I-H_{\mathrm{d}}^{\mathrm{T}}PH_{\mathrm{d}}>0$ 成立当且仅当

$$\begin{bmatrix} -P+\alpha^{-1}\Gamma^{\mathrm{T}}\Gamma+C_{\mathrm{d1}}^{\mathrm{T}}C_{\mathrm{d1}} & 0 & \overline{A}_{\mathrm{d1}}^{\mathrm{T}} \\ 0 & \alpha^{-1}\gamma^2 I & H_{\mathrm{d}}^{\mathrm{T}} \\ \overline{A}_{\mathrm{d1}} & H_{\mathrm{d}} & -P^{-1} \end{bmatrix}<0 \tag{10.28}$$

记

$$S=\begin{bmatrix} -P+\alpha^{-1}\Gamma^{\mathrm{T}}\Gamma+C_{\mathrm{d1}}^{\mathrm{T}}C_{\mathrm{d1}} & 0 & A_{\mathrm{d1}}^{\mathrm{T}} \\ 0 & \alpha^{-1}\gamma^2 I & H_{\mathrm{d}}^{\mathrm{T}} \\ A_{\mathrm{d1}} & H_{\mathrm{d}} & -P^{-1} \end{bmatrix} \tag{10.29}$$

根据 $\overline{A}_{\mathrm{d1}}=A_{\mathrm{d1}}+DFE$ ，式(10.28)可以等价地写成

$$S+\begin{bmatrix}0\\0\\D\end{bmatrix}F\begin{bmatrix}E & 0 & 0\end{bmatrix}+\begin{bmatrix}E & 0 & 0\end{bmatrix}^{\mathrm{T}}F^{\mathrm{T}}\begin{bmatrix}0\\0\\D\end{bmatrix}^{\mathrm{T}}<0 \tag{10.30}$$

由引理 1，式(10.30)对所有满足 $F^{\mathrm{T}}F\leqslant I$ 的不确定矩阵 F 成立当且仅当存在常数 $\beta>0$ ，使得

$$S+\beta\begin{bmatrix}0\\0\\D\end{bmatrix}\begin{bmatrix}0 & 0 & D^{\mathrm{T}}\end{bmatrix}+\beta^{-1}\begin{bmatrix}E^{\mathrm{T}}\\0\\0\end{bmatrix}\begin{bmatrix}E & 0 & 0\end{bmatrix}<0 \tag{10.31}$$

进一步应用 Schur 补性质，并代入矩阵 S 的表达式，式(10.31)可等价地表示成

$$\begin{bmatrix} -P & 0 & A_{\mathrm{d1}}^{\mathrm{T}} & E^{\mathrm{T}} & \Gamma^{\mathrm{T}} & C_{\mathrm{d1}}^{\mathrm{T}} \\ * & -\alpha^{-1}\gamma^2 I & H_{\mathrm{d}}^{\mathrm{T}} & 0 & 0 & 0 \\ * & * & -P^{-1}+\beta DD^{\mathrm{T}} & 0 & 0 & 0 \\ * & * & * & -\beta I & 0 & 0 \\ * & * & * & * & -\alpha I & 0 \\ * & * & * & * & * & -I \end{bmatrix}<0 \tag{10.32}$$

对式(10.32)左边的矩阵分别左乘和右乘矩阵 $\mathrm{diag}(P^{-1},\alpha I,I,I,I,I)$ ，并记 $N=P^{-1}$ ，即可得矩阵不等式

$$\begin{bmatrix} -N & 0 & NA_{\mathrm{d1}}^{\mathrm{T}} & NE^{\mathrm{T}} & NG^{\mathrm{T}} & NC_{\mathrm{d1}}^{\mathrm{T}} \\ * & -\alpha\gamma^2 I & \alpha H_{\mathrm{d}}^{\mathrm{T}} & 0 & 0 & 0 \\ * & * & -N+\beta DD^{\mathrm{T}} & 0 & 0 & 0 \\ * & * & * & -\beta I & 0 & 0 \\ * & * & * & * & -\alpha I & 0 \\ * & * & * & * & * & -I \end{bmatrix}<0 \tag{10.33}$$

定义$Y=K_uN$，根据定理 1 可得式(10.26)。证毕。

10.3 数值分析

10.3.1 算例 1

一个三层框架结构模型如图 4.2 所示[17]，结构各层装有主动支撑系统，结构每层质量均为 400t，结构层间刚度和阻尼比分别为 $k_i=2\times10^8$ N/m 和 $\xi_i=5\%$ $(i=1,2,3)$。周期取 0.02s，地震动输入采用 1940 El Centro 地震动，峰值为 0.2g，持续时间为 8s。

(1) 工况 H-1，首先采用文献[30]所述方法设计 H_∞控制器，为了和离散鲁棒H_2/H_∞控制方法在近似相等的控制效果下进行比较，取$\gamma=1.0$，$\varGamma=I_6$，可得控制器增益矩阵为

$$K_u=-10^8\begin{bmatrix}-1.9818 & 0.0190 & 0.0195 & 0.0109 & 0.0175 & 0.0180\\ 2.0009 & -1.9821 & 0.0179 & 0.0064 & 0.0107 & 0.0164\\ 0.0005 & 2.0006 & -1.9830 & 0.0005 & 0.0062 & 0.0098\end{bmatrix}$$

假设结构刚度和阻尼变化的幅值分别为 20%，不同工况下结构顶层地震反应时程如图 10.1 和图 10.2 所示。从图 10.1 中可以看出，当结构参数无摄动时，传统 H_∞控制方法具有较好的控制效果；但是从图 10.2 中可以看出，当结构参数减小 20%时，控制系统失去稳定性，结构反应急剧放大。因而，当结构参数

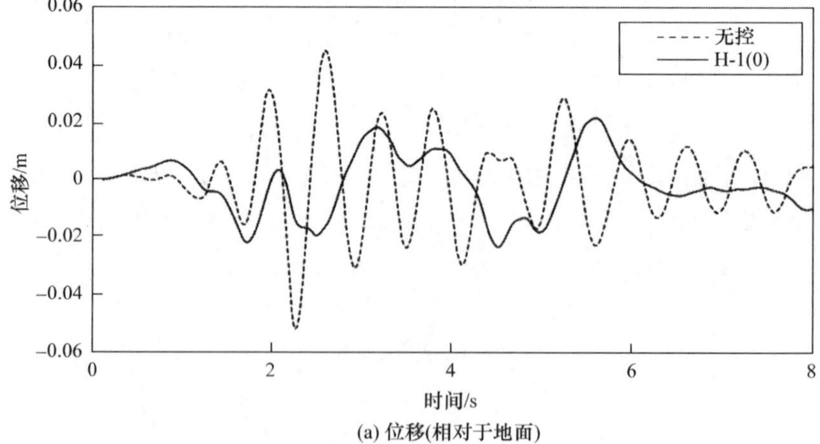

(a) 位移(相对于地面)

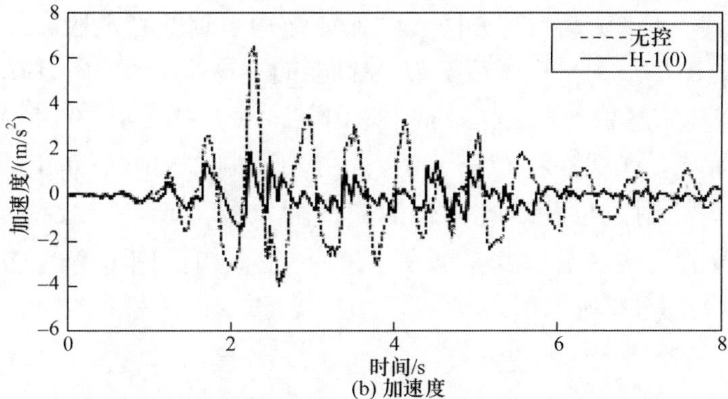

(b) 加速度

图 10.1　结构顶层地震反应时程(无控和 H-1(0)工况)

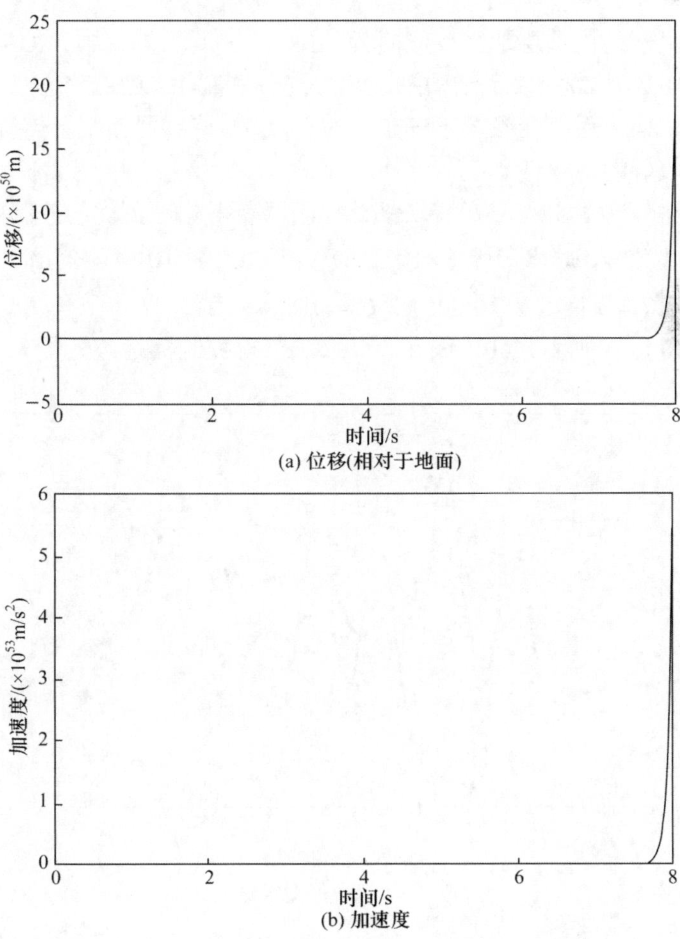

(a) 位移(相对于地面)

(b) 加速度

图 10.2　结构顶层地震反应时程(参数减小 20%)

存在不确定时，传统 H_∞控制方法无法保证结构系统的稳定性。

(2) 工况 RH-1，为了克服传统 H_∞控制器的不足，设计鲁棒 H_2/H_∞控制器，根据 10.2 节所述方法，选取 $Q=\text{diag}(8\times10^8,8\times10^8,2\times10^8,4\times10^5,4\times10^5,4\times10^5)$，$R=\text{diag}(3\times10^{-4},3\times10^{-4},3\times10^{-4})$，同样假设结构刚度和阻尼变化的幅值分别为 20%，并假设控制力位置矩阵变化的幅值为 10%，取 $\gamma=3.16$，$\alpha=0.0085$，$\beta=4.4079\times10^{-13}$，$E_k=E_c=I_3$，$\Gamma=I_6$，$E_\text{b}=\text{diag}(1,1,1)$，则由式(10.26)和式(10.27)可得控制器增益矩阵为

$$K_u=10^7\begin{bmatrix}5.6520 & -0.9829 & -0.098 & -0.4093 & -0.3349 & -0.3050\\ -4.2623 & 4.4892 & -1.3047 & 0.0829 & -0.1756 & -0.0873\\ 1.1999 & -4.6596 & 3.3470 & 0.0251 & 0.1132 & -0.1713\end{bmatrix}$$

不同工况下结构顶层地震反应时程如图 10.3 所示。其中，RH-1(0)表示标称结构工况，RH-1(−20%)表示结构刚度和阻尼分别减小 20%工况。从图 10.3 中可以看出，当结构体系存在参数不确定性时，H_2/H_∞控制器克服了传统 H_∞控制器的不足，拥有较好的鲁棒性。

(3) 工况 RH-2，为了使鲁棒 H_2/H_∞控制器获得相对更优的控制效果，调整控制器参数为：$Q=\text{diag}(8\times10^8,8\times10^8,2\times10^8,4\times10^5,4\times10^5,4\times10^5)$，$R=\text{diag}(10^{-4},10^{-4},10^{-4})$，取 $\gamma=3.16$，$\alpha=0.0061$，$\beta=1.1834\times10^{-13}$，$E_k=E_c=I_3$，$\Gamma=I_6$，$E_\text{b}=\text{diag}(0.5,0.5,0.5)$，则由式(10.26)和式(10.27)可得控制器增益矩阵为

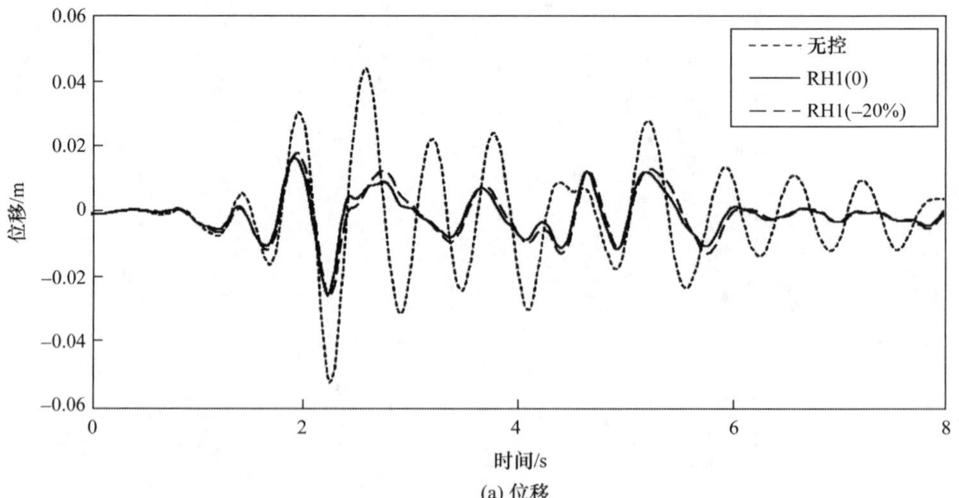

(a) 位移

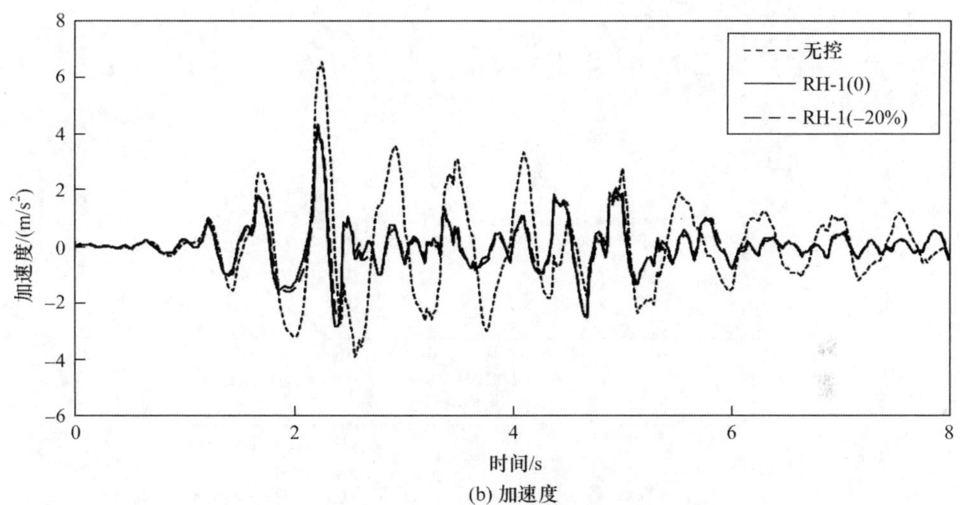

(b) 加速度

图 10.3　不同工况下结构顶层地震反应时程

$$K_u = 10^8 \begin{bmatrix} 1.2173 & -0.1384 & -0.0393 & -0.0934 & -0.0832 & -0.0758 \\ -0.9732 & 1.0270 & -0.2341 & 0.0125 & -0.0525 & -0.0385 \\ 0.1914 & -1.0811 & 0.8444 & 0.0073 & 0.0213 & -0.0506 \end{bmatrix}$$

各种不同工况下，结构各层最大地震反应时程对比如图 10.4 所示。可以看出，在设定的参数变化范围内，所提方法具有较好的鲁棒性；调整控制器参数值，可使结构体系在输入相对更大控制力的前提下获得相对更优的控制效果；控制器的性能指标(J)随输入能量(各层控制力值之和)的增加而增大。

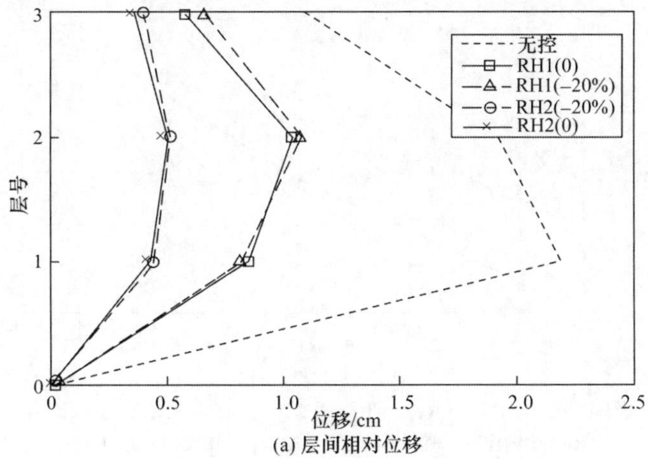

(a) 层间相对位移

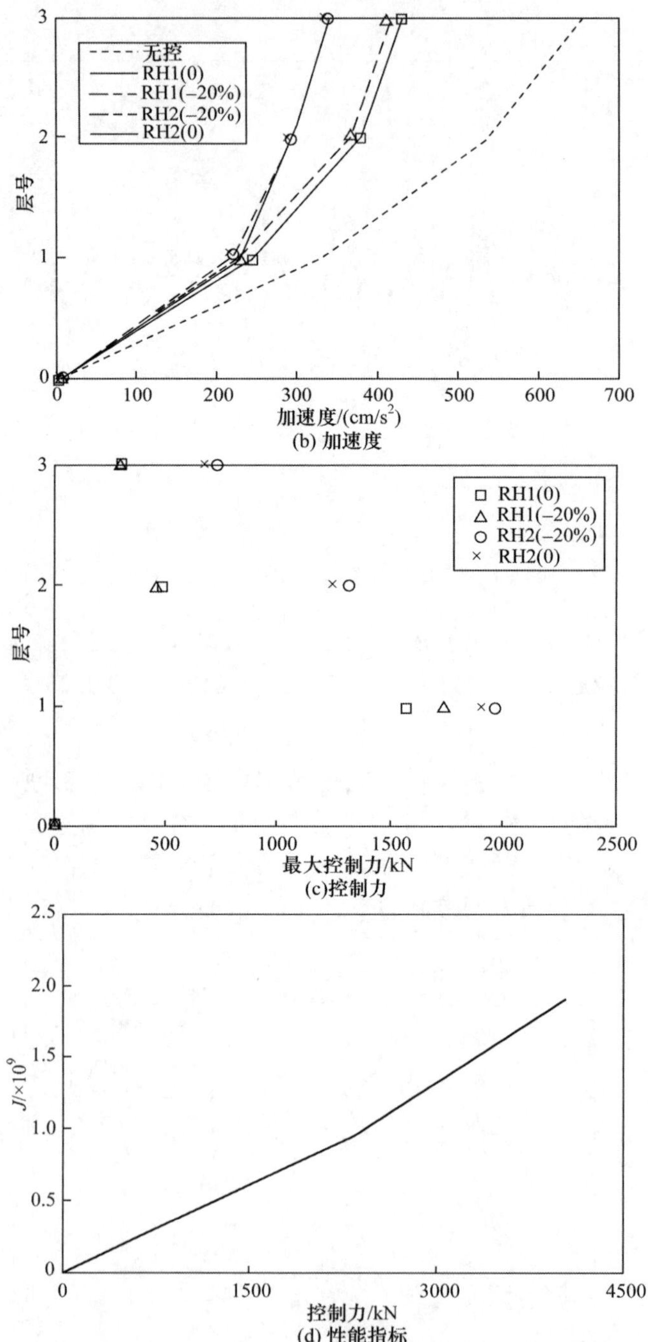

图 10.4　RH-1 和 RH-2 工况下结构各层最大地震反应对比

图(d)中的控制力值为不同工况下结构各层最大控制力值之和

10.3.2　算例 2

一个顶层安装有 ATMD 控制装置的 10 层框架结构如图 10.5 所示[31,32]。主体结构参数为：每层质量均为 10t，各层刚度均为 2×10^3 kN/m，模态阻尼比取为 2%。ATMD 控制系统的结构参数为：质量为结构总质量的 3%；阻尼比为 7%；模态频率接近主体结构的基本频率，为 2.11rad/s。地震输入为 Kobe 地震动，最大地面运动加速度为 0.2g，持续时间为 20s。

(1) 工况 1，结构参数不确定性考虑为：$\Delta_K=0.1K$，$\Delta_C=0.1C$，$\Delta_{B_s}=0.10B_s$。选取 $Q=$ diag(1000, 1000, 1000, 1000, 1000, 1000, 1000, 1000, 1000, 1000, 0.001, 1, 1, 1, 1, 1, 1, 1, 1, 1, 0.001)，$R=0.5\times10^{-5}$，$\gamma=1.0$，$\alpha=1.7266\times10^{-8}$，$\beta=1.9303\times10^{-10}$，$E_k=E_c=I_{11}$，$\Gamma=I_{22}$，$E_b$=[0, 0, 0, 0, 0, 0, 0, 0, 0, 0, 0, 0, 0, 0, 0, 0, 0, 0, 0, 0, 0, 1]，则由式(10.26)和式(10.27)可得控制器增益矩阵 K。

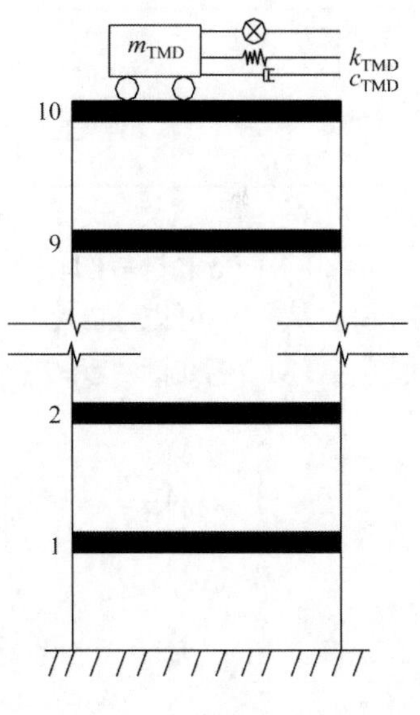

图 10.5　算例 2 模型

不同工况下，结构层间位移和最大控制力如表 10.1 所示。从表中可以看出，与被动 TMD 控制方法相比，混合 ATMD 控制方法更加有效地减小了结构的峰值反应；由第 4～8 列数据可以看出，在设定结构参数变化范围内，采用本章所提方法设计的控制器可以保证结构系统的稳定性；控制力参数的不确定性对结构反应的控制效果影响较小；性能指标 J 与最大控制力之和成正比。

表 10.1　结构层间位移和最大控制力反应(无控、TMD 和 RH1 工况)

层数	无控 /cm	TMD /cm	RH1/cm				
			标称结构	−10%k,c 和−10%B_s	10%k,c 和−10% B_s	−10% k,c	10% k,c
1	3.62	3.49	3.20	3.20	2.97	3.20	2.97
2	3.21	3.03	2.73	2.50	2.73	2.50	2.73
3	2.99	2.79	2.39	2.32	2.30	2.32	2.30
4	2.54	2.39	1.97	1.96	1.96	1.96	1.96
5	2.09	2.01	1.62	1.59	1.77	1.59	1.77
6	2.41	2.14	1.73	1.86	1.71	1.87	1.71
7	2.40	2.27	1.95	1.98	2.10	1.99	2.12
8	2.72	2.66	1.90	1.90	1.96	1.90	1.97

续表

层数	无控/cm	TMD/cm	RH1/cm				
			标称结构	−10%k,c 和−10%B_s	10%k,c 和−10% B_s	−10% k,c	10% k,c
9	2.56	2.47	1.55	1.54	1.56	1.54	1.57
10	1.58	1.50	0.86	0.90	0.83	0.90	0.83
控制力/kN	—	—	28.58	22.30	21.64	30.04	27.87
性能指标 $J/(\times10^3)$	—	—	4.09	2.49	2.39	4.52	3.89

不同工况下，结构顶层位移和加速度反应时程如图 10.6(a)、(b)和 10.7(a)、(b)所示。从图中可以看出，与被动的 TMD 控制器相比，基于本章所提算法设计的混合 ATMD 控制系统(图中的 RH1 工况)具有更好的控制效果和鲁棒性。

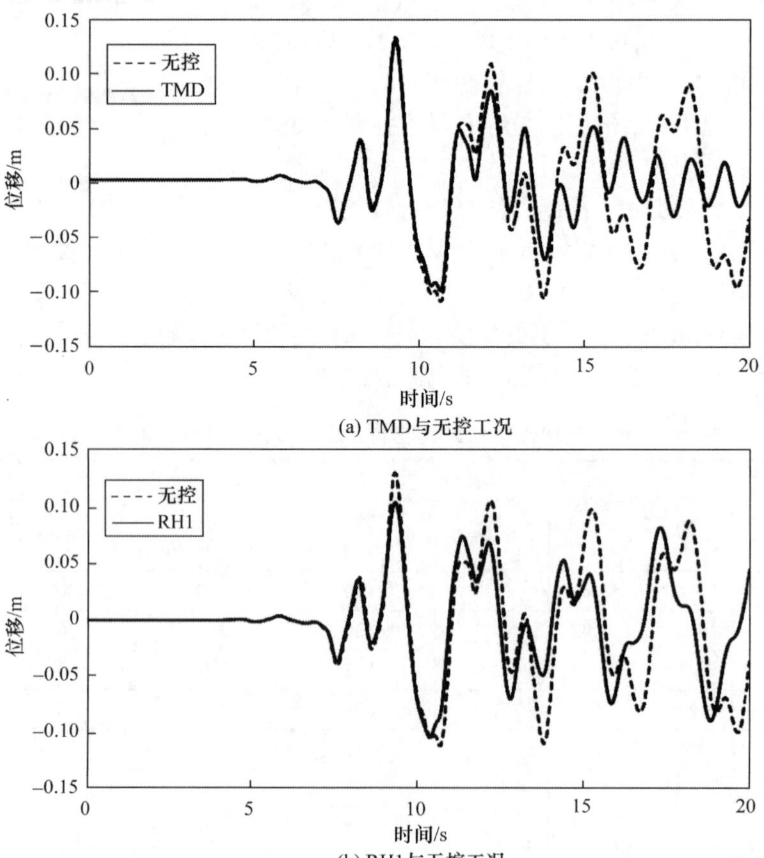

(a) TMD与无控工况

(b) RH1与无控工况

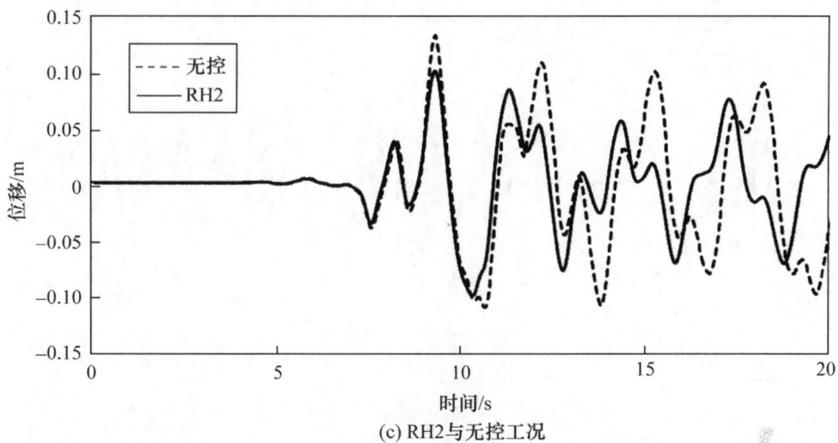

(c) RH2与无控工况

图 10.6　不同工况下结构顶层位移(相对于地面)反应时程

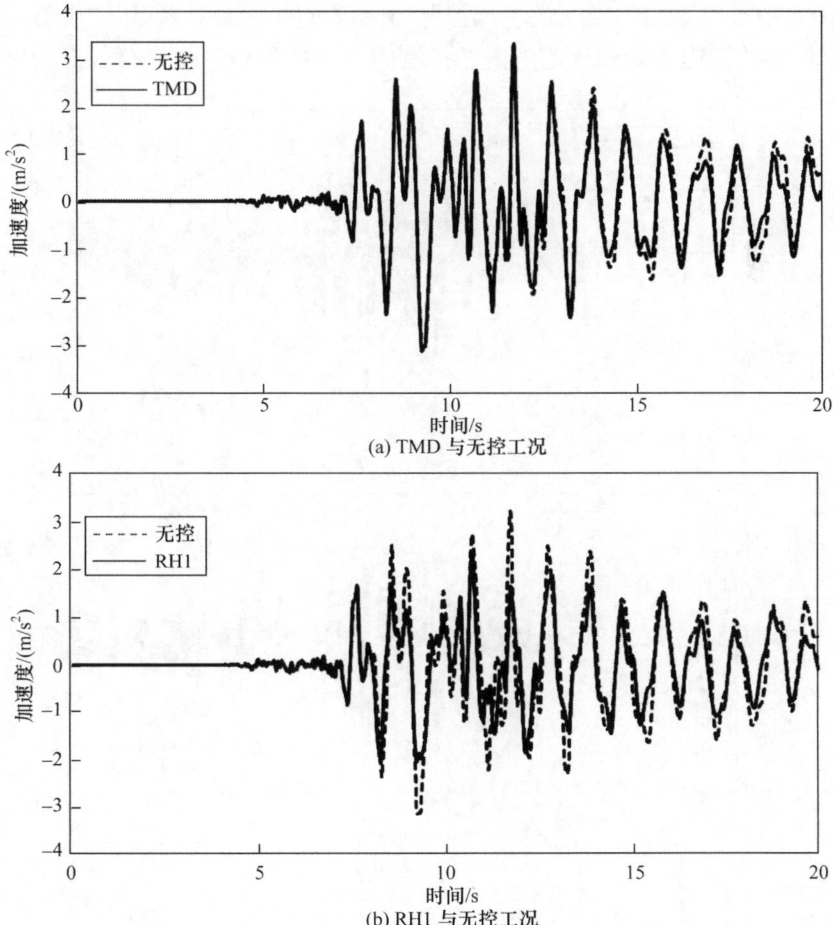

(a) TMD 与无控工况

(b) RH1 与无控工况

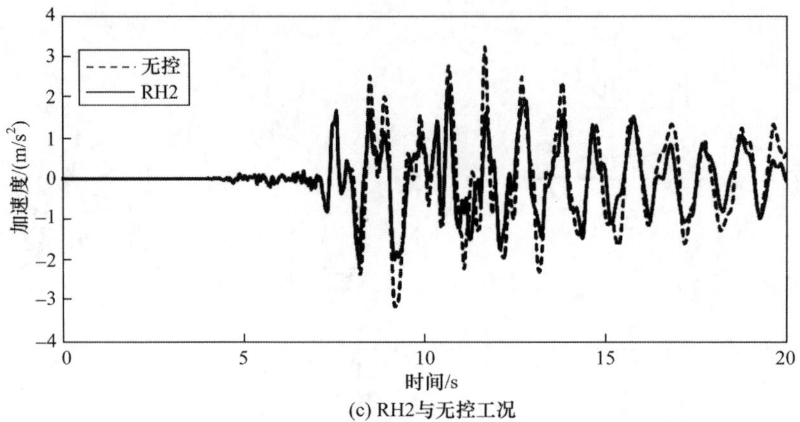

(c) RH2与无控工况

图 10.7　不同工况下结构顶层加速度反应时程

不同工况下 ATMD-结构的主动控制力时程如图 10.8 所示。从图中可以看出，在设定较小的结构参数变化范围内，控制力对结构参数变化具有很好的鲁棒性。

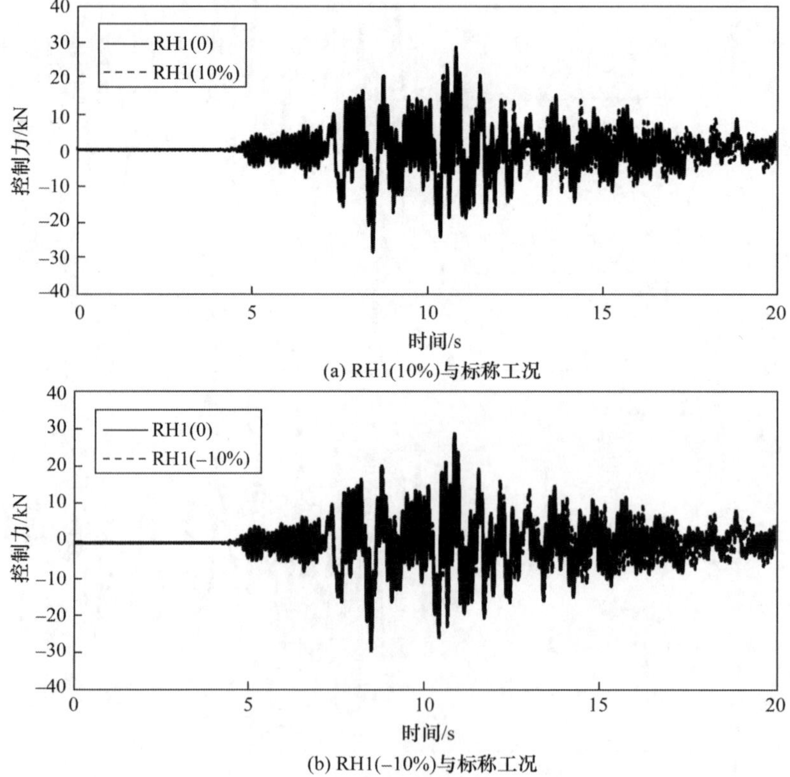

(a) RH1(10%)与标称工况

(b) RH1(−10%)与标称工况

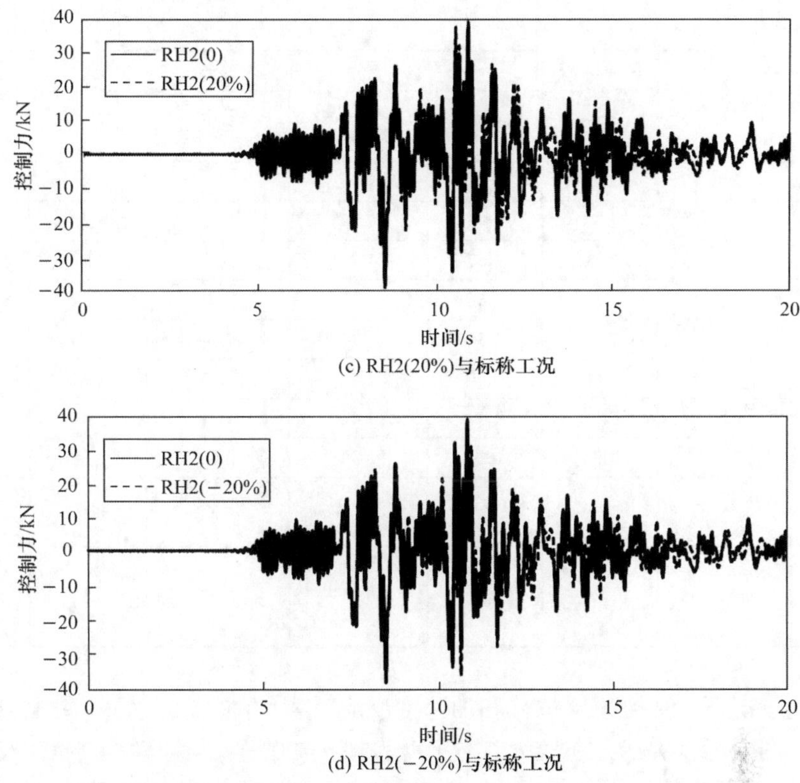

(c) RH2(20%)与标称工况

(d) RH2(−20%)与标称工况

图 10.8　不同工况下 ATMD-结构的主动控制力时程

(2) 工况 2，调整结构参数不确定性为：$\varDelta_K = 0.2K$, $\varDelta_C = 0.2C$, $\varDelta_{B_S} = 0.10B_S$ 。选取同工况 1 相同的权矩阵 Q 和 R, $\gamma = 1.0$, $\alpha = 2.7891\times10^{-8}$, $\beta = 2.5994\times10^{-11}$, $E_k = E_c = I_{11}$ ， $\varGamma = I_{22}$ ， E_b=[0, 0, 0, 0, 0, 0, 0, 0, 0, 0, 0, 0, 0, 0, 0, 0, 0, 0, 0, 0, 0, 1], 由式(10.26)和式(10.27)可得新的控制器增益矩阵 K_u。

不同工况下，结构层间位移和最大控制力如表 10.2 所示。从表中可以看出，除了与表 10.1 相同的结论外，由第 4～8 列数据可以看出，在较大的结构参数变化范围内(20%),采用本章所提方法设计的控制器仍然可以保证结构系统的稳定性。但是与较小参数变化的工况(10%)相比，控制效果略有下降。

表 10.2　结构层间位移和最大控制力反应(无控、TMD 和 RH2 工况)

层数	无控/cm	TMD /cm	RH2/cm				
			标称结构	−20% k,c 和−10% B_s	20% k,c 和−10% B_s	−20% k,c	20% k,c
1	3.62	3.49	3.19	2.87	2.85	2.87	2.85
2	3.21	3.03	2.73	2.20	2.55	2.20	2.55

续表

层数	无控/cm	TMD /cm	RH2/cm				
			标称结构	−20% k,c 和−10% B_s	20% k,c 和−10% B_s	−20% k,c	20% k,c
3	2.99	2.79	2.38	1.96	2.07	1.96	2.07
4	2.54	2.39	1.95	1.84	1.86	1.84	1.86
5	2.09	2.01	1.57	1.77	1.79	1.77	1.79
6	2.41	2.14	1.66	1.92	2.02	1.92	2.02
7	2.40	2.27	1.86	1.94	2.14	1.94	2.14
8	2.72	2.66	1.82	1.81	1.85	1.81	1.85
9	2.56	2.47	1.47	1.42	1.51	1.42	1.51
10	1.58	1.50	0.85	0.98	0.82	0.98	0.82
控制力 /kN	—	—	38.79	34.16	34.68	38.73	37.04
性能指标 $J/(\times 10^3)$	—	—	7.53	5.84	6.05	7.51	6.90

不同工况下，结构顶层位移和加速度反应时程如图 10.6(a)、(c)和 10.7(a)、(c)所示。从图中可以看出，在较大参数变化范围内(20%)，与被动的 TMD 控制器相比，基于本章所提算法设计的混合 ATMD 控制系统(图中的 RH2 工况)依然具有更好的控制效果和鲁棒性。

不同工况下 ATMD-结构的主动控制力时程如图 10.8(c)和(d)所示。从图中可以看出，在设定较大的结构参数变化范围内(20%)，控制力对结构参数变化依然具有很好的鲁棒性，从而保证控制系统的稳定性。

10.4 本章小结

在实际结构控制系统中，由于模型误差、无法预测的外部激励，结构不可避免地存在着不确定性，这些不确定性会恶化控制系统的性能，甚至使结构控制系统变得不稳定，从而放大结构的动力反应。本章基于离散界实定理和 LMI 方法，同时考虑到实际工程中计算机实时控制均为离散系统，提出了一种新的离散鲁棒 H_2/H_∞控制方法，该方法可以保证结构在设定结构参数变化范围内，具有较好的控制效果和鲁棒性。为了便于工程应用，引入二次型性能指标和基于 LMI 来求解 Riccati 方程，使得控制器的设计相对简单、性能指标易于衡量。以一个三层 ABS-剪切型结构体系和一个十层 ATMD-框架结构为例进行了相应的数值分析，仿真结果初步表明，在结构参数存在不确定性影响的情况下，鲁棒 H_∞控制算法比传统 H_∞控制算法具有更优的鲁棒性；控制器的性能指标(J)随输入能量(各层控制力值之和)的增加而增大。

参考文献

[1] SOTO M G, ADELI H . Tuned mass dampers[J]. Archives of computational methods in engineering, 2013, 20(4): 419-431.

[2] ANDERSSON A, O'CONNOR A J, KAROUMI R. Passive and adaptive damping systems for vibration mitigation and increased fatigue service life of a tied arch railway bridge[J]. Computer-Aided civil and infrastructure engineering, 2015, 30(9): 748-757.

[3] KIM H , ADELI H. Wavelet hybrid feedback-LMS algorithm for robust control of cable-stayed bridges[J]. Journal of bridge engineering, 2005,10(2): 116-123.

[4] SOTO M G, ADELI H. Placement of control devices for passive, semi-active, and active vibration control of structures[J]. Scientia iranica, 2013, 20(6): 1567-1578.

[5] FISCO N, ADELI H. Smart structures: Part I—active and semi-active control[J]. Scientia iranica, 2011, 18(3): 275-284.

[6] KIM H, ADELI H. Hybrid control of smart structures using a novel wavelet - based algorithm[J]. Computer -aided civil and infrastructure engineering, 2005, 20(1): 7-22.

[7] KIM H, ADELI H. Wind-induced motion control of 76-story benchmark building using the hybrid damper-TLCD system[J]. Journal of structural engineering, 2005, 131(12): 1794-1802.

[8] FISCO N R, ADELI H. Smart structures: Part II – hybrid control systems and control strategies[J]. Scientia iranica, 2011, 18(3): 285-295.

[9] KHOURYE O, ADELI H. Recent advances on vibration control of structures under dynamic loading[J]. Archives of computational methods in engineering, 2013, 20(4): 353-360.

[10] STAVROULAKIS G, MARINOVA D, HADJIGEORGIOU E, et al. Robust active control against wind-induced structural vibrations[J]. Journal of wind engineering and industrial aerodynamics, 2006, 94(11): 895-907.

[11] WU J C, YANG J N. LQG control of lateral–torsional motion of Nanjing TV transmission tower[J]. Earthquake engineering and structural dynamics, 2000, 29(8): 1111-1130.

[12] ALLI H, YAKUT O. Fuzzy sliding-mode control of structures[J]. Engineering structures, 2005, 27(2): 277-284.

[13] PAI M C. Sliding mode control of vibration in uncertain time-delay systems[J]. Journal of vibration and control, 2010, 16(14): 2131-2145.

[14] WANG N, ADELI H. Algorithms for chattering reduction in system control[J]. Journal of the franklin institute, 2012, 349(8): 2687-2703.

[15] YANG J N, WU J C, REINHORN A, et al. Experimental verifications of H_∞ and sliding mode control for seismically excited buildings[J]. Journal of structural engineering, 1996, 122(1): 69-75.

[16] KANG M, SCHONFELD P, YANG N. Computer-aided civil and infrastructure engineering[J].

Journal of advanced transportation, 2009, 24(2): 109-119.

[17] OU J P. Structural vibration control-active, semi-active and smart control[M]. Beijing: Science Press, 2003.

[18] KIM H , ADELI H. Hybrid feedback-least mean square algorithm for structural control[J]. Journal of structural engineering, 2004, 130(1): 120-127.

[19] KIM H , ADELI H. Hybrid control of irregular steel highrise building structures under seismic excitations[J]. International journal for numerical methods in engineering, 2005, 63(12): 1757-1774.

[20] ZHOU K, DOYLE J C. Essentials of Robust Control[M]. Upper Saddle River: Prentice Hall, 1998.

[21] CALISE A J, SWERIDUK G D. Active attenuation of building structural response using robust control[J]. Journal of engineering mechanics, 1998, 124(5): 520-528.

[22] WANG S G, ROSCHKE P N, YEH H. Robust control for structural systems with unstructured uncertainties[J]. Journal of engineering mechanics, 2004, 130(3): 337-346.

[23] GAHINET P, APKARIAN P. A linear matrix inequality approach to H_∞ control[J]. International journal of robust and nonlinear control, 1994, 4(4): 421-448.

[24] DU H, LAM J, SZE K Y. Non-fragile H_∞ vibration control for uncertain structural systems[J]. Journal of sound and vibration, 2004, 273(4): 1031-1045.

[25] WU J C, CHIH H H, CHEN C H. A robust control method for seismic protection of civil frame building[J]. Journal of sound and vibration, 2006, 294(1): 314-328.

[26] DU H, ZHANG N , NAGHDY F. Actuator saturation control of uncertain structures with input time delay[J]. Journal of sound and vibration, 2011, 330(18): 4399-4412.

[27] LI Z J , ADELI H. New discrete-time robust H_2/H_∞ algorithm for vibration control of smart structures using linear matrix inequalities[J]. Engineering applications of artificial intelligence, 2016, 55: 47-57.

[28] YU L, GAO F. Optimal guaranteed cost control of discrete-time uncertain systems with both state and input delays[J]. Journal of the franklin institute, 2001, 338(1): 101-110.

[29] BOYD S P, GHAOUI L E, FERON E ,et al. Linear Matrix Inequalities in System and Control Theory[M]. Philadelphia: SIAM, 1994.

[30] 俞立. 鲁棒控制: 线性矩阵不等式处理方法[M]. 北京: 清华大学出版社, 2002.

[31] AMINI F, HAZAVEH N K, RAD A A. Wavelet pso-based LQR algorithm for optimal structural control using active tuned mass dampers[J]. Computer-aided civil and infrastructure engineering, 2013, 28(7): 542-555.

[32] AMINI F, SAMANI M Z. A wavelet-based adaptive pole assignment method for structural control[J]. Computer-aided civil and infrastructure engineering, 2014, 29(6): 464-477.